U0592912

园区经济
高质量发展研究
YUANQU JINGJI GAOZHILIANG FAZHAN YANJIU

张志祥◎主　编

丁一文◎副主编

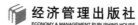

经济管理出版社

ECONOMY & MANAGEMENT PUBLISHING HOUSE

图书在版编目（CIP）数据

园区经济高质量发展研究/张志祥主编．—北京：经济管理出版社，2022.3
ISBN 978 - 7 - 5096 - 8364 - 4

Ⅰ.①园…　Ⅱ.①张…　Ⅲ.①工业园区—经济发展—研究—中国　Ⅳ.①F424

中国版本图书馆 CIP 数据核字（2022）第 047049 号

组稿编辑：王　洋
责任编辑：王　洋
责任印制：张馨予
责任校对：陈　颖

出版发行：经济管理出版社
　　　　　（北京市海淀区北蜂窝 8 号中雅大厦 A 座 11 层　100038）
网　　址：www. E - mp. com. cn
电　　话：（010）51915602
印　　刷：唐山昊达印刷有限公司
经　　销：新华书店
开　　本：720mm×1000mm/16
印　　张：18
字　　数：323 千字
版　　次：2022 年 6 月第 1 版　　2022 年 6 月第 1 次印刷
书　　号：ISBN 978 - 7 - 5096 - 8364 - 4
定　　价：88.00 元

·版权所有　翻印必究·
凡购本社图书，如有印装错误，由本社发行部负责调换。
联系地址：北京市海淀区北蜂窝 8 号中雅大厦 11 层
电话：（010）68022974　　邮编：100038

编委会

主　　编：张志祥

副 主 编：丁一文

编 写 组：高淑新　钱　佳　张　宏　黄夏宇骐

　　　　　张　洋　唐海波

支持单位：北京亦庄投资控股有限公司

　　　　　北京亦庄国际生物医药投资管理有限公司

　　　　　北京亦庄智能城市研究院集团有限公司

　　　　　北京博大经开建设有限公司

　　　　　北京经开投资开发股份有限公司

　　　　　北京亦庄城市更新有限公司

　　　　　北京亦庄盛元投资开发集团有限公司

序

　　园区是区域经济发展的核心单元，也是先进要素高度聚集、创新活动蓬勃发展的主要承载平台和重要引擎，推进产业业态、空间形态、自然生态深度融合，打造高素质经济主体、推动产城融合发展和夯实园区经济基础也成为了区域发展的重中之重。在后疫情时代，技术环境、产业环境以及政策环境都发生了巨大变化，带来了工作方式、工作环境的改变，新模式、新赛道、新业态的不断涌现，促使行业发生了变革。经过疫情冲击之后的园区经济发生了哪些变局，展现了哪些未来趋势，这都是值得我们思考与探讨的话题。

　　北京亦庄城市服务集团有限公司（以下简称亦庄城市服务集团）作为创新型城市服务商，扎根北京经济技术开发区发展近二十年，服务客户多达 2000 余家，覆盖世界 500 强、上市公司、高新技术企业、规上企业等。亦庄城市服务集团已经形成了园区运营、物业服务和增值服务三大业务板块，具备完整的服务链条。

　　作为北京经济技术开发区快速发展的见证者，亦庄城市服务集团一直致力于优化营商环境，推动园区资源集约与产业协同的高质量发展。本书作为亦庄城市服务集团关于园区经济的首部作品，将多年的园区运营经验与大家进行分享。

　　本书系统性的梳理和总结产业发展趋势、创新趋势和园区趋势，整理产业园区发展演变历程，突破了以往对园区经济的理解，创新性的构建"空间、产业、共享、创新、服务"园区经济的五大体系。结合现有的园区经济发展特征与经验，提出打造园区 4.0 的重点举措与保障措施。不同的发展阶段与区域政策环境，园区的发展也不尽相同，本书将广州、苏州、上海、北京和新加坡等园区经典案例呈现给读者，为读者提供思路与借鉴。

　　本书具体内容如下：

　　（1）从产业和创新趋势介绍入手，呈现国内产业环境、创新技术环境。从特征、规划、投融资、开发、招商与运营等多个视角，探讨园区发展趋势。

（2）系统说明经济特区、综合配套改革试验区、国家级新区、自由贸易试验区和国家级开发区和国家级产业园的概念与区别。在园区的边界、内容和作用三个方面提出园区经济内涵。

（3）结合我国社会、经济及技术现状，提出生态绿色、智慧便捷、特色主题、开放共享、管理协同与产城融合六个园区经济特征。围绕空间、产业、共享、创新与服务等维度，全面探讨园区经济体系。

（4）通过国内外理论研究，阐明园区经济的理论基础，提出发展园区经济的最终目标是构建"平台、项目、产业园区和城市功能"四级孵化裂变模式，打造"产、学、研、创、展、商"创新共享的产业园区生态系统。

（5）结合园区发展实际，从生态、绿色、智慧、主题、开放五个维度，提出基于不同特质禀赋和发展侧重的园区经济的重点建设任务，并结合案例说明具体的模式与效果。从顶层设计、产业政策、创新金融、人才吸引、招商引资、资产盘活、政企合作和党建引领等方面为园区发展提供可参考的保障措施与方法。

本书编著过程中，参考了国内外园区经济相关领域的众多资料和研究成果，引用了广州经济技术开发区、苏州工业园区、张江科学城、中关村科学城、新加坡裕廊工业区和北京经济技术开发区等园区案例，并得到了来自北京经济开发区工管委、亦庄控股集团及兄弟单位的大力支持，在此表示诚挚的感谢。

本书是一本从顶层设计、投融资、开发建设、产业招商、园区运营服务的全寿命周期、全环节的系统论图书，具有较强的创新性、前瞻性和实操性。可供有园区运营背景的工作人员参考，也可供经济管理及相关专业师生参阅。希望各界同仁与我们一起，共同探讨园区经济的新见解、新理念、新愿景，共同推动园区经济这一事业继续深入发展，也希望读者多提宝贵意见和建议，互勉共进。

北京亦庄城市服务集团有限公司

目　录

第一章

发 展 趋 势

本章首先梳理当前国内产业发展趋势，呈现国内产业大环境的新特征和新变化，随后围绕国内九大热门产业领域的创新成果和产业化应用开展研究。在此基础上，结合最新园区发展特征和园区规划理论，从产业和空间两大维度出发，针对园区投融资、开发、招商、运营四大板块开展定性和定量研究，研判国内园区发展趋势。

一、产业趋势

本书所覆盖产业范围以工业与服务业为主，农业类不做重点叙述。

（一）工业发展趋势

目前世界已达成普遍共识，工业化经历了从 1.0 到 4.0 的发展。其中"工业 1.0"时代起于 18 世纪 60 年代的英国，随着蒸汽机的使用，由机械生产代替了手工劳动，经济社会从农业、手工业转向了工业。至 19 世纪后半期世界进入"工业 2.0"，发电机和内燃机的发明开启了规模化生产的新时代。再从 20 世纪 70 年代到 2020 年即"工业 3.0"，电子与信息技术得到了广泛的应用，特别是个人计算机的全面普及，大大提升了工业制造过程中的自动化控制程度。而在可以预计的未来几十年里，基于信息物理系统（Cyber Physical System，CPS）的智能化应用，将使人类步入以智慧制造为主导的第四次工业革命——"工业 4.0"。在新时期里，产品将实现全生命周期和全制造流程的数字化，将形成一个高度灵活、个性化、数字化、自动化的产品与服务的生产模式。"工业 1.0"至"工业

4.0"发展历程如表1-1所示。

表1-1 "工业1.0"—"工业4.0"发展历程

产业革命阶段	时间	主要特征	关键技术	主要产业
"工业1.0"	1760~1870年	机械化	蒸汽机、纺织机	机械、煤炭、铁路等
"工业2.0"	1870~1913年	电气化	电力、内燃机	钢铁、石油、汽车等
"工业3.0"	1970~2020年	自动化	电子、自动管控	计算机、航空、核能等
		信息化	信息技术、云计算	信息产业、电子商务、机器人等
"工业4.0"	2020~2050年	人工智能化	AI、仿生、创生、生物技术	生物技术、信息转化器、创生产业等

新一代的信息技术的广泛普及推进了生产方式的彻底变革，各国纷纷围绕数字化制造、工业互联网、新能源等提出工业制造业发展新理念。在这样的背景下，作为近代以来的世界工业强国，德国于2013年汉诺威工业博览会上首次提出"工业4.0"概念，自此成为近十年世界先进工业发展的主流趋势，成为以生产高度数字化、网络化、机器自组织为标志的第四次工业革命。在实质上，"工业4.0"是通过信息技术与工业的融合，达到提升工业水平的目的，最初的想法只是尝试通过物联网等媒介来提高德国制造业水平，而随着信息化和自动化技术的融合不断加深，成为依托计算、自主控制和联网，人、机器和信息能够互相联接、融为一体的虚拟结合现实的生产途径。"工业4.0"一般可以分为4个特征：①创新生产，即"工业4.0"的实施过程是制造业创新发展的过程，围绕制造技术创新、产品创新、模式创新、业态创新，最后再到组织创新，创新将会层出不穷。②生产个性服务化，即工厂转型到4.0的工厂，整个生产形态上，从大规模的批量生产，转向个性化的定制化生产。实际上整个生产的过程更加柔性化，更加具有服务属性。③云端互联，即"工业4.0"将通信设施、传感器、嵌入式中端系统与智能控制系统，通过CPS构建一个智能网络。通过智能网络的链接，可实现横向、纵向和端到端的高度云集成。④产业跨界，即"工业4.0"将信息技术产业与制造业的跨界合作与创新，自动化和信息化深度融合的时候，跨界竞争将成为一种常态，所有的商业模式都将可能被重塑。

在德国首提"工业4.0"概念后，美、英、法等世界主要工业大国都提出了相对应的理念备战"工业4.0",美国定义为"工业互联网"①,美国依托强大的互联网产业,选择的路径是从信息化层面降维到自动化层面。具体来说,就是鼓励创新,并通过信息技术来重塑工业格局,激活传统产业。英国提出了振兴制造业的"英国工业2050计划"②,法国提出了"未来工业"计划③,旨在建立更为互联互通、更具有竞争力的法国工业。我国定义为"中国工业4.0"或"中国制造2025"④,由于前期基础处于工业2.0和工业3.0并行发展阶段,既无传统工业领域的雄厚工业基础,也缺乏引领世界信息技术发展的先进技术基础,因此我国选择的发展路径是工业技术和信息产业共同发展,推进两者的深度融合。综上所述,德国意在首先建设智能工厂,美国希望首先打造智能产品,而我国的发展思路是两者齐头并进,以"工业4.0"为代表的新一代工业革命,将是一场在全球化、标准化体系下的制造业转型升级的竞赛。

1. 发展理念更新:绿色发展成为新型工业化的核心内容之一

党的十九大报告指出,"推动新型工业化、信息化、城镇化、农业现代化同步发展","加快建设制造强国,加快发展先进制造业"。习近平总书记强调,"保护生态环境就是保护生产力,改善生态环境就是发展生产力",深刻揭示了从工业文明到生态文明跃升的基本规律,为新时代推进新型工业化提供了思想指导和行动指南。因此,国家当前倡导的新型工业化既包含工业、制造业,也涉及生产要素、资源环境与生产方式的整个大系统。从世界范围来看,过去的历次工业革命都没有解决好污染问题,新型工业化不仅注重技术进步和经济增长,还应强调资源节约和环境友好,是一条绿色发展的道路。从这个意义上讲,新型工业

---

① 2008年国际金融危机以来,美国持续推出先进制造业战略行动,积极探索制造业与互联网等信息技术融合创新发展路径。2014年,GE、IBM、Cisco等美国龙头企业成立了工业互联网联盟(Indusrallnternet Consortium,IIC),美国通过"复兴美国制造业创新法案",出台"先进制造伙伴关系计划""先进制造业战略计划""国家制造业创新网络计划"等战略和计划,2018年10月5日又发布《美国先进制造领导力战略》,加快以工业互联网为关键支撑的先进制造业发展。

② 英国政府在2012年1月启动了对未来制造业进行预测的战略研究项目,于2013年10月形成最终报告 *The Future of Manufacturing:A New Ara of Opportunity and Challenge for the UK*(《制造业的未来:英国面临的机遇与挑战》)即《英国工业2050计划》。

③ 2015年5月18日,法国经济、工业与就业部发布"未来工业"计划,作为"工业新法国"二期计划的核心内容,包含了新型物流、新型能源、可持续发展城市、生态出行和未来交通、未来医疗、数据经济、智慧物体、数字安全和智慧饮食九个信息化项目,旨在通过信息化改造产业模式,实现再工业化的目标。

④ 2015年我国政府工作报告首次提出要实施"中国制造2025",5月19日,国务院印发《中国制造业发展纲要(2015~2025)》(下称《纲要》),部署全面推进实施制造强国战略,该规划被称为中国版"工业4.0"规划,这是我国实施制造强国战略第一个十年的行动纲领。

化将带来新一轮绿色革命。

本书认为，在新的阶段中，工业的绿色发展转型主要体现在如下三个方面：

一是工业绿色化改造。通过生产技术的升级改造和工业净化治理，加强节能环保技术、工艺、装备设施的推广应用，减少能源消耗、降低污染物排放。推动绿色示范工厂建设，建立工厂、园区、供应链绿色改造标准，完善绿色制造评价机制，打造绿色产品、绿色工厂、绿色园区，促进工业绿色化生产。

二是资源节约与绿色能源利用。一方面在工业生产中大力发展与应用太阳能、光伏、海上风能、生物质能等可再生能源，另一方面通过调整能源结构，实现工业传统能源的清洁、安全和高效利用，促进节能减排，大力发展循环经济，实施绿色循环新兴产业培育工程，如我国煤炭的清洁高效利用。

三是发展绿色新兴产业。从中央到地方应坚持绿色战略，不断壮大节能环保、生物技术和新医药、新能源汽车、新材料、量子通信、航空航天等绿色战略性新兴产业规模，同时突出产业集群建设，支持符合条件的地区建设国家级节能环保产业基地，形成具有国际竞争力的先进绿色制造业集群。

2. 发展动力转换：向创新发展转变

传统工业化发展强调依靠资源和生产要素禀赋，通过利用生产要素的价格优势，根据全球产业分工沿着价值链逐步升级，虽然在一定程度上带动了生产力提高，促进了经济持续高速增长，但这种依靠资源的"以物为本"的生产方式将导致高劳动密集、高投入、高消耗，导致地区发展不均衡。而新型工业化更加强调依靠创新与技术进步实现产业链与价值链升级，其中价值链的升级包括价值链垂直升级（劳动密集型、低附加值的简单加工制造环节向高附加值环节转变）和价值链横向跃升（应用先进科学技术，促进价值链各增值环节重构与生产系统重组，进而实现产业链整体效率的提升）两种方式。

中国经济已由高速增长阶段转向高质量发展阶段，以新一代信息技术为核心，以新能源、新材料、生物技术等为代表的新兴技术群体性突破，以人、机器和资源间的智能互联以及制造业数字化、网络化、智慧化为特征，为我国实现产业链提升、价值链升级提供了发展新机遇。互联网、大数据、人工智能与制造业的融合越来越广泛深入，智能制造、智慧服务也正在成为我国传统工业和制造业转型升级的主要方向。同时可以看到国内资本投资效率已经放缓①，经济增长的动能来源于资源的更高效配置和科技创新。也就是说，既要保持资本、土地、人才等生产要素使用效率的持续提高，更要不断提升技术水平，使科技创新成为经济增长的主要驱动力，才能推动全要素生产率的持续增长，保证经济的高质量发展。通过创新优化生产组织形式、运营管理方式，不断增加服务要素在投入和产出中的比重，尤其是发展设计服务、网络化协同制造服务、信息增值服务，不断延伸和提升价值链。

3. 组织形态变化：平台经济成为新的产业组织形态

2019 年在北京举行的第八届中国工业数字化论坛上，工业和信息化部信息化和软件服务业司巡视员李颖在出席致辞时表示："工业互联网平台作为沟通物理世界和虚拟数字世界的桥梁，促进了生产力与生产关系的变革创新，加快了制造业数字化平台转型。"随着电子信息技术的发展，凭借其强大的互联网和大数据技术优势，实现大数据分析和智能决策，提高了现代产业的效率，装备、自动化、工业软件、信息技术和制造企业从不同领域积极推动平台发展，涌现出一批快速发展的企业，它们通过沟通产业链上下游、生产者与消费者，为其提供了一个合作和交易的软硬件相结合的场所或环境，对生产、运输、消费都进行了相应的整合，促进交易成功。平台化经济在很大程度上改变了产业的分工合作关系和企业内部的组织结构，在这个过程中，制造业和服务业实现了融合，促使这些企业发展成为平台企业，国际企业如 ABB、博世、IBM、通用电气、罗尔斯—罗伊斯，国内企业如海尔、格力、富士康、美的等，通过整合搭建制造与服务生态系统，演变成为平台商。随后，以平台企业为支撑逐渐演化出一种新的产业组织形态——平台经济。

平台经济推动涌现出了新的经济概念、经营方式、商业模式、新型业态、支付方式、消费方式，这些新的改变也促使企业组织模式发生了变化，具体可体现为"两个转变、两个融合"。第一个转变是信息连接范围的转变，信息范围从单独企业内的流通转向跨机构、全域的流通，生产不再是一个企业的内部事件，而是需全环节的协同。第二个转变是工业业务模式的转变，由生产制造产品转变为在过程服务中创造价值，即从此前的通过一次性交付产品获取价值，逐渐转变为

---

① 2018 年，在第九届中国经济前瞻论坛上国务院发展研究中心主任李伟表示：资本投资效率逐年降低，当前每新增 1 元 GDP 需要增加 6.9 元投资，投资效率明显低于发达国家平均水平，也大大低于我国 10 年前的水平（2008～2017 年增量资本产出效率平均为 5.7，1998～2007 年则为 4.0），全要素生产率水平仅为美国的 43% 左右。

注重长期过程中提供服务。第一个融合是实现工业化和信息化的融合。通过新一代的信息技术与工业深度融合可以促进信息在工业全域流动，产生更多价值。第二个融合是生产制造业和服务业进行了深度融合。通过数据连接了工厂和客户，在这个过程中生产要素数据化，所进行的数据分析、处理都变得拥有了价值。

4. 产业体系构建：以"数字经济+"重构产业体系升级

2015 年《中华人民共和国国民经济和社会发展第十三个五年规划纲要》中提出，推进数字经济发展和数字化转型的政策不断深化和落地；2020 年 3 月《中共中央　国务院关于构建更加完善的要素市场化配置体制机制的意见》中明确将数据列为一种新型生产要素，提出加快培育数据要素市场；2020 年 7 月，国家发展改委等 13 部门联合发布《关于支持新业态新模式健康发展　激活消费市场带动扩大就业的意见》，旨在支持新业态新模式健康发展，激活消费市场带动扩大就业，打造数字经济新优势。

数字经济是以 5G、人工智能、区块链、量子通信等前沿技术为核心驱动力量，以数字化的知识和信息作为关键生产要素，以现代信息网络为重要载体，推动传统产业智能化转型升级，形成了产业发展的新逻辑。

以算力作为引擎，为智能升级提供动力，将数据要素融入劳动力、资本、技术等单一要素，推动单一要素价值的放大、倍增他要素，提高产品和商业模式的创新能力，推动产业在生产模式、组织形态、价值分配领域全面变革，催生人工智能、金融科技、智能技能人、数字孪生、区块链等，如图 1－1 所示。

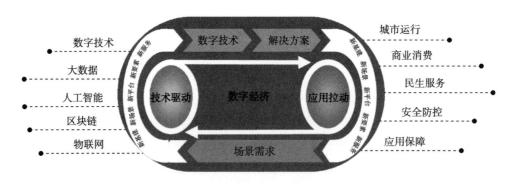

图 1－1　数字技术驱动数字经济的发展

通过搭建开放式大数据平台，集海量大数据采集、挖掘、分析、可视化等功能于一体，提供系统化、全产业链的大数据服务。依托数据这个关键的生产要素，将数字经济与产业深度融合，推动数字化转型，打通全价值链，在智慧交通、智慧物流、智能工厂、智慧办公、智慧医疗、智慧政务等应用场景推动产业数字化，赋能产业升级，如图1-2所示。

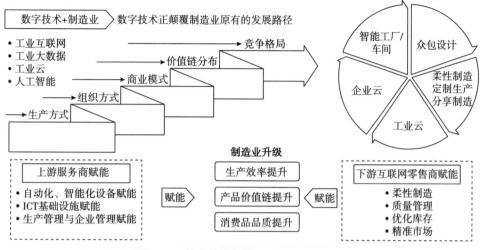

图1-2 数字技术颠覆制造业的发展路径

5. 顶层设计加快：工业综合标准化体系指南出台

工业互联网对新工业革命的支撑和深化"互联网 + 先进制造业"的基石作用日益显著，对未来工业发展的影响是全方位、深层次、革命性的。国内已经有很多企业围绕工业互联网研发解决方案，但"小、散"特征突出，生态链协同效应低，低水平的重复研发造成资源浪费，当前世界各国处在抢占新工业革命制高点的"快车道"上，这种状况很容易贻误工业互联网的发展时机。工业互联网本身正在形成全新和复杂的生态系统，亟须加强工业互联网标准化工作，夯实工业互联网发展基础，建设一个高水准、高效率、广覆盖的工业互联网平台。近年来，国家层面先后出台了《关于深化"互联网 + 先进制造业"发展工业互联网的指导意见》①、《工业互联网综合标准化体系建设指南》② 和《工业互联网创

---

① 2017年11月27日，国务院印发《关于深化"互联网 + 先进制造业"发展工业互联网的指导意见》，指出工业互联网建设的重要性，提出增强工业互联网产业供给能力，持续提升我国工业互联网发展水平，深入推进"互联网 +"，形成实体经济与网络相互促进、同步提升的良好格局，并提出分2025年、2035年和21世纪中叶"三步走"的目标。

② 2019年1月25日，工业和信息化部、国家标准化管理委员会共同组织制定《工业互联网综合标准化体系建设指南》，加快建立统一、综合、开放的工业互联网标准体系，充分发挥标准在工业互联网产业生态体系构建中的顶层设计和引领规范作用，推动相关产业转型升级。

新发展行动计划（2021～2023 年)》① 从顶层设计指导和规范工业互联网的高水准高质量高效率建设。

当前，工业互联网的建设重点主要可包括以下内容：

一是工业互联网基础设施建设，在新基建的背景下，开展工业现场"哑设备"进行网络互联能力改造、工业 5G 专网试点、工业互联网网络建设等，对于工业企业则主要是企业内网［在信息技术（IT）网络与生产控制（OT）网络融合］与企业外网（工业企业、工业互联网平台、标识解析节点、安全设施等）建设。

二是工业互联网关键技术创新建设，包括云网融合、确定性网络、IPv6 分段路由（SRv6）等新技术，强化工业芯片、工业软件、工业控制系统的搭建，加强 5G、智能传感、边缘计算等新技术对工业装备的带动提升，在网络体系、标识解析、平台体系、安全保障等领域的关键技术实现产业化突破。

三是工业互联网融合应用建设，工业互联网技术需找到明确的应用场景落地，在智能化制造、网络化协同、个性化定制、服务化延伸、数字化管理等领域寻求广泛与普及。通过跨产业数据枢纽与服务平台，形成如"一二三"产融合作、智慧城市等融通生态。同时，通过优惠政策、激励手段鼓励领先企业生产、投入，鼓励中小企业、创新企业参与推进。

四是工业互联网产业生态建设，可以说产业生态建设是现代化产业升级的关键，通过培育发展创新型领军企业、龙头企业，建设工业互联网产业示范基地、创新示范园区，通过企业、政府、科研机构形成完整产业链、供应链的工业互联网产业生态。

（二）服务业发展趋势

自党中央推行供给侧结构性改革以来，各地区、各部门认真贯彻落实党中央、国务院决策部署，坚持稳中求进工作总基调，不断强化"六稳"举措，大力推动服务业高质量发展，服务业在国民经济中的比重不断提高，市场主体活力不断增强，新动能持续壮大，幸福产业蓬勃发展，服务业发展潜力得到不断释放。根据服务对象与服务性质，一般来讲，服务业可主要划分为生产性服务业和

---

① 2020 年 12 月 22 日，工业和信息化部印发《工业互联网创新发展行动计划（2021—2023 年)》，提出到 2023 年，我国工业互联网新型基础设施建设量质并进，新模式、新业态大范围推广，产业综合实力显著提升；新型基础设施进一步完善、融合应用成效进一步彰显、技术创新能力进一步提升、产业发展生态进一步健全、安全保障能力进一步增强。

生活性服务业（见表1-2、表1-3）。其中生产性服务业主要是服务于农业、工业、贸易等的各类服务业，生活性服务业直接向居民提供物质和精神生活消费产品及服务，其产品、服务用于解决消费者生活中的各种需求。

表1-2 生产性服务业名录

生产性服务业分类				
研发设计与其他技术服务	研发与设计服务	节能与环保服务	节能服务	
	科技成果转化服务		环境与污染治理服务	
	知识产权及相关法律服务		回收与利用服务	
	检验检测认证标准计量服务	生产性租赁服务	融资租赁服务	
	生产性专业技术服务		实物租赁服务	
货物运输、通用航空生产、仓储和邮政快递服务	货物运输服务	商务服务	组织管理和综合管理服务	
	货物运输辅助服务		咨询与调查服务	
	通用航空生产服务		其他生产性商务服务	
	仓储服务	人力资源管理与职业教育培训服务	人力资源管理	
	搬运、包装和代理服务		职业教育和培训	
	国家邮政和快递服务	批发与贸易经纪代理服务	产品批发服务	
信息服务	信息传输服务		贸易经纪代理服务	
	信息技术服务	生产性支持服务	农林牧渔专业及辅助性活动	
	电子商务支持服务		开采专业及辅助性活动	
金融服务	货币金融服务		为生产人员提供的支助服务	
	资本市场服务		机械设备修理和售后服务	
	生产性保险服务		生产性保洁服务	
	其他生产性金融服务			

我国服务业的发展呈现了多种趋势，尤其受疫情影响，消费者的观念和行为发生了较大变化，服务业受到了巨大冲击，有一大批企业面临被淘汰，但也要看到服务业危中有机，应对危机的过程也是补"短板"、促改革的机会，加快寻找经济发展新动能，释放新的改革红利。在疫情下催化我国服务业转型升级，诞生更多的新业态、新商业模式、新技术，如居民因出行受限对线上服务提出了进一步的要求，同时催生新的商业模式和业态。2015～2019年我国服务业增加值及增长率如图1-3所示。

表 1-3 生活性服务业名录

生活性服务业			
居民和家庭服务	居民服务	居民零售和互联网销售服务	居民零售服务
	居民用品及设备修理服务		互联网销售服务
	其他居民和家庭服务	居民出行服务	居民远途出行服务
健康服务	医疗卫生服务		居民城市出行服务
	其他健康服务	住宿餐饮服务	住宿服务
养老服务	提供住宿的养老服务		餐饮服务
	不提供住宿的养老服务	教育培训服务	正规教育服务
	其他养老服务		培训服务
旅游游览和娱乐服务	旅游游览服务		其他教育服务
	旅游娱乐服务	居民住房服务	居民房地产经营开发服务
	旅游综合服务		居民物业管理服务
体育服务	体育竞赛表演活动		房屋中介服务
	电子竞技体育活动		房屋租赁服务
	体育健身休闲服务		长期公寓租赁服务
	其他健身休闲活动		其他居民住房服务
	体育场地设施服务	其他生活性服务	居民法律服务
	其他体育服务		居民金融服务
文化服务	新闻出版服务		居民电信服务
	广播影视服务		居民互联网服务
	居民广播电视传输服务		物流快递服务
	文化艺术服务		生活性市场和商业综合体管理服务
	数字文化服务		文化及日用品出租服务
	其他文化服务		其他未列明生活性服务

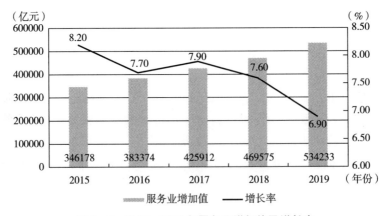

图 1-3 2015～2019 年服务业增加值及增长率

1. 疫情推动服务业数字化

在《2020 年政府工作报告》中指出，"电商网购、在线服务等新业态在抗疫中发挥了重要作用，要继续出台支持政策，全面推进'互联网＋'，打造数字经济新优势"。疫情推动了线上新业态的发展，激发了众多不懂互联网、不善用互联网的商家和用户触网，自 2020 年 3 月以来，杭州、南京、北京、深圳等城市陆续通过发放电子消费券刺激消费，带动大量实体店转型数字化经营。同时，众多企业由于经济影响因素，纷纷通过控制成本、数字化营销等方式寻找出路，实现业务线上化，切实推进服务业数字化转型。人才也正向数字服务业流动，根据脉脉数据研究院发布的《人才流动与迁徙报告2020》，2020 年我国生活服务业首次取代金融行业，成为 IT 互联网从业者离职后的首要去处。程序员纷纷"出厂"，放弃曾经的高薪和稳定投身服务业，究其原因是对生活服务数字化前景的预判。服务业数字化转型将释放巨大产业红利，服务的便利性、时效性显著提高，带动了服务业市场效率不断提升。

案例：服务业数字化转型

来自安徽的企迈云商，作为专为餐饮业提供扫码点餐、排队叫号、取餐等数字化服务的服务品牌，在不到一个月时间，接入的餐馆猛增 2 万多家。公司相关负责人表示，会继续扩大技术岗的编制，今年至少打算扩招 25%。此外，考虑到各种商家数字化服务基本都跑在支付宝上，因此不惜重金希望从阿里招兵买马。

因撕毁员工求降薪请愿书走红的安徽企业老乡鸡，疫情期间也开始数字化自救，把线下店搬上饿了么，并在线上推广企业团餐业务。最近老乡鸡宣布今年再招 5000 人，急需人才中，大数据架构师、风控工程师、私域流量运营、IT 产品经理等互联网岗位赫然在列。

同时，数字化发展为各类服务提供了多样性的环境支撑。例如，文旅行业数字化，采用 VR 技术推出全景虚拟旅游项目，利用线上平台进行信息展示、线上预约、网上缴费、电子票务、客流控制、景区直播等。餐饮行业数字化，涵盖从餐饮选址、供应链、预定、排队、叫号、扫码点单、即时配送、支付、评价等环节。教育行业数字化，作为传统学校、培训教育场景的重要补充，云、5G 及 AI 技术落地应用的重要领域，线上教育可突破时间、空间的限制，构建一种新型交流和互动方式，在新冠肺炎疫情影响下，可以预见教育行政部门、学校与企业协同建设教育资源为学生提供在线教育服务将成为一种常态，借助新数字化技术，线上教育将不仅仅是把课堂搬到网络，同时也是融合重塑教育新形态，推动教育的个性化、智慧化转型。目前，在我国广大的中西部地区，老龄化群体以及数量庞大的三、四、五线城市居民，数字化服务需求远远得不到满足，服务数字化仍然有强劲的市场空间。

2. 服务业向产业整合者转变

服务业大都分离于制造业，随着服务需求的产生，逐渐发展起来。"互联网＋""科技＋""金融＋""物流＋""大数据＋"等对各领域产生深远影响，带动和促进交通、医疗、环境、安全等民生领域信息化的跨越式发展，推动了传统服务业从最初的合作伙伴、满足工业的需求，转变成为产业整合者，推动着新一轮产业变革和消费革命，促使产业边界日益模糊，在此过程中优化社会资源配置，创新公共服务供给模式，提升均等服务水平，实现信息普惠全民。

以"互联网＋"为例，通过利用信息技术搭建的互联网平台，实现互联网与传统行业的深度融合，创造新的产业生态。随着大数据、云计算、互联网带来的高速通信、数据处理、资源整合能力带动产业创新形态演变，互联网的创新成果与经济社会各领域进行渗透和融合，购物、金融、旅游、物流、出行、医疗、教育、住宿等越来越多服务业在与互联网融合业务后产生了颠覆性的影响。"互联网＋农业"，建立农产品质量安全追溯体系；"互联网＋医疗"，通过小程序完成预约诊疗、划价缴费、诊疗报告查询、药品配送等服务。

3. 服务平台载体涌现

平台是一种网络关系，是一个完善的、成长潜能强大的，多方群体有效互动的生态圈，目前网站、App、第三方平台采用成熟研发技术，形成各自的体系，所有的操作、交易、沟通等都能在平台内部完成，使流程化的传统服务业变得高效快捷，同时第三方平台可提供一个相对公正的保障，如清算模式，能够保存买卖双方的交易信息，最大化地降低买家拒付、卖家欺诈等问题出现的概率，保障双方权益。

在生产服务领域，通过平台集聚资源要素和分发资源，强化组合优势，连接卖家与买家、研发人员与企业、资本与项目、闲置资源与潜在使用者等，进而形成一个完善的、成长潜能强大的、多方群体有效互动的生态圈，重构产业价值链，成为各类服务的"接入口"。例如，阿里云打造的公共开放的云计算服务平台，为企业（T2B）、政府（T2C）和其他用户提供高性能、低成本、安全稳定的服务，从企业层面，阿里云与中国铁路12306合作，将余票查询模块和现有系统做了分离，在阿里云上独立部署了一套余票查询系统，云上的余票查询与12306原来的余票查询可以互相补位，根据实时的负载情况，调配不同的访问比例，目前云平台承担了75%的业务。从政府层面，根据中国政府采购网信息显示，阿里云目前正在为20个中央部委提供云计算、大数据、人工智能等技术服务，包括国务院、国家医疗保障局、国家知识产权局、国家应急管理部、人力资源和社会保障部、文化和旅游部、水利部、交通部、国家统计局、国家税务总局、海关总署、中国气象局、司法部、国家广电总局、中国科学院等，地方政府如贵州省宣布"云上贵州"系统平台正式上线，这也成为全国首个基于云计算建成省级政府数据共享平台的省份，借助阿里云初步推出工业云、智能交通云、智慧旅游云、食品安全云、环保云等领域，浙江省、河南省、河北省、甘肃省、宁夏回族自治区、新疆维吾尔自治区、北京市海淀区也先后与阿里云签署了合作协议。

在生活服务领域，平台经济依托商业生态系统、开放的基础设施和低成本高效率的信息撮合机制，通过整合能力不断扩充生活服务场景，支撑大规模协作的生态，成为各类服务的"接入口"，提供"一站式"的消费体验，实现了资源的共享。在出行、电商、社交、医疗、教育等领域，平台逐步取代传统公司成为主流形势，诞生了滴滴、阿里巴巴、腾讯、平安好医生等平台。在疫情期间，依托支付宝、微信等平台普及"健康码""消费券"等，凸显着平台将服务业数字化的应用直接触达每个个体的重要作用。

案例："便捷青岛""一站式"生活服务平台

2018年10月25日，由国信集团自主研发并运营推出青岛市综合支付云平台"便捷青岛"。作为国内首个城市级综合支付云平台，"便捷青岛"平台按照第三方支付标准建设，通过公众号、App、集成支付码和账户，打通城市生活中各个支付场景，为青岛市民提供集本地生活服务于一体的"一站式"入口。与以"互联网+政务"为主的服务模式不同，该平台覆盖交通、医疗、教育、商业服务、旅游文化、行政服务、社会保障与社区服务七大领域。并且在交通、隧道、文旅、酒店、会展等场景成功实现了数字人民币支付应用，也是国内首个城市级数字人民币综合服务平台。

4. 服务业企业逐步金融化

随着消费互联和产业互联的崛起，金融服务作为交易环节的重要需求引起了服务企业的重视，因此企业的转型升级离不开雄厚的资金支持。在资本市场日益成熟的背景下，企业投资金融领域无疑是获取低成本资金、拓宽融资渠道、开辟新空间的一个重要途径。同时，由于服务业是一个高度整合化的行业，服务企业连接并传递着产业链条中的资金，资金流的传输向对资金流掌控的金融化转变，优化资金流的效率和效果是相关服务业企业成长、壮大的关键。"互联网＋金融"、"供应链＋金融"、"生态＋金融"、"产业＋金融"等模式层出不穷，金融化成为新一代服务商业模式。2020年的中国服务业企业500强中，多元化投资企业有31家，他们或转型于制造业企业，或以产业投资为突破口，成为横跨众多金融业态的类金融集团，通过发展金融来延伸服务环节，进而解决公司在不同发展阶段面临的问题和困难，谋求自身更长远的发展。

以阿里巴巴为例，阿里巴巴集团分拆旗下金融业务，成立蚂蚁金服，通过与各大商业银行合作，形成支付宝、芝麻信用、蚂蚁聚宝、网商银行、蚂蚁小贷、蚂蚁金融云、余额宝、招财宝、蚂蚁花呗等一系列金融产品，覆盖移动支付、现金管理、消费信贷、信用服务、大病互助计划等业务，打造一站式的金融和生活服务平台。

以传统零售企业永辉超市为例，2016年永辉超市与阳光控股有限公司、福建永荣控股集团有限公司共同作为主发起人，设立福建华通银行。作为年交易规模超过500亿元，拥有超千名的合作供应商和过亿级的消费客户的零售企业，永辉超市可依托这些资源拓展银行业务，延伸产业链开展供应链金融、消费金融等服务，至2020年福建华通银行已实现转亏为盈。零售业务聚集人流、资金流、物流，具备从商业服务向金融衍生的天然有利条件。其实，国际上有不少商业服务企业向金融衍生的例子，如日本电商巨头乐天为客户提供消费金融、银行业务、保险业务等金融服务，目前是日本最主要的互联网金融服务提供商、日本第一大互联网银行、第二大互联网券商；美国的世界性连锁企业沃尔玛通过"供应商联盟计划"，向1000余家供应商提供应收账款保理业务，同时提供消费金融业务。

5. 新兴业态与传统模式由对抗向融合转变

随着移动互联网应用场景的拓展以及大数据、人工智能等技术的应用，催生了远程办公、网络约车、远程教育、远程医疗、电子商务、移动支付等新服务模式。新兴服务业态的产生加剧了市场的竞争，市场供给不断完善，激发了新的活力。

以零售行业为例，传统门面的展示、流通渠道一度被线上平台替代，然而近几年，科技创新却能带给零售新的机会，数字化转型推动了新零售的发展，新零售模式是指传统零售企业借助大数据、云计算、物联网、人工智能等新兴技术，流程再造，升级商品从生产端到销售端的每个环节，依托实体门店、网络电商、社群运营等营销系统，打通线上线下，进而重构业态结构与生态圈。永辉牵手京东，实施供应链体系和物流能力的强强联合，提供生鲜2小时到家服务。万达联手腾讯、百度，打造全球最大的O2O电商平台。几乎每一个实体零售企业都在努力触网，围绕数字化门店和门店互联网运营展开，通过门店内部升级变革及线上线下的协同运作，进行各个渠道工作的全面实践。一方面与互联网巨头、电商巨头展开不同程度的合作，打造线上销售平台；另一方面电子商务平台联合传统零售店门中的优质资源，积极向线下拓展，在互联网时代快速发展的背景下，随着消费者自我意识更强，人们对消费的关注点已经不再局限于价格，而是更多地关注消费过程中的体验与感受。因此，很多新型的体验业态涌现出来，形成集餐饮、购物、娱乐、休闲等跨界消费场景于一体的新零售业态，探索运用新零售模式升级消费购物体验，推动消费购物方式的变革，构建零售业的全渠道生态格局。

二、创新趋势

创新已成为全球竞争的主要焦点，因为创新带来生产力的增长是经济财富增长的根本原因。进入21世纪，全球的科技创新进入空前的密集活跃期。新冠肺炎疫情暴发之前，基于人工智能的新技术已经在逐步推广使用，实现了部分人工劳动的自动化，随着疫情带来的重大影响，促使创新和技术变革进程突然加速，激发了新一轮创新浪潮。

从世界范围来看，当前国际创新格局正在重塑，世界创新重心逐步向东转移。亚洲成为全球高端生产要素和创新要素的重要转移目的地，特别是东亚将成为全球研发和创新密集区，未来很可能产生若干个具有世界影响力的创新中心。

以用户为中心、多元主体参与、在更大范围合作的开放创新深入发展。大众创新、协同创新、开放创新、参与式创新等新模式不断涌现，自下而上的创新机制逐步凸显，如何构建良好的创新生态，成为引领创新方向、整合创新资源、提高创新效率的关键。

党的十八大提出实施创新驱动发展战略，强调科技创新是提高社会生产力和综合国力的战略支撑，必须摆在国家发展全局的核心位置。2016年5月，中共中央、国务院印发了《国家创新驱动发展战略纲要》，明确提出了战略背景、战略要求、战略部署、战略任务，并指出要从体制改革、环境营造、资源投入、扩大开放等方面加大创新战略保障力度。2020年10月29日，十九届五中全会关于2035年基本实现社会主义现代化远景目标中提到"关键核心技术实现重大突破，进入创新型国家前列"，明确了国家创新驱动发展战略的建设目标。

（一）从创新本身看

1. 创新主体更加多元，主体间关联性更密切

创新主体更加多元丰富，同时受到互联网发展的加持，各创新主体间的交流互动更加密切，创新信息、成果的共享更加开放、深入，加强协同创新更加现实可行。由于创新模式的转变、创新环境的优化、创新平台的搭建和创新领域的拓展，创新主体的内涵进一步丰富，不仅包括高校、科研院所、企业等传统创新主体，新型研发机构、众创平台、创客、产消者、用户也都成为新兴的创新主体。2018年5月，习近平总书记在中国科学院第十九次院士大会、中国工程院第十四次院士大会上指出，"要优化和强化技术创新体系顶层设计，明确企业、高校、科研院所创新主体在创新链不同环节的功能定位，激发各类主体创新激情和活力"。

解决创新主体的孤岛效应，形成创新主体、创新要素之间的协同效应，是创新体系、创新生态链、创新共同体等概念的共同要义所在。万物互联理想的实现，是人与人、人与物、物与物的纵横联通，使"产学研金用"等多元创新参与者的协同创新、大中小型企业融通创新既是旧的生产要素升级和新的生产要素出现的条件，也是降低创新成本、提高创新效率、产生新价值、形成系统能力的主要途径。未来的创新主体，协同则生，孤岛则亡。2019年10月31日，中国共产党第十九届中央委员会第四次全体会议通过了《中共中央关于坚持和完善中国特色社会主义制度　推进国家治理体系和治理能力现代化若干重大问题的决定》提道，"建立以企业为主体、市场为导向、产学研深度融合的技术创新体系，支持大中小企业和各类主体融通创新，创新促进科技成果转化机制，积极发展新动能，强化标准引领，提升产业基础能力和产业链现代化水平"。进一步从国家政策层面鼓励和支持各类创新主体之间的协同创新和互动融通。

案例：零号湾

"零号湾全球创新创业集聚区"是由上海交通大学、上海市闵行区人民政府和上海地产集团三方共建的新型众创空间，汇聚政策资源、人才资源、科技资源、信息资源、资金资源和平台资源，吸引和凝聚国内外高校在校生、校友以及青年入驻创业，打造适合创业者的创新全产业链的孵化平台和生态园区。

由上海交通大学发挥创业领域引领作用，组建了"创投导师库"与"创业导师团"，提供专业个性化的指导服务，推动创新创业体系的建设与完善；由政府提供，政府支持，设立创业苗圃基金，为入驻企业提供相应的政策扶持，助力创业者成长，并完善周边配套设施建设，系统规划创业集聚区周围园区用地属性；由企业出资共建运营平台，牵头硬件及配套设施建设，协同进行用地规划与改建，投资创业项目，承接集聚区成熟企业。

零号湾着眼初创阶段的科技企业，充分发挥三方协同优势资源，搭建完整的创业服务平台和成长培育生态体系，为初创企业提供全生命周期孵化与培育支持。截至2019年底，"零号湾"在孵项目总数超过630项，在孵化企业超过470家，项目融资总额12多亿元，获投融资企业超过40家。

2. 各地创新服务体系系统化全面化

各地在实施创新驱动发展战略的过程中，创新服务体系建设更加系统化、全面化。创新战略全面涵盖了政策、机制、空间载体、金融服务、前沿技术、人才等创新要素，搭建一个创新服务生态体系，满足创新主体衍生的各项需求。

协同创新平台是构建创新体系的关键主体，加快推进产学研协同创新平台建设，健全产学研协同创新机制，有利于促进产业升级加快技术创新。协同创新平台能够充分释放和有效集成信息、技术、资本、人才等各种创新资源和要素，提升自主创新能力和科技创新整体效能。搭建协同创新平台，一要开展多种协同创新模式，开展广泛的、多元的创新合作，尤其要重视充分发挥科技社团的作用；二要注意强化科技资源开放共享，保证科技资源利用效率最大化；三要建设与完善支持协同创新的科技金融体系，提升各类金融结构对科技创新的金融服务水平；四要完善促进协同创新的相关政策和法律法规，在组织保障和政策支持等方面进行强化。

加强产学研战略联盟、创新创业联合体建设，发挥创新共同体、产业共同体在创新治理中的共治组织化作用。科学共同体规范是科研行业共同体共同遵守的价值观，在科学研究的治理中一直发挥着积极作用。创新的治理、产业发展的治理则要复杂得多，因此探索创新共同体和产业共同体治理机制十分必要。创新共同体规范则是涉及科学家、工程师、投资家、企业家乃至用户在内，涉及多行业多领域创新利益攸关者共同遵守的价值观。产业共同体更是涉及创新链、产业链、供应链纵横交错、互联互通，涉及新兴技术、新兴产业与传统产业跨界融合的产业集群、产业生态，是一种新的产业创新共治组织形式。

2018 年下半年，深圳市科创委出台了《关于深入贯彻落实市委六届十次全会精神，以新担当新作为开创深圳科技创新工作新局面的实施意见》，部署实施包括企业全周期研发支持工程、创新人才支撑工程等在内的"十大攻坚工程"[①]；深圳及属区则实施了"科技金融扶持计划"，通过银政企合作贴息、科技保险、天使投资引导、科技金融服务体系建设和股权投资项目，撬动银行、保险、证券、创投等资本市场要素资源支持企业创新创业。

3. 创新施策更加精准

从中央到各地在创新政策的制定实施上更加精准化，施策领域更加聚焦，更加注重政策的针对性、效果性。

2018 年 4 月，国家发改委联合国务院办公厅信息公开办，中国政府网运行中心和新华社以及相关部门启动了"群众办事百项堵点疏解行动"，聚焦商事服务领域征集了 20 项涉及营业执照、纳税证明等方面的办事堵点。国家发改委 2018 年 8 月在"培育壮大新动能"新闻发布会上宣布国家发改委将在网上征集"双创"的堵点问题，并且围绕这些制度障碍，研究针对性政策举措。

北京、上海、广东等国内创新前沿阵地，依托区域特色制定创新纲领，既充分发挥自身已有优势，又各有侧重，总体来看，突出反映了创新领域施策的针对性。

北京以"高端、高效、高辐射"为导向，以农业高端研发、产业链创新和

---

① 深圳市科创委政策法规处副处长陈颖在线访谈解读"十大攻坚工程"：实施"科技计划管理改革工程"，强化科技创新体系能力；实施"基础研究补'短板'工程"，推动引领性原创成果重大突破；实施"科技设施强基工程"，支撑前沿重大创新活动；实施"技术创新跃升工程"，推动关键核心技术自主可控；实施"产业高端高新突围工程"，引领高新技术产业高质量发展；实施"企业全周期研发支持工程"，形成梯次接续的企业发展格局；实施"创新人才支撑工程"，培养造就一支勇攀科学高峰的科技尖兵；实施"可持续发展创新工程"，打造创新引领超大型城市可持续发展精彩样本；实施"两区合一工程"，构建世界级高新技术产业集群空间发展大格局；实施"开放协同创新工程"，提升整合全球创新资源的能级。

现代服务业引领为重心，提升农业高端服务、产业链创新和先导示范功能。突出特征是重在强化原始创新，坚持协同创新和科技资源共享，注重提升创新环境，积极应用新技术、培育新产业、打造新模式。

上海立足科技创新中心建设，围绕产业链部署创新链，着力构建适应科技创新的体制机制，激发市场主体活力，促进创新成果转化，打造一大批创新型标杆企业。突出特征是以强化科技创新中心、项目深化对科技创新的支撑，以体制机制的优化激发市场主体创新活力。

广东提出高新区要加快提升知识创新和技术创新能力，壮大创新型产业集群，加快建成世界一流高科技园区，广州、深圳高新区要对标国内外先进园区，率先建设高质量发展先行地、实验区。沿海经济带高新区要打造区域创新发展特色园、专业园，北部生态发展区高新区要建设生态优先、绿色发展的功能园和示范园，发展与生态功能相适应的经济模式、优势产业。突出特征是以先进园区为提升支撑区域协同创新发展的核心，并结合区域基础选择园区打造方向。

4. 创新成果应用领域更加广泛

近年来，创新成果转化速度加快，创新成果的应用领域越来越广泛，不仅在工业发挥效果，并已经渗透到基础设施建设工程等众多民生相关的领域（见表1-4），有力地支撑了供给侧结构性改革和民生改善。例如，人工智能已经在制造业、农业、医疗、交通运输、社会治安、大数据等众多领域的创新都取得了重要成果，"刷脸"技术逐渐应用到高铁、车站、机场等运输节点，甚至收取快递等日常生活领域。

表1-4　创新成果应用领域举例

创新行业	应用领域
制造业	视觉检测、机器人视觉定位、产量优化、故障预测与维护
零售	创建地图、视觉分拣、自主避障、拨打电话、准确送物
农业	无人机喷洒农药、除草、农作物状态实时监控、物料采购、农业数据收集、灌溉、收获、销售等
通信	智能外呼系统、客户数据处理（订单管理系统）、通信故障排除、病毒拦截、骚扰信息拦截
医疗	健康监测系统（智能穿戴设备），自动提示用药时间、服用禁忌、剩余药量等的智能服药系统等

续表

创新行业	应用领域
社会治安	安防监控、锁定电信诈骗数据、抓捕犯罪分子、消防抢险领域（灭火、人员救助、特殊区域作业）等
交通运输	航线规划、无人驾驶汽车、超速、行车不规范等行为整治
服务业	餐饮行业（点餐、传菜，回收餐具，清洗）等，订票系统（酒店、车票、机票等）查询、预定、修改、提醒等
金融	股票证券的大数据分析、行业走势分析、投资风险预估等
大数据	天气查询、地图导航、资料查询、信息推广推送、个人助理等

（二）从创新领域看

1. 人工智能

人工智能（AI）的主旨是研究和开发出智能实体，包含模式识别、机器学习、数据挖掘和智能算法等分支。该领域的研究包括人工智能机器人、语音识别、人脸识别、图像识别、自然语言处理和专家系统等。

《纽约时报》曾指出，当前世界人工智能的另一个中心在中国。腾讯、百度、依图、商汤等一批中国企业在人工智能领域已经崛起，并开始把研发中心设置到美国硅谷。目前，中国大型企业基本都已在持续规划投入实施人工智能项目，从安全生活、远程交易、便捷通行、拜访登记、服务响应等用户体验环节，到生产过程中的分析预测、科学决策，人工智能已经广泛渗透进经济生产活动的主要环节。

根据相关研究数据，人工智能产业从 2015 年萌芽到起步用时 4 年，2019 年进入起步期[①]，预计到格局成熟阶段也需 10 年时间。也就是说，2019～2029 年将是人工智能产业竞争的重要窗口期，如图 1-4 所示。

人工智能一共分为自然语言处理、计算机视觉、语音识别、专家系统以及交叉领域五个领域，在泛安防、医疗、工业、教育、金融、零售、交通、政务、互联网行业都有广泛的应用。当前应用最热门的三个领域包括语音识别、人脸识别、无人驾驶。

---

① 进入起步期、发展期、成熟期的产业规模分别超过 500 亿元、4000 亿元、1.5 万亿元，数据来源于艾瑞咨询《中国人工智能产业研究报告（Ⅲ）》。

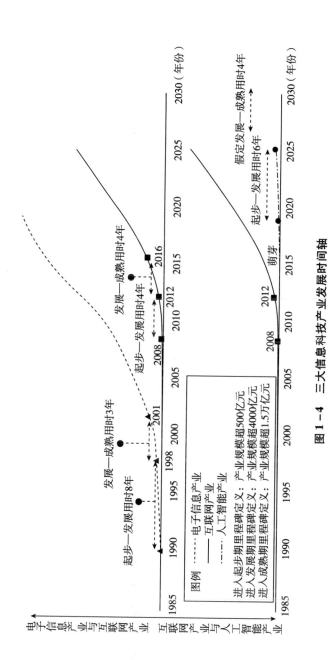

图 1-4　三大信息科技产业发展时间轴

资料来源：艾瑞咨询《中国人工智能产业研究报告（Ⅲ）》。

（1）语音识别。

语音识别技术涉及信号处理、模式识别、概率论和信息论、发声机理和听觉机理、人工智能等领域，如何进一步提高识别的可靠性、增加识别系统词汇量是该技术的发展方向。语音识别技术已经深入日常生活的方方面面，如手机端的语音输入法、语音助手、语音检索等应用，智能电视、空调、照明系统等智能家居的应用，智能可穿戴设备、智能车载设备的应用，等等。此外，语音识别还应用于其他一些服务场景，如医院电子病历的语音录入，法庭的庭审现场通过语音识别分担书记员的工作，以及影视字幕制作等应用场景都可以通过语音识别技术实现。

（2）人脸识别。

主要应用了计算机视觉。计算机视觉是利用相机和计算机替代人眼对物体进行识别、检测和跟踪等机器视觉，通过进行图像转换，将其处理为完成某种特殊目的的新图像。人脸识别在实际中可以用于考勤及会务、网络视频、银行和超市自助服务设备等场景，也可以用于智能安防、打击违法犯罪等公共领域。

（3）无人驾驶。

主要应用了专家系统。专家系统是指基于内部存储的专家的知识与经验的智能程序，采用人工智能进行推理与判断，模拟人类专家的决策过程，可解决专业领域的复杂问题，也是人工智能中最重要的也是最活跃的一个应用领域。通常是根据某领域一个或多个专家提供的知识和经验。除无人驾驶外，天气预测以及包括交通能源供水在内的城市基础设施系统，都依靠专家系统发挥作用。

2. 大数据

大数据是指需要通过快速获取、处理、分析以从中提取价值的海量、多样化的交易数据、交互数据与传感数据，其规模往往达到了 PB（1024TB）级。麦肯锡全球研究所对大数据的定义是一种规模大到在获取、存储、管理、分析方面大大超出了传统数据库软件工具能力范围的数据集合。

习近平总书记在十九届中共中央政治局第二次集体学习的重要讲话中指出，要推动大数据技术产业创新发展、构建以数据为关键要素的数字经济、运用大数据提升国家治理现代化水平、运用大数据促进保障和改善民生、切实保障国家数据安全。这些战略部署为我国构筑大数据时代国家综合竞争新优势指明了前进方向。大数据是信息化发展的新阶段，其发展推动了数字经济的形成与繁荣。大数据主要包括数据源、大数据产品、大数据服务应用三个层次。从国内来看，数据来源包括政府部门、企业数据采集及供应商、互联网数据采集及供应商、数据流通平台等。大数据产品包括大数据平台、数据处理、数据安全、数据分析、解决方案等环节，涉及相关软件企业、硬件企业和解决方案商等。大数据服务应用吸引了众多中小和初创企业汇聚于此，专注于大数据在各个行业的融合应用。

当前，国内大数据产业继续保持稳步增长，大数据相关技术、产品、应用和标准不断发展，逐渐形成了包括数据资源与 API、开源平台与工具、数据基础设施、数据分析、数据应用等板块构成的大数据生态系统，技术逐步成熟，应用场景日益丰富，产业生态日渐完善，协同创新能力不断提升，从技术向应用、再向治理逐渐迁移。研究推动大数据技术发展、运用大数据推动经济、完善社会治理、提升政府服务与监管能力。当前大数据在智慧城市建设管理、电子商务、医疗等领域应用最为广泛。

（1）智慧城市。

随着城市化发展的不断衍进，当前城市发展面临着巨大的挑战，对城市运行与管理也提出了新的要求，智慧城市建设作为应对城市化发展的解决路径成为重中之重。近几年的智慧城市建设实践中，基本是围绕着城市运行过程中产生的各类数据信息，按行业条块进行切分，依托大数据与人工智能展开，对城市运行的关键条块进行端到端的智慧化建设，全面提升该条块的治理能力，如智慧公安、智慧交通、智慧能源、智慧水务、智慧城管、智慧教育等建设项目。

案例：国外智慧城市建设

美国迪比克

作为美国第一个智慧城市，非常重视城市公共智能化建设。市政府与 IBM 合作，计划利用物联网技术将城市的各类资源数字化并连接起来，含水、电、油、气、交通、公共服务等，通过监测、分析和整合各种数据智能化地响应市民的需求，降低城市的能耗和成本。该市率先完成了水电资源的数据建设，给全市住户和商铺安装数控水电计量器，记录资源使用量的同时发挥预防资源泄漏。

荷兰阿姆斯特丹

为了减少二氧化碳排放量、节约能源，启动了 West Orange 和 Geuzenveld 两个项目，以及为港口游船与货船使用清洁能源充电的 Energy Dock 项目，获得了良好的效果。

瑞典斯德哥尔摩

瑞典国家公路管理局和斯德哥尔摩市政厅较早开始建设智能交通系统。在通往市中心的道路上设置了多个路边监视器，利用射频识别、激光扫描和自动拍照等技术，实现了对全部通行车辆的自动识别，借助这些设备对工作日工作时间进出市中心的车辆收取拥堵税，有效降低了交通拥堵水平，大大减少了温室气体排放量。达到了既缓解城市交通拥堵又减少空气污染问题的双重目标。

（2）电子商务。

通过搭建用户画像实现精准营销和服务。用户画像是运用大数据技术的数据仓库建模理论和方法，对现实世界中用户的数据进行数学建模，将每个用户的信息抽象成标签，构建用户个性化的画像，精准洞察客户需求，从而提供有针对性的服务。最初用户画像应用于电商领域，现在的应用领域越来越广泛。

在电商领域中，京东、阿里通过记录和分析大量的高质量、多维度的用户网络行为数据得到关于用户基本属性、购买能力、行为特征、社交网络、心理特征和兴趣爱好等方面的标签模型，从而指导并驱动业务场景和运营。借助用户画像技术，实现精准营销和用户统计，一方面帮助用户优化了搜索体验，为用户提供更好的服务，另一方面又能帮助企业评估辨识出高质量用户、挖掘更大商机（见图1-5）。

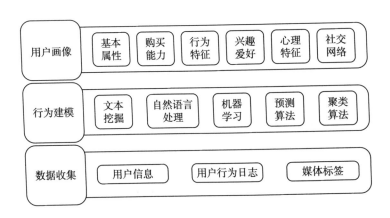

图1-5　用户画像技术

（3）医疗。

大数据技术在医疗方面的应用，一方面可以记录分析病人就医过程中产生的信息、临床医疗研究和实验室数据、药物研发和生命科学数据、智能穿戴设备带来的健康管理数据组成的庞大复杂的医疗数据体系；另一方面也可以通过大数据平台加强医院临床信息化管理水平，为患者提供更好的医疗服务。

大数据和人工智能的融合可以帮助解决日益严重的护理提供者短缺问题。医疗服务提供商也将充分利用大数据技术，研发从机器人手术助手到高度先进的诊断系统，为医疗技术框架提供更好的解决方案。

2020年疫情以来，利用大数据技术对交通、通信、消费、税收、金融等众多领域数据信息的有机整合，特别是"健康宝"等大数据产品的广泛应用，为疫情监测、防控救治、资源调配等提供了有效指引，助力疫情防控和复工复产，成为大数据促进经济社会发展的一次成功实践。

3. 第五代移动通信技术（5G/6G）

5G是第五代移动通信技术的简称，是具有高速率、低时延和大连接特点的新一代宽带移动通信技术，是实现人机物互联的网络基础设施。相比4G，5G具有带宽更高、传输时延更低、海量连接的三大优势。

2018年6月14日，第五代移动通信技术标准（5G NR）独立组网（SA，Standalone）功能，在3GPP第80次TSG RAN全会（TSG#80）正式冻结，5G完成第一阶段全部标准化工作，标志着5G时代正式到来。

近年来，中国企业在5G研发方面大力投入，在技术创新上不断取得突破性成果，在全球通信标准领域拥有了一定的"话语权"。根据《2019年全球5G竞争报告》，中美在5G网络建设方面"并列第一"，中国在5G基础设施方面领先全球[①]。业内五大主流设备商中国的有两位——华为和中兴。中国公司力推方案——把Polar code推进3GPP标准成为5G控制信道首次进入基础通信框架协议领域。根据相关研究报告，在基带容量、射频产品组合、部署简易度和技术演进能力四大移动运营商关键指标维度评判中，华为四个维度均为第一，5G RAN产品能力整体最强[②]。

5G在诸多领域都有很好的应用前景，当前应用比较广泛的领域包括智能制造、智慧交通、远程医疗。

---

① Analysys Mason发布的《GLOBAL RACE TO 5G – UPDATE》（2019年全球5G竞争报告）。

② 数据分析公司GlobalData 2019年发布的全球首份5G RAN（无线接入网）排名报告。

（1）智能制造。

智能制造是指充分利用新一代信息技术，贯穿研发设计、生产、生产分析、服务等制造活动各个环节，具有信息自感知、智慧自决策、控制自执行等功能的先进制造过程、系统与模式的总称①。智能制造依托于智能工厂，可大大缩短生产周期、降低整体运营成本、提高产品生产效率、提升产品品质并降低资源消耗。2015 年，国务院印发《中国制造 2025》，指出"把智能制造作为两化（信息化与工业化）深度融合的主攻方向；着力发展智能装备和智能产品，推进生产过程智能化，培育新型生产方式，全面提升企业研发、生产、管理和服务的智能化水平"。

智慧工厂是 5G 在智能制造领域的重要应用场景之一，体现了较高水平的智能制造。在一个智能工厂中，有着大量的自动化设备，海量的传感器、控制器、执行器，通过 5G 网络的传输，生产设备之间可进行无缝链接，并进一步联通设计、采购、仓储、配送等环节，使生产及供应链更加扁平化、定制化、智能化，从而构造一个面向未来的智能制造网络。

（2）智慧交通。

智慧交通的概念在 20 世纪初被提出，将物联网、自动控制、云计算等多项科学技术运用于交通运输，加强道路、车辆、使用者之间的智能感知与互联，形成一种保障交通安全、优化运行效率、改善交通环境、节约能源的智慧系统运输体系。随着城市化发展的不断演进，大数据时代的到来以及各项技术在交通领域的发展和应用，基于 5G 的智慧交通飞速发展。2019 年，《交通强国建设纲要》将智慧交通作为行业发展重点任务之一，国内智慧交通进入快速发展阶段。从专利公开量来看，2015～2020 年中国智慧交通相关专利公开量高速增长，2019 年达到 256 件，同比增长 63%，2020 年 1～9 月智慧交通相关专利公开量为 326 件，同比增长 74%，反映出国内智慧交通行业技术研发较为活跃。

智慧交通系统中应用了信息技术、人工智能、数据通信技术、计算机技术、传感器技术、电子控制技术、运筹学、自动控制理论等多项科学技术，5G 的应用能规避更多的地理空间条件限制，因而是构建智慧交通体系的关键核心技术。在 5G 时代，智能交通主要应用于主动模式的交通应急联动和安全保障，基于移动互联的综合性交通智能服务体系，实现交通运行状态中的精准感知与智能化调控系统，实现智能化载运工具与人车路间协同控制。智慧交通产业链上游主要是提供

---

① 概念来源于工业和信息化部公布的"2015 年智能制造试点示范专项行动"中的描述。

信息采集与处理的软件、硬件设备供应商，中游主要包括软件和硬件产品提供商、解决方案提供商，下游以运营、集成、内容等第三方服务商为主（见图1-6）。

图1-6 智慧交通示意图

资料来源：智能制造网。

从发展趋势来看，当前传统交通模式下，智慧交通的发展趋势仍然是将成熟的科学技术应用于交通运输环境中，通过加强路网通道的协同性，达到安全高效的优化目标。从长期来看，智慧交通的总体发展趋势是载运工具的智能化以及基于移动互联的综合交通智能化服务。智慧交通在发展的过程中不断扩大运营规模，将人力、资源、网络等不断地融合，最终达成5G网络与智慧交通的创新发展。

（3）远程医疗。

远程医疗是指使用信息通信、全息影像、人工智能、传感等技术手段，实现跨区域、跨医院对异地患者进行远程会诊、远程诊断、远程治疗的过程。远程医疗对带宽、时延要求非常高，远程高清会诊、医学影像数据的高速传输与共享需要高速率、大带宽的网络支持，远程诊疗更是要求网络达到毫秒级时延。5G网络高速率、低时延的特性能够很好地满足远程医疗的需要。

专栏：5G远程手术

5G远程手术是指医生利用5G技术实施的远程手术。

2019年1月，华为联合中国联通福建省分公司、福建医科大学孟超肝胆医院、苏州康多机器人有限公司在福建中国联通东南研究院成功实施世界首例5G远程外科手术动物实验。本次手术操作通过5G技术实时传输操作信号，为50千米外孟超肝胆医院的实验动物进行远程肝小叶切除手术。远程操控手术机器人两端的控制链路、两路视频链路都是全部承载在5G网络下。手术用时60分钟，术后实验动物的生命体征平稳。

2019年3月，中国人民解放军总医院海南医院成功完成全国首例基于5G的远程人体手术——帕金森病"脑起搏器"植入手术，患者在北京，医生在海南，通过操纵5G远程机械臂进行手术，横跨3000千米，手术圆满完成。

2019年5月，广东首例5G远程B超检查在广州市第一人民医院顺利完成，由位于广州越秀区的B超医生操控机械臂，对相隔60千米的南沙区医院患者开展超声检查，5G的毫秒级延时特性，为医生操控机械臂实时远程超声检查提供了技术保障。

随着5G医疗应用的不断成熟，远程看护、远程诊疗、远程手术、视频急救将逐渐得到应用，有效提升医疗服务能力，为患病群众提供便利和更优质的医疗资源。

---

4. 物联网

物联网（Internet of Things）是基于互联网等传统信息载体，通过各类传感器、射频识别技术（RFID）等各类感知设备，全面获取环境、设施、人员信息并进行自动化数据处理，以实现"人—机—物"融合一体、智能管控的互联网络，物联网的体系架构层次如图1-7所示。

物联网的主要应用领域集中于典型方向和家庭的物联网应用，包括零售、物流、医药、食品、健康、智能家居和交通等领域，主要解决自动化监控、通信、医疗监控与个人护理、供应链管理、产品跟踪等问题。

我国近年已在芯片、传感器、智能终端、中间件等领域取得一大批研究成果。光纤传感器、红外传感器技术达到国际先进水平，超高频智能卡、微波无源无线射频识别、北斗芯片技术水平大幅提升，微机电系统（MEMS）传感器实现批量生产，物联网中间件平台、多功能便捷式智能终端研发取得突破，并在物联网领域已经建成一批重点实验室，基本覆盖了物联网技术创新各环节。物联网专利申请数量逐年增加，截至 2019 年 6 月 30 日，我国专利摘要中含"物联网"的共有 36142 个，较去年提高了 12022 个，专利关键词中含"物联网"的共有 21881 个[①]。

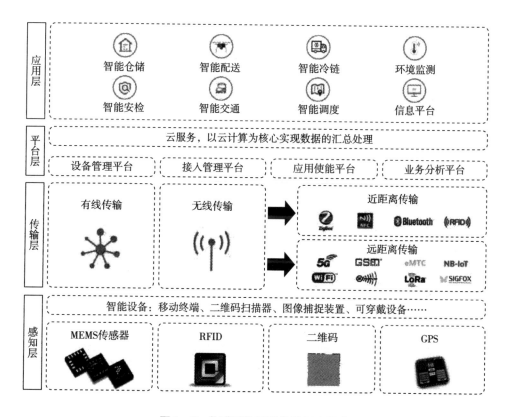

图 1-7　物联网体系架构的四大层次

5. 机器人

作为多种高新技术的集成体，机器人融合了机械、数控、人工智能、计算机软硬件等诸多学科和前沿领域。机器人主要分为工业机器人、服务机器人、特种机器人三大类。在工业生产、家庭服务、国家安全、特殊环境服役、医疗辅助等多个领域得到应用。

---

① 中国专利全文数据库（知网版）。

（1）工业机器人。

根据应用场景不同，工业机器人包括焊接机器人、搬运机器人、装配机器人、处理机器人、喷涂机器人等。目前，我国机器人行业还处于初级阶段，核心部件减速器等依然依赖进口，但这不影响中国市场已成为全球最大的市场。新松机器人公司进入全球工业机器人十强企业行列，也预示了中国机器人广大的发展前景。此外，在减速器、控制系统、伺服电机系统、中游本体和下游系统集成等细分市场都蕴含了商业机遇。

（2）服务机器人。

根据应用环境可分为个人/家用机器人、商用机器人。当前世界服务机器人的市场化程度仍处于起步阶段，但受简单劳动力不足及老龄化等刚性驱动和科技发展促进的影响，未来这一分类发展潜力无限。

（3）特种机器人。

按照用途不同可以划分为军警用机器人、特殊环境机器人、农业机器人、安防机器人。特种机器人在机器人家族发展最早，且体系庞大，由于其能进入人类无法到达的领域帮人类完成各种复杂工作而备受各国政府的重视。

2020 年疫情以来，为医院配送医疗物资、给隔离酒店里的客人递送食物、在公共场所自动测温和消杀，智能机器人的应用迅速推进，既有效替代了人工作业，又实现了"无接触"的工作和服务，大大降低了人员感染风险。

根据工信部数据，2020 年 1～12 月，全国工业机器人实现产量 23.7 万台，同比增长 19.1%；2020 年 12 月，全国工业机器人实现产量 2.9 万台，同比增长 32.4%。国产工业机器人的应用快速拓展至塑料、橡胶、食品、环保等细分行业，核心零部件的国产化进程再度提速；服务机器人的技术创新不断加快，尤其是在计算机视觉和智能语音等领域专利数量飞快增加，催生了一批创新创业企业；特种机器人在反恐排爆、深海探索等领域的部分关键核心技术已实现突破，无人机、水下机器人等实现批量生产，研究实力与国际先进水平相当。随着人工智能、5G、大数据等科技水平的进一步提升，我国在机器人领域蕴藏着巨大的市场潜力和发展空间。

6. 生命科学

生命科学（Life Science）是研究生命现象、生命活动的本质、特征、发生与发展规律，以及生物与生物之间和生物与环境之间关系的科学。生命科学是当今在全球范围内备受关注的基础自然科学。当前，生命科学的四大前沿领域分别是：细胞生物学、分子生物学、生态学和神经生物学。

一是战略布局层面生命科学研究受到高度重视。生命科学已经被列入了《国家基础研究发展"十二五"专项规划》重点支持领域，转基因、新药创制、传染病防治三项进入国家科技重大专项领域。

二是定量研究加快成果增长迅猛。中国在农业科学领域优势明显，发文量仅次于美国排第2，环境科学与生态学领域排名第3，植物和动物学、生物化学与分子生物学、微生物学等相对偏基础研究的领域比较有优势，发文量基本在第3~7名。

三是研究领域全面突破。结构生物学、干细胞、脑科学、免疫、表观遗传等基础研究，体细胞重编程技术、极体移植技术、极体高通量测序、单分子磁共振等技术研发，重大慢性疾病、疫苗研发、流行病研究、农业领域等应用研究都有亮点成果。

专栏：2020年度"中国生命科学十大进展"

1. 蝗虫聚群成灾的奥秘：4－乙烯基苯甲醚是蝗虫的群聚信息素。

2. 首个新冠病毒蛋白质三维结构的解析及两个临床候选药物的发现。

3. 器官衰老的机制及调控。

4. 新冠肺炎动物模型的构建。

5. 人脑发育关键细胞与调控网络。

6. 发现行为调控抗体免疫的脑—脾神经通路。

7. 进食诱导胆固醇合成的机制及降脂新药靶发现。

8. 提高绿色革命作物品种氮肥利用效率的新机制。

9. 小麦抗赤霉基因Fhb7的克隆、机理解析及育种利用。

10. 抗原受体信号转导机制及其在CAR－T治疗中的应用。

注：上述排名不分先后。

---

7. 区块链

区块链技术兴起并发展于金融、数字货币行业，由于其完全"去中心化"、零信任特点，引起各个国家、国际组织和公司企业的广泛关注，成为投资和研究的热点。区块链技术是分布式账本、共识机制、智能合约、加密技术等技术的有机结合，由于其天然"去中心化"特性，引起了金融、数字版权、教育、物联网、数字医疗、社会管理等多个领域的研究热潮，也推动了区块链技术本身的不断迭代。

近年来，我国在区块链技术方面的专利申请数量位居全球首位[①]。2017 年全球区块链企业专利排行榜中，排名前十的七家企业来自中国，其中第一名为阿里巴巴、第三名为中国人民银行数字货币研究所，中国区块链企业数量仅次于美国。2016 年之前，经营区块链相关业务的公司不足 1000 家，且数量增长缓慢，但从 2016 年开始，区块链公司数量也开始爆发式增长，连续两年增幅均超 250%[②]。

根据 Wind 提供的数据，多家 A 股上市公司在金融、能源、物流、交通、贸易、版权等区块链应用领域也有广泛布局。根据国家知识产权局专利检索及分析平台已经公开的专利显示，华为在 2016～2018 年共计申请过 27 项与区块链相关的专利申请。

8. 量子信息

量子信息是关于量子系统"状态"所带有的物理信息。通过量子系统的各种相关特性，包括量子并行、量子纠缠和量子不可克隆等，进行计算、编码和信息传输的全新信息方式。基于量子特性，量子信息技术可以突破现有信息技术的物理极限，在信息处理速度、信息安全性、信息容量、信息检测精度等方面将会发挥极大的价值。

专栏：第二次量子科技革命来临

量子科学是 20 世纪最为重要的科学发现之一，在 20 世纪 40 年代兴起第一次量子科技革命，催生了原子弹、半导体晶体管、激光器等重要成果。进入 21 世纪之后，人类对微观粒子系统的观测和调控技术不断突破和提升（如激光原子冷却、单光子探测和单量子系统操控等技术），利用量子力学中的叠加态和纠缠态等独特物理特性进行信息的采集、处理和传输已经成为可能，量子科技革命的第二次浪潮即将来临。人类对量子世界的探索已从单纯的"探测时代"走向主动"调控时代"，第二次量子科技革命将催生量子计算、量子通信和量子测量等一批新兴技术，量子科技的革命性发展，将极大地改变和提升人类获取、传输和处理信息的方式和能力，为未来信息社会的演进和发展提供强劲动力。

---

① 中国金融认证中心（CFCA）2018 年底发布的《2018 中国电子银行调查报告》显示，目前全球已有的区块链相关专利申请，超过半数来自中国，截至 2017 年底中国专利申请量超过 1200 件，反超美国，成为第一。
② 腾讯发布的《2019 腾讯区块链白皮书》。

量子信息技术主要的应用领域包括量子计算、量子通信和量子测量等。我国在量子计算领域目前还是以研究为主，产业应用刚刚起步。但是我国量子通信研究和技术应用方面全球领先，各地方量子通信网络建设和各行业量子通信试点应用正在加速推进。整体来看，我国从国家战略、技术引领、工程建设等多角度支持量子技术产业化发展，国内量子信息技术的发展进入加速期，应用领域正逐步从政府向商用扩展。

（1）量子计算机。

量子计算机是一类遵循量子力学规律进行高速数学和逻辑运算、存储及处理量子信息的物理装置。当某个装置处理和计算的是量子信息，运行的是量子算法时，它就是量子计算机。

量子计算机的一般工作原理分为数据输入、初态制备、幺正操作、量子测算、输出结果等几个步骤，其中幺正操作需要使用量子算法进行量子编程，具体工作流程如图1-8所示。

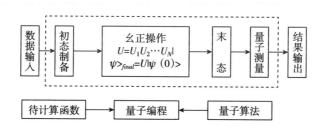

图1-8 量子计算机工作原理流程

1994年，贝尔实验室证明了量子计算机能完成对数运算，而且速度远胜于传统计算机，这也是量子计算理论提出后第一次成功实验。随后，微软、谷歌、IBM、英特尔等巨头纷纷宣布进军量子计算机科研和应用领域。我国量子计算刚刚从基础研究迈入技术积存和集中攻关的阶段，在产品工程化及应用推动方面尚有明显差距，国内仅一家初创企业，但是这两年阿里巴巴、百度和华为等科技巨头先后关注和加大量子计算领域的投入。

基于量子叠加和量子纠缠的内在特性，量子计算机可以实现快速的并行计算和量子行为模拟，从而重新定义程序和算法，这就使它能够在一些特定的应用场景有很好的优势，如加密通信、药物设计、交通治理、天气预测、人工智能、太空探索等领域。

（2）量子通信。

量子通信是一种新型通信方式，相对于传统通信具备绝对安全性，目前整体还处在试点应用阶段，随着技术的更新升级和成本的逐步降低，量子通信有望向商业领域拓展，市场空间广阔。

我国量子通信领域虽然起步较晚，但凭借政策优势和资金的大量投入，在量子通信领域已成功实现了"直道超车"，在试点应用数量和网络建设规模方面全球领先，并且多项建设记录"领跑"全球。

2017年1月，随着世界首个量子卫星——"墨子号"量子科学实验卫星完成在轨测试交付使用，我国在国际上率先实现高速星地量子通信，连接地面光纤量子通信网络，初步构建量子通信网络，量子通信是目前人类唯一已知的不可窃听、不可破译的无条件安全的通信方式。2017年9月，我国建成开通世界首条量子保密通信干线——"京沪干线"，首次实现了洲际量子保密通信，为未来实现覆盖全球的量子保密通信迈出了坚实的一步。

"京沪干线"与"墨子号"量子科学实验卫星完美对接，预示着我国天地一体化广域量子通信网络雏形已经形成。这将推动量子通信在金融、电子信息等领域的大规模应用，建立完整的量子通信产业链，最终构建基于量子通信安全保障的量子互联网。

9. 半导体

半导体材料是大部分电子产品的核心单元所需的材料，其产品包括集成电路、光电子器件、分立器件和传感器，其中规模最大的为集成电路。

新型半导体材料主要是以砷化镓（GaAs）、氮化镓（GaN）和碳化硅（SiC）为代表的化合物半导体材料和以石墨烯为代表的碳基材料。新型半导体材料具有更大的近代带宽、电子饱和、漂移速度更快等特点，能够制造出具有优异光电性能、高速、高频、大功率、耐高温和高辐射等特征的半导体器件。

半导体材料属于高技术壁垒行业，国内由于起步晚，整体相对落后，目前半导体材料高端产品大多集中在美国、日本、德国等国家和地区生产商。但在抛光液、特种气体龙、超纯试剂及光刻胶领域、彩色光刻胶领域等一些细分领域，国内已有企业突破国外技术垄断，在市场占有一定的份额。

专栏：关于三代半导体材料

第一代半导体材料

主要是指硅（Si）、锗元素（Ge）半导体材料，兴起于20世纪50年代。

应用领域：集成电路、电子信息网络工程、电脑、手机、电视、航空航天、各类军事工程和迅速发展的新能源、硅光伏产业。

第二代半导体材料

以砷化镓（GaAs）、锑化铟（InSb）为代表，是4G时代的大部分通信设备的材料，20世纪90年代以来开始崭露头角。

应用领域：用于制作高速、高频、大功率以及发光电子器件，是制作高性能微波、毫米波器件及发光器件的优质材料，还在卫星通信、移动通信、光通信和GPS导航等领域被广泛应用。

第三代半导体材料

以氮化镓（GaN）、碳化硅（SiC）、氧化锌（ZnO）、金刚石为四大代表，是5G时代的主要材料，我国最早是从1995年开始进入研究。

应用领域：电动汽车、消费电子、新能源、轨道交通等领域的治疗、交流输变电、温度检测控制等。

三、园区趋势

产业园区的环节具体可拆分为土地一级开发、二级房地产开发、投融资、招商、项目运营、产业投资等阶段。

（一）最新一代园区发展特征

产业园区随着经济发展和产业升级，现已进入到了第四代产业园区阶段。第四代产业园区更注重产业生态和要素的链接，园区内汇集了企业发展所需的政府、金融资本、科研资源等各类要素，形成一个各主体深度互动、共享互动的平台生态网络。

在疫情防控期间，云办公的方式得到了普及，刺激了线上招商方式的兴起。面对后疫情时代的新变化、新需求，具备"科技、绿色、健康、服务"等优势的园区办公空间受到青睐，园区针对企业提供"非接触式"服务，支持经济的发展。

1. 产业定位精准，且聚焦产业发展前沿

云计算、大数据、移动互联网和人工智能等新兴技术推动产业变革不断深化，新的服务业态、商业模式、解决方案相继涌现，创新成为产业发展的核心动力。

产业定位是园区的灵魂。结合中国制造2025、"互联网+"行动计划等国家战略，第四代产业园区通常以"新经济"、"新技术"、"新产业"为主要产业范围，融入国际高端产业链和高新技术。并且产业定位明确，与区域特色、资源优势和产业基础结合具有合理性和科学性，突出特色化、专业化和产业优势。

如科技创新型园区，包括研发、孵化、培育新材料、节能环保、智能应用等产业；新型创意园区，包括工业设计、文化创意、新媒体等产业；电子信息及物联网产业园区，包括移动互联网终端、软件和集成电路、物联网等；生命健康产业园区，包括生物医药、生命信息、医疗器械、养生保健等；高端装备产业园区，包括新能源汽车、无人机、智能仪器装备、智能制造等；科技成果加速转化园区，包括新材料、新一代信息技术、智能穿戴等。

2. 产业主体关联性增强

各产业主体能够通过多种方式形成最广泛的连接网络，除产业链上下游企业的业务交往外，通过互联网、大数据、云平台等技术手段，不同行业之间的企业可实现业务交叉、数据共享和资源协同。

3. 园区内形成创新生态系统

园区内产业链、创新链和价值链的联系以及在合作基础上形成社会联系网络，呈现出企业集聚的空间状态，形成淡化地理区域位置的创新生态系统，促进创新要素的流动与共享，集聚效应明显。

4. 园区更注重空间的交流性

新型办公空间大多秉承着"开放共享"、"社交沟通"的运营理念和模式。在空间设计时，通过模糊室内室外、工作区与休息区等功能区域的边界，注重增设开放空间、小型会议室等区域，打破由于固定空间功能边界带给人们的束缚感，营造丰富多样、轻松愉快的交流氛围，促进园区各产业主体之间深度合作，打造有温度的产业办公环境。

同时，通过举办系统性的定期活动，打造产业社群生态圈，形成产业链上的共生圈，寻找成长机会和空间。

5. 园区服务专业精细化

园区运营商为产业发展提供从顶层设计、规划建设、宣传推广、人才引进、人才培训、品牌推广到招商引资等各层面的专业服务。围绕在产业、空间、生态、运营、服务等多个方面，营造产业发展的优质环境和创新氛围，进而汇聚各类创新要素，推动园区与企业共同成长，形成充满活力、多元化的创新生态综合体。

6. 园区管理注重应用智慧化手段

借助新一代的云计算、物联网、传感器、智能信息处理技术等，采取感知化、互联化、智能化的手段，建设和升级新一代的智慧化基础设施。

充分运用"云大物移智"等技术，将感知、互联网与智能化运用高度集成、进行信息采集与控制，对园区遇到的各种情况进行分析、判断和决策，为客户提供更加高质与便捷的增值服务，优化园区过往相对单一的管理模式，提升园区差异化竞争优势。

7. 功能配置多元化

功能设置上，有办公集群、综合服务、展示体验等，以及各类配套设施更趋完善，满足人们的居住生活、休闲娱乐、文化教育、社交等多方面需求，形成职住平衡的"5 分钟生活圈"，建设一个具有复杂城市功能的充满活力的多元社区。

8. 盈利方式的多元化发展

园区盈利模式向轻重资产平衡的多元化盈利模式转变，并已成为园区长远发展的必然趋势。长期收益回报和短期现金流兼顾的多元化盈利模式可有效地保证园区可持续发展。

由于产业园区的重资产属性，依靠物业租售难以获得高额的回报。同时随着园区经济的发展，园区企业对于园区配套服务、人才服务和金融服务等具有较高的需求，也为轻资产业务的开展创造了有利条件。

同时需强调，不同地区在不同发展阶段，园区经济的发展要结合本地实际情况。

（二）园区规划

产业园区规划是比较全面的产业园区长远发展计划，是对园区产业发展、空间布局、土地开发、招商引资、运营管理等全局性、长期性、基本性问题的研究。

1. 规划编制原则

主要包括绿色发展、集约发展、循环发展、弹性发展、协同发展等原则。

当前，工业化进入后期，进入全新的人工智能制造时期，城市化进入后期，进入城市有机更新和城乡人口双向流动的时期。2020 年 11 月，国家发改委发布的《中共中央关于制定国民经济和社会发展第十四个五年规划和二〇三五年远景目标的建议》中提到："优化国土空间布局，推进区域协调发展和新型城镇化。实施城市更新行动，推进城市生态修复、功能完善工程，统筹城市规划、建设、管理，合理确定城市规模、人口密度、空间结构，促进大中小城市和小城镇协调发展。强化历史文化保护、塑造城市风貌，加强城镇老旧小区改造和社区建设，增强城市防洪排涝能力，建设海绵城市、韧性城市。"

城市修补作为一种渐进式的城市更新方式，是通过维护加固老建筑、改造利用旧厂房、完善基础设施等城市修补措施，有助于恢复老城区功能和活力。城市修补主要体现在填补基础设施欠账、增加公共空间、改善出行条件、改造老旧小区、保护历史文化、塑造城市时代风貌等方面（具体内容如图 1-9 所示）。既是对物质空间环境的修复和修补，也是对社会文化等软质环境的修复和修补，是一项涉及民生的、综合性的系统的梳理。

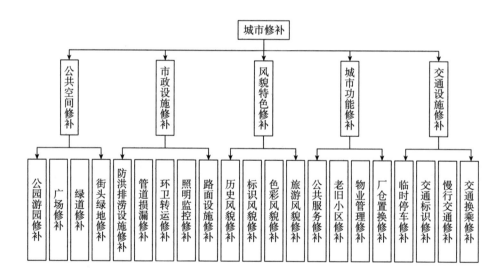

图 1-9　城市修补内容

2015 年，中央城市工作会议提出，要加强城市设计，提倡城市修补。《中共中央　国务院关于进一步加强城市规划建设管理工作的若干意见》中进一步明确要求："有序实施城市修补和有机更新"。这是中央会议第一次使用"城市修补"的概念。住建部在总结相关经验的基础上，于 2017 年 3 月出台《关于加强生态修复城市修补工作的指导意见》，指出"开展生态修复、城市修补是治理'城市病'、改善人居环境的重要行动，是推动供给侧结构性改革、补足城市短板的客观需要，是城市转变发展方式的重要标志"。在确定三亚市为首个试点城市后，住建部又先后公布《关于将福州等19个城市列为生态修复城市修补试点城市的通知》（建规〔2017〕76号）和《关于将保定等38个城市列为第三批生态修复城市修补试点城市的通知》（建规〔2017〕147号），共确定58个试点城市。

案例：国内首个城市修补——三亚市生态修复城市修补

为了积攒"城市双修"工作经验，改善生态环境，促进城市生态化发展，打造宜居的生态环境，2015年4月，住建部将海南省三亚市设立成为首个生态修复城市修补（以下简称"城市双修"）试点城市。

双修期间，先后编制完成了《生态修复城市修补总体规划》，以及海绵城市建设、地下综合管廊、水系、海岸线利用等6项规划。在规划中，加强各规划的协调衔接，注重调查分析，坚持问题导向、目标导向，整体考虑综合性和时效性，科学确定需要重点修复、修补的地区和内容。并通过开展"城市双修"重点区域的城市设计，统筹协调城市与自然山水的关系，系统谋划城市立体蓝图，综合解决城市建设用地使用、空间利用问题，努力实现城市的空间立体性、平面协调性、风貌整体性和文脉延续性。

1. 规划侧重

空间特色："指状生长、山海相连"的整体空间结构，具体表现为"一城三湾、三脊五镇"滨海与内陆腹地兼顾的模式。

双修重点：修复和修补破坏的山地区域、滨海片区、山海通廊及标志性景观地区。强化对山、海等重大公共资源及山、海之间的各类廊道的修复和管控。更新和改善城乡建设用地与滨海、滨河、山地区域之间的可达性和通视条件。

2. 规划实施

城市修补六大战役：城市空间形态和天际线、建筑及城市色彩修补、城市绿地的修补、广告牌匾修补和政治、城市照明的修补、违建拆除与清理。

生态修复三大措施：构建城市生态绿地系统架构；保护自然生态空间，体现城市山水格局特色；修复城市生态网络，完善结构性绿地布局。

3. 制度保障

三部地方法规：《三亚市白鹭公园保护管理规定》、《三亚市山体保护条例》、《三亚市河道生态保护管理条例》。

两部政府规章：《三亚市海岸带保护规定》、《三亚湾滨海公园保护规定》。

十四项部门管理规定：《三亚市建筑风貌管理办法》、《三亚市违法建筑管控办法》等。

九项技术指引及建设标准：《三亚市"生态修复城市修补"建设标准指引》、《三亚市城市照明设置技术指引》等。

通过全面细致的专题研究和实践研究，以及层层立法建立的自上而下的管理和工作组织框架，确保了三亚双修实施的长效机制，通过双修有效缓解了城市化快速扩张导致的生态受损、环境恶化、风貌杂乱、功能缺位、交通拥堵等"城市病"问题。

2. 园区规划的依据

（1）国家和地方的相关产业政策规划。

（2）国家和地方的环境保护、清洁生产和循环经济方面的相关法律法规。

（3）园区所在区域的国民经济和社会发展规划、相关产业发展规划。

（4）园区所在地区的城市总体、环境保护、土地利用等规划。

（5）园区所在区域的交通、电力、供水、污水处理、消防等基础设施规划。

3. 园区规划的内容

（1）产业规划。

以自身的相对优劣为基础，充分考虑资源禀赋、区位优势、产业基础和区域分工协作等因素，基于当前的经济发展阶段以及产业特点，合理地规划产业发展和布局，确定主导产业、支柱产业和基础产业。

解决园区"发展什么、怎么发展、在哪发展"等重要问题。

（2）空间组织和用地规划。

根据地区产业布局现状，发挥各产业的特点和优势，按照市场经济规律与政府宏观调控相结合的方式，以最大限度地利用空间资源、促进产业的协调和持续发展为目标，在空间上合理配置和引导产业发展。

园区空间开发的影响因素：一是产业园区类型，明确属于生产加工、科技研发、创新创业和贸易流通等中的哪一种类型；二是主导产业的区别，在研发办公、厂房需求、物流需要等方面将均有不同；三是地理区位的影响，城市中心、外围区域，不同位置对园区的功能能级、建筑形态、生态环境的要求也会产生变化。而这些影响因素都可以直接或间接影响生产用地、居住用地、商业用地等的园区的空间配比。

以高新技术园区的用地规划为例，高新技术园区的产业具有资金、技术密集、高增值的特征，其融合了高科技工业及其有关研究及发展。这类土地用途类别的首要重点是科学研究、新科技及新产品的开发，选址应处于良好的生态环境中，连接城市为主要道路和交通便利。以邻近高等教育院校或研究发展机构为宜，以增强与业界之间的合作；也可设置在居住区邻近的区域，作为一般工业和居住区之间的"过渡地区"。图1-10显示了埃因霍温科技园与埃因霍温科技大学的位置。

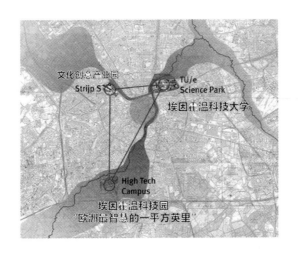

图1-10 埃因霍温科技园与埃因霍温科技大学的位置

资料来源：产城融合最佳典范：荷兰埃因霍温高科技园的发展经验与启示 https：//baijiahao. baidu. com/s? id =1703793949193409513&wfr = spider&for = pc

（3）功能分区规划。

根据园区产业发展规划及开发时序，综合规划区地理位置、自然条件、环境保护、安全卫生及生产运营对周边生态环境的影响程度，对园区进行功能分区规划。

园区功能空间的分割尺度可大可小，关键是要合理匹配产业集群发展的需求，这个过程中主要是要达成空间规划与产业功能规划的统一，用有形的空间传递园区的发展战略，实现用空间承载产业需要。

园区开发时序的安排，动态考虑不同阶段的园区功能分布，保证空间资源长短期的利益平衡和现金流衔接。通常来说，启动区是个具备生产、交易及服务等复合性的功能片区，重点考虑导入引擎类项目，以此作为支点来带动园区的后续开发，之后的各期开发根据实际情况进行功能的逐步补充调整。

（4）土地利用规划。

根据《城市用地分类与规划建设用地标准》（GB50137—2011），城乡用地分类包括建设用地与非建设用地两部分，按土地使用的主要性质进行划分。城市建设用地共分为居住用地 R、公共管理与公共服务用地 A、商业服务业设施用地 B、工业用地 M、物流仓储用地 W、道路与交通设施用地 S、公用设施用地 U、绿地与广场用地 G 共 8 大类。园区的各类用地按照《城市用地分类与规划建设用地标准》（GB50137—2011）中所述各类用地的标准，结合园区的规模和空间进行规划布局。

（5）重大项目规划。

依据园区发展目标，构建重大项目体系，覆盖不同角度。从项目性质上可分为更新类、在建类和新建类；从业务属性上分为开发建设、招商运营、产业服务等；从项目类型上分为非经营性、准经营性和经营性。

（6）投融资规划。

以资金的统筹为基本内容，包括收益优化、开发和融资模式的创新、投融资模式设计以及融资与偿债的平衡等，系统解决资金的规模、来源、投向、时序与回报机制。

（三）园区投融资

资金是企业生存与发展的关键要素，融资模式决定了整个经济资本的供给效率以及供给成本。产业园区具有开发周期长、资金需求量大等特点，需要产业园区长期建设运营、低成本的融资方式。以政府拨款、银行贷款、证券融资、债券融资传统融资方式获取资金，由于融资渠道有限，往往导致融资成本比较高，而且期限也比较短。

产业资本与金融资本的融合是当前产业经济发展的重要趋势之一：产业的成长与扩张需要借助资本的力量，同样，金融资本只有与产业进行深度的结合与协同发展，才能充分发挥自身的资金优势。目前，创新产融结合方式，主要有以下几种创新融资渠道：

1. 产业投资基金

产业基金是指一种以非上市股权为主要投资对象的投资基金，通常是对未上市企业进行股权投资并通过资本经营服务参与企业的经营管理，以使所投资企业发展成熟，然后通过股权转让实现资本的保值增值。

（1）产业投资基金的种类。

从组织形式来看，分为公司型、契约型以及有限合伙型。

1）公司型基金一般按照《公司法》成立的法人实体，以发行基金股份的方式筹集资金，将资金用于投资。

2）契约型基金是依据信托契约，以发行收益凭证的形式来筹集资金组成信托资产。由于契约型基金不是法人，必须委托专业的基金管理公司来运作基金资产。

3）有限合伙型基金通常是由普通合伙人（General Partner，GP）和有限合伙人（Limited Partner，LP）组成。普通合伙人通常自身就是基金管理人，负责对合伙企业的投资进行管理；有限合伙人作为基金的主要投资者，不直接参与基金的运作管理，但对其运作进行监督，并且在投资活动中只承担有限责任，同时优先享受分红。

（2）PPP 基金。

PPP 基金是指基于稳定现金流的结构化投融资模式。PPP 基金是国家层面的融资支持基金。PPP 引导基金设立的目的为发挥财政资金引导示范效应，撬动金融和社会资本，达到资金放大效果，更好地为政府减负，缓解政府财政压力，属于政策性范畴，不以营利为目的。

PPP 基金可分为 PPP 引导基金和 PPP 项目基金，其中 PPP 项目基金又分为单一项目基金和产业基金等。

（3）产业投资基金的特点。

1）具有产业政策导向性。产业投资基金的投资对象是实体产业，在助力相关产业转型升级、促进产业集群和集聚等方面发挥促进作用，因此具有很强的产业政策关联性，受到产业政策的影响。

2）政府财政、金融资本和实业资本参与较多。产业投资基金立足于实业投资。产业投资基金本身不从事产品经营，而是通过直接投资未上市企业股权，运用专业化的资本管理经营来发展企业，从而实现资产的增值保值。

3）产业投资基金的运营是一个融资与投资相结合的过程。运作前提是筹集一部分资金，通常这笔资金是以权益资本的形式存在，然后用筹集来的资金收购处于经营状态的企业的资产，并为其提供专业的资本运营管理服务，通过专业化的服务实现企业的快速成长，将所购资产进行出售，实现资本的保值增值。

2. REITs 模式

房地产信托投资基金（Real Estate Investment Trusts，REITs），是一种以发行收益凭证的方式将特定多数投资者的资金汇集起来，交由专门的投资管理机构进行房地产投资经营管理，并将投资收益按出资比例分配给投资者的一种信托基金。

随着国内房地产市场步入存量时代以及房价持续上涨带来的压力，成交单个物业所需要的资金也越来越多。地产经营造成的资金需求以及购买物业的资金供给之间矛盾日益突出，REITs 的推出有其内在需求；在宏观经济去杠杆的大背景下，REITs 作为一种成熟的资产证券化产品，在国内有着广阔的应用前景。

（1）REITs 模式的种类。

根据资金的使用方式进行划分，可分为抵押型 REITs、权益型 REITs 以及混合型 REITs 三类。

1）抵押型 REITs 是指投资房地产抵押贷款或者房地产抵押支持证券，它一般先是通过金融机构进行募集资金，然后向房地产企业发放抵押贷款。收入主要来源于以发放抵押贷款形式所收取的手续费、抵押贷款利息以及项目的部分租金和增值收益。

2）权益型 REITs 是指直接投资于房地产项目并拥有该项目所有权。它通常表现为持有一些大型商业地产，通过从事项目经营活动来获取租金收入以及项目的增值收益。市场上流通的 REITs 中绝大多数为权益型，因其能够提供更好的长期投资回报以及更大的流动性，并且市场价格也相对更加稳定。

3）混合型 REITs 是指拥有部分物业产权的同时进行抵押贷款服务。其收益比较稳定，但其收益没有权益型 REITs 高。主要是因其持有抵押款，收益会在一定程度上受市场利率变动的影响。

（2）REITs 特点。

1）具有稳定的回报率。REITs 资金投向比较广泛，一般为具有稳定租金现金流的物业，主要表现为写字楼、商场等商业地产。其收入来源主要是经营项目的租金、项目未来增值收益以及房地产相关贷款等。这种投资可以分散风险，能够为投资者提供长期稳定的回报率，且其与股市、债市的相关性较低，受到的波动性较小。

2）具有高度流动性。REITs 本质是一种不动产证券化的基金，通过将房地产不动产产品打包为股票或者收益凭证在资本市场上流通，从而弥补了房地产项目本身流动性较差的缺陷。

3. ABS 模式

（1）ABS 模式的种类。

资产支持证券（Asset - Backed Securitization，ABS）。它依托项目所拥有的资产，以项目资产的预期收益为保证，以资本市场发行债券的方式筹集资金的一种融资模式。

根据资产支持证券主管部门的不同，分为信贷资产支持证券以及企业资产支持证券。

1）信贷资产支持证券是指将流动性欠佳但有未来现金流的信贷资产（如企业的应收账款等）经重组后形成资产池，然后以此为基础进行证券的发行。

2）企业资产支持证券是指企业将其流动性欠佳但在未来能够产生现金流的资产，通过重组以及信用增级后真实地出售给特设公司（SPV）等，由其在金融市场上向投资者发行证券的一种融资方式。

（2）ABS 模式的特点。

1）ABS 是一种结构型的融资模式。它通过构建一个严谨有序的交易架构，由发起人、特设公司（SPV）、资信担保机构、受托银行以及投资者等一系列主体构成，在这个复杂有序的结构中，保证参与整个交易的各方均能够享有各自的权益，并且促使整个金融体系实现良性的运作。

2）ABS 是一种资产支持型的融资模式。资产证券化创造了有别于企业商业信用、银行信用的资产信用模式，它是依靠资金需求者的部分特定资产所产生的未来收益能力进行融资的，将该资产的债权转化为担保证券发行的流动的信用资产，并通过证券化资产所产生的现金流进行权益偿付。

3）ABS 是一种表外融资模式。表外融资是一种非负债型融资模式，即不在企业的财务报表上体现所交易的资产及发行的证券的一种融资方式。由于发起人将特定资产真实出售给特设公司（SPV），这样发起人将证券化的资产从其资产负债表中剔除并确认收益与损失，融资来的资金应视为销售收入而非负债，这样就可以实现"出表"。

4. 夹层融资

夹层融资（Mezzanine Financing）是指风险和回报方面介于优先债券和股本融资之间的一种融资方式，是企业通过夹层资本获得资金的一种新途径。夹层融资一般采用次级贷款、可转换票据或者优先股的方式。从融资成本来看，这种融资的稀释程度要小于股市，所以相对于股权融资来说，成本更低。它是一种无担保的长期债务，收益不及优先债务，但风险相对可控。

夹层融资已经被许多发达国家资本市场所认可，在国外实践中，通常以产业基金的形式存在，并设有专门的夹层投资基金，但国内尚未出台产业基金法，没有可参考的法律法规。由于夹层融资在融资方面的优势，往往可以帮助企业优化资产结构。随着国内银行贷款受限及融资渠道亟待拓宽的诉求，夹层融资未来在我国的发展会有一定的潜力。

（1）夹层融资的种类。

国内由金融机构参与的房地产夹层融资的模式，一般分为优先股融资模式和夹层债融资模式。

1）优先股融资模式。通常情况下，投资者通过借出资金来获取一定的优先股，并享有优先收益权。通常情况下，投资者比其他投资者优先获取权益，即便出现违约实践，也会优先获取权益。

2）夹层债融资模式。夹层债融资是指夹层借款人以其对项目的所有者作为保障债款偿还的融资模式，并非以项目资产作为抵押。通过设置一系列约束性条件可以使夹层投资者的权益高于普通股权而抵押债券，这样可以保证一旦发生清偿违约，夹层投资者可以比股权人优先受偿，最大限度保障夹层投资者权益。

（2）夹层融资的特点。

1）融资期限长。夹层融资的还款期限较长，这样可以大大缓解企业获取长期贷款及发行债券筹集长期债务难的压力。

2）对夹层借款人的限制相对较少。与银行贷款相比，采取夹层融资的模式，夹层借款人可以有效降低自有资金占比，充分发挥财务杠杆作用。通常，夹层融资的出资方要求保留有对企业经营情况的知悉权，但一般情况下，很少参与到企业实际的经营活动中去，所以借款企业能够在企业控制和财务约束等方面比股权融资获得更大的自由。

3）财务结构得到优化。夹层融资亦债亦股的双重属性使其可以根据需要进行灵活选择。根据借款双方的约定，夹层借款者可以调整还款方式。当夹层融资呈现为债务属性时，借款方所支付的利息而非股利，可以达到能够抵扣所得税的作用；而当呈现为股权融资的属性时，融入资金可以增加企业的所有者权益，降低企业负债率，从而达到优化财务结构的目的。

（四）园区开发

土地开发的总体原则：土地节约利用，配合园区发展战略，贯彻园区土地利用总体规划，实现资源高效配置。

对于园区开发项目而言，涉及的土地问题具有综合性和复杂性。本书仅介绍一般土地基础制度和土地开发流程。

1. 土地管理制度基础

（1）土地用途管制制度。

根据《中华人民共和国土地管理法》第四条规定："国家实行土地用途管制制度。使用土地的单位和个人必须严格按照土地利用总体规划确定的用途使用土地。"依据国家标准《土地利用现状分类》开展土地分类，并采用土地现状用途和规划用途管制方式，具体通过制定和执行各级土地利用总体规划进行总体的布局和管控。同时，为加强土地管理和调控，严格实施土地用途管制，国家出台了《土地利用年度计划管理办法》。

（2）国有土地有偿使用制度。

根据《中华人民共和国土地管理法》第二条规定："国家依法实行国有土地有偿使用制度。但是，国家在法律规定的范围内划拨国有土地使用权的除外。"该项制度与园区开发息息相关。2007年国土资源部令第39号《招标拍卖挂牌出让国有建设用地使用权规定》第四条规定，工业、商业、旅游、娱乐和商品住宅等经营性用地以及同一宗地有两个以上意向用地者的，应当以招拍挂方式出让。至此，形成了我国国有建设用地有偿使用制度体系。2016年12月31日，国土资源部等八部委联合下发了《关于扩大国有土地有偿使用范围的意见》对土地有偿使用制度进行了补充和完善，指出从国有建设用地有偿使用范围、国有农用地使用制度、国有土地开发利用和供应等方面完善国有土地有偿使用制度，使市场在资源配置中起决定性作用和更好地发挥政府作用。

（3）节约集约利用土地规定。

基于我国的基本国情，我国在建设用地管理和耕地保护方面非常严格。根据国土资源部发布的《节约集约利用土地规定》，落实最严格的耕地保护制度和最严格的节约集约用地制度。一是"节约集约利用土地，通过规模引导、布局优化、标准控制、市场配置、盘活利用等手段，达到节约土地、减量用地、提升用地强度、促进低效废弃地再利用、优化土地利用结构和布局、提高土地利用效率"。二是"县级以上国土资源主管部门应当根据建设用地利用情况普查，组织开展区域、城市和开发区节约集约用地评价，并将评价结果向社会公开"。

（4）新型产业用地政策。

新型产业用地（M0）是为了适应产业转型升级、提高工业用地效率而提出的城市用地分类。2014年1月1日，在"1+6"文件①的基础上，深圳正式发布实施《深圳市城市规划与标准与准则》（2013年版），首次在传统土地类别中新增了"新型产业用地（M0）"门类，首次提出了新型产业用地（M0）概念，打破了过往国家规范类的工业用地性质以及厂房的概念，而这一举措也是工业用地向市场化方向发展的首创之举。

2015年9月，国土资源部联合发展改革委、科技部、工业和信息化部、住房城乡建设部、商务部印发了《关于支持新产业新业态发展促进大众创业万众创新用地政策的意见》（国土资规〔2015〕5号），在提到"积极保障新产业发展用地"方面指出，"对于土地用途不明确的，文件设计了工作程序，可由县级以上城乡规划部门会同国土资源等相关部门论证明确新业态项目土地用途，在现有国家城市用地分类的基础上以制定地方标准的形式予以明确，并向社会公开后实施"。2019年5月，自然资源部发布了《产业用地政策实施工作指引》（2019年版），其中第十一条规定："国家支持发展的新产业、新业态项目用地，符合国土资规〔2015〕5号文件规定的，可以按照相关规定确定土地用途。对现行国家标准分类中没有明确定义的新产业、新业态类型，市、县自然资源主管部门可按照国土资规〔2015〕5号文件规定，结合土地供应政策要求和当地产业发展实际需要，商同级产业主管部门提出规划用途的建议意见。"

与传统工业用地相比，M0的突出特点包括：一是土地功能利用更加多样，能够同时满足研发、创意、设计、中试、无污染生产等多种功能需求，允许建设相关配套服务设施，更加符合城市空间统筹合理利用的趋势和产业升级发展的诉求；二是单位土地开发强度更大，M0基准容积率一般为2.0~4.0，有些城市甚至未设置容积率上限，能有效促进土地资源节约集约利用；三是分割转让方式更加灵活，M0项目用房基本都允许有条件地分割登记、销售、转让，可按幢、层等基本单位进行分割登记、转让，允许有条件地转让给从事生产、研发、设计等环节的工业企业或生产性服务企业；四是拿地成本更低，M0的出让底价一般是根据出让时点同地段办公用途市场评估楼面地价的20%~50%予以计算，再根据分割转让比例、容积率、实际出让年限等因素进行修正调整；五是用地准入和供后监管更加严格，要求新型产业用地项目符合

① 2013年1月，为了缓解土地空间压力，深圳市发布7份文件——一份主文件《深圳市人民政府关于优化空间资源配置促进产业转型升级的意见》加六份小文件，内业称"1+6"文件。

各地产业发展导向，确保工业用地真正用于产业项目，推动产业地产回归产业本身。

MO的诸多优点引发了强烈关注，为落实国家产业升级的大方针，促进区域产业转型升级，发展战略性新兴产业，各大城市纷纷出台新型产业用地政策。2018年9月，东莞印发了《东莞市新型产业用地（MO）管理暂行办法》，成为第一个出台专门针对新型产业用地（MO）政策的地级市。表1-5为各地新型产业用地区域政策汇总。

2. 园区开发土地储备与供应

在土地利用规划的基础上，分类、分宗地梳理园区内的土地实际储备和利用情况。土地储备与供地由各地土地储备机构负责执行，土地储备机构依法取得土地，进行前期开发、储存以备供应土地等工作。

一是要合理确定园区内土地储备规模，根据园区所在地经济发展水平、财务状况、年度土地供应量、年度地方政府债务限额、地方政府还款能力等因素确定。二是土地储备机构通过政府采购实施储备土地的前期开发，包括与储备宗地相关的道路、供水、供电、天然气、排水、电信、照明、绿化、土地平整等基础设施建设。三是土地储备资金筹措和使用。四是根据园区建设进展分期分批供应土地。

3. 园区开发的土地权益取得

（1）划拨方式取得土地权益。

划拨土地使用权是指土地使用者通过各种方式依法无偿取得的土地使用权①。对符合《划拨用地目录》的项目，可按划拨方式供地，划拨土地不得改变土地用途。从获得土地使用权的确定性以及时间可控等方面来看，符合《划拨用地目录》的土地直接划拨提供给社会资本方或项目公司，有利于平抑项目成本。但国家对划拨用地范围有严格限制，从自然资源部发布的《节约集约利用土地规定》（2019年修正）第二十一条内容来看，划拨用地政策趋紧。划拨土地使用权可以抵押，但需要有地上建筑物、附着物等，即"光地"不能抵押，完成补交出让金、签署土地出让合同、报经土地管理部门和房产管理部门批准等土地出让手续。

---

① 2001年10月自然资源部颁布了《划拨用地目录》。

表 1 - 5　新型产业用地区域政策汇总

城市	用地性质	容积率要求	配套比例	配套类型	分割转让	相关规范
东莞		3.0～5.0		商业办公 C2，配套型住宅 R0 和公共服务设施（配套型住宅：不超过 20%，限定售给人驻企业）	用地面积≥50 亩：分割比例不超过 49%；用地面积＜50 亩：不可分割转让	2018 年《东莞市新兴产业用地（M0）管理暂行办法》
深圳		4.0～6.0		配套办公、配套单身宿舍，小型商业服务设施（一级线内不得建设商品住宅，大型商业：轨道 500 米范围内可建不超过 10% 人才和保障住房）	比例不超过 50%	2014 年《深圳市城市规划标准与准则》 2018 年《深圳市工业区块线管理办法》
广州	M0	3.0～5.0	不超过总建筑面积的 30%	行政办公及生活服务设施（严禁：商品住宅、专家楼、宾馆、招待所、培训中心）	比例不超过 50%（扣除配套设施建筑面积后）	2019 年《广州市提高工业用地利用效率实施办法》
佛山		≥3.0		生产服务、行政办公、生活服务设施（严禁：商品住宅、专家楼、宾馆、招待所、培训中心）	可分割转让的配套设施占比不得超过 15%	2019 年《顺德区村级工业园升级改造新型产业及综合型产业用地管理暂行办法（试行）》
中山		3.5～6.0		生产服务、行政办公、生活服务设施	用地面积≥5ha：分割比例不超过 49% 用地面积＜5ha：不可分割转让	2019 年《中山市新型产业用地管理办法》
北京	M4	1.5～5.0	不超过总建筑面积的 15%	无特殊规定	禁止分割转让	2006 年《北京中心城核心控制性详细规划》 2017 年《北京市人民政府关于加快科技创新构建高精尖经济结构用地政策的意见》

续表

城市	用地性质	容积率要求	配套比例	配套类型	分割转让	相关规范
上海	标准厂房类	≤2.0	不超过总建筑面积的15%	人才公寓、专家楼、公共服务设施等	禁止分割转让	2016年《关于加强本市工业用地出让管理若干规定》
	研发总部类	≤3.0			可分割转让：比例不超过50%	2017年《上海市加快推进具有全球影响力科技创新中心建设的规划土地政策实施办法》
南京	Ma/Mx	1.5~4.0	不超过总建筑面积的15%	无特殊规定	可分割转让：比例不超过50%	2013年《关于进一步规范工业及科技研发用地管理意见的通知》
杭州	Ma创	原则上≥2.0	不超过总建筑面积的15%	无特殊规定	原则上不得分割转让，特批后，转让比例不超过50%	2014年《关于规范创新型产业用地管理的实施意见》
惠州	Ma+	原则上≥2.5	不超过总建筑面积的30%	配套服务设施服务型公寓（单套建筑面积不超过70平方米）严禁各类型住宅	可分割转让：比例不超过50%	2018年《惠州仲恺高新技术开发区新兴产业用地（M+）管理暂行办法》
济南	M0	1.5~4.0	不超过总建筑面积的30%	生产服务及小型商业、职工宿舍等生活服务设施	用地面积≥50亩：可按规定分割转让用地；面积<50亩：不可分割转让	2019年《济南市人民政府办公厅关于支持新型产业发展用地的意见（暂行）》

专栏：《节约集约利用土地规定》（2019 年修正）

第二十一条　国家扩大国有土地有偿使用范围，减少非公益性用地划拨。

除军事、保障性住房和涉及国家安全和公共秩序的特殊用地可以以划拨方式供应外，国家机关办公和交通、能源、水利等基础设施（产业）、城市基础设施以及各类社会事业用地中的经营性用地，实行有偿使用。

国家根据需要，可以一定年期的国有土地使用权作价后授权给经国务院批准设立的国家控股公司、作为国家授权投资机构的国有独资公司和集团公司经营管理。

划拨土地使用权有三种处置方式，一是市、县人民政府根据城市建设发展需要和城市规划的要求，可以无偿收回；二是符合一定适用情形时，可进行转让、出租、抵押；三是转为有偿使用。

（2）有偿方式取得土地权益。

有偿取得的土地使用权是完全的权益，可以转让、出租、抵押或用于其他经济活动，合法权益受国家法律保护。

土地使用权出让可以采用协议、招标、拍卖、挂牌的方式等有偿使用的方式[①]。国有土地租赁，可以采用招标、拍卖或者双方协议的方式，有条件的，必须采取招标、拍卖方式[②]。以作价出资或者入股方式取得土地使用权的，应当以市、县人民政府作为出资人，制定作价出资或者入股方案，经市、县人民政府批准后实施[③]。

4. 园区开发产业用地政策

自然资源部办公厅发布的《产业用地政策实施工作指引》（2019 年版），是现有产业用地政策目录、政策工具包和政策说明书，该政策中涉及的有关问题对园区开发有很强的指导作用。

一是选择合适的项目用地方式。二是要厘清不同产业涉及的用地政策。三是对禁止的事项不能碰，如不得违规取得未供应的土地使用权或者变相取得土地收益，不得借未供应的土地进行融资。四是对于鼓励的事项需经过实践进行深入探

---

① 《中华人民共和国城镇国有土地使用权出让和转让暂行条例》第二十条。
② 《规范国有土地租赁若干意见》（国土资发〔1999〕222 号）。
③ 《关于在公共服务领域推广政府和社会资本合作模式指导意见的通知》（国办发〔2015〕42 号）。

索和研究后再试行、推广应用。

5. 公司土地开发一般流程

（1）项目决策阶段——可行性研究。

组建可行性研究小组，进行项目可行性研究，经公司董事会批准初步立项后，项目进入前期开发阶段。

（2）前期准备阶段——获取土地使用权。

1）取得《土地使用权证》，通过划拨、出让、招拍挂等方式。

2）征地拆迁，申办并取得《房屋拆迁许可证》。

3）规划设计，取得《建设项目选址意见书》《建设用地规划许可证》和《规划建筑方案批准意见书》，取得建筑核位红线图。

4）建设项目报建登记，主要包括申请招标，办理招标投标手续，确定勘察、设计、监理与施工队伍。

5）申办《施工许可证》，完成项目报建登记，进行项目销售和交付使用。

（3）案例。

佳兆业项目整体开发流程（见图1-11），一共有18个关键节点，从签订土地合同至获取施工许可证需要5个月的时间。

项目启动会	国有土地使用证	建设用地规划许可证	总平图规划设计完成	方案设计完成（方案评审会）	方案图报建	桩基施工图完成	主体施工图完成	建设工程规划许可证	精装交楼标准施工图及材料定板	项目开工	施工许可证	主体开工	换售证	开盘	主体封顶	竣工验收	入伙

图1-11　佳兆业项目整体开发流程

6. 城市更新

随着城市空间增量扩张的局面面临减速与转型，城市更新成为我国城市的发展重心之一。逐渐被城市包围的或进入城市化阶段的原有产业园区、工业区成为城市更新的主题。

（1）城市更新主要分为三种模式。

一是综合整治类：不改变建筑主体结构和使用功能，主要涉及改善基础设施和公共服务设施、沿街立面、环境整治等；二是功能改变类：改变部分或者全部建筑物的使用功能，但保留建筑物的原主体结构，不改变土地使用权的权利主体和使用期限；三是拆除重建类，严格按照城市更新单元规划、城市更新年度计划的规定实施，可能改变土地使用权的权利主题，可能变更土地性质。

（2）土地开发流程——以北京经济开发区城市更新为例。

为了充分优化利用现有资源，提升产业空间，2020年亦庄启动了首批31个城市更新项目，预计到第五年，这31个项目达标后总体可实现纳税50多亿元，地均纳税约3600万元/公顷，平均每平方千米税收增收20亿元。

1）基本原则。

一是坚持产业导向、高端引领。明确入区标准，将工业用地作为发展高精尖产业的关键性资源，实现存量工业用地高起点、高标准循环利用。

二是坚持政府主导，依法有序。以政府为主导，强化用途管制，程序公正，标准透明，科学合理确定产业升级方案，多渠道公开遴选城市更新项目，多种方式充分利用存量工业用地。

三是坚持利益共享、共同发展。鼓励企业积极发展产业，多干多得，利益共享。将区域产业发展定位细化落实到更新项目产业升级目标中，实现区域与企业的共同发展。

四是坚持以人为本、产城融合。完善更新项目区域内公共设施，优化能源供应。公共设施改造提升与产业升级同步规划、同步建设、同步使用，实现协调、可持续的有机更新，提升城市机能。

五是坚持绿色发展，产供匹配。提倡节能环保，对于工业用地实行按产能供应能源的措施。鼓励按照绿色工业建筑标准进行建筑改造，获得相应标识后将按《北京经济技术开发区绿色发展资金》标准进行资金奖励。

2）适用范围。

亦庄新城范围内，原生产无法继续实施的或项目在满足生产外尚余空闲用地或用房（面积不小于2000平方米）的工业项目，在不改变工业用途的前提下盘活利用，以实现城市更新产业升级。

3）更新方式。

一是鼓励产业升级。经管委会批准后，土地使用权人可以通过产业升级的方式提高土地节约集约利用水平，在符合上位规划的前提下，鼓励提容增效。升级项目应当符合亦庄新城产业发展导向及入区标准；同时鼓励通过提容增效对厂房进行升级改造，以满足自主产业升级需求。

二是允许转型为产业园区。建成时间不少于6年的工业项目，经批准可以转型为产业园区，同意以出租房屋的方式引进产业项目。鼓励优先引进先进制造业企业、专业化"小巨人"企业、关键零部件和中间品制造企业。对于具备园区经营能力，并承诺园区整体经济指标能够达到入区标准的项目，经管委会批准可以转为产业园区；自身不具备园区经营能力的项目，可与国有平台公司合作合资经营，也可与具备园区经营能力的社会企业合作经营，经管委会批准后转为产业园区。

三是提倡政府收储、回购。原项目无法继续实施，提倡以合理的补偿价格收储回购的方式盘活重新利用。经批准的产业升级项目无法按期实施，将纳入收储回购目录。经批准的产业园区项目被取消资格，将按原出让地价折算剩余使用年限实施收储回购。

专栏：亦庄新城城市更新产业升级项目实施标准

一、产业园区项目引入方向导则

建议引入经济贡献度较高，有利于推动主导产业发展的行业业态。

（一）工业企业

在电子与人工智能方面，建议引入人工智能芯片、5G芯片元器件、国产替代进口关键设备、物联网、云计算等；在汽车产业方面，建议引入新能源汽车、智能网联汽车相关领域的整车集成技术开发、零部件研发及生产等；在生命健康方面，建议引入小分子创新药、生物制品、现代中药、高端医疗器械等；在装备产业方面，建议引入高端装备制造业，如航空装备、卫星及应用、轨道交通装备、智能制造装备、机器人等。

（二）商务服务业企业

建议引入商务服务业，如企业管理、知识产权服务、咨询服务、会议服务等；引入科学研究和技术服务业，如研究和试验发展、专业技术服务、科技推广和应用服务等；引入其他生产生活配套类服务业，如托老、育儿等，完善开发区城市功能。

（三）其他产业

建议引入其他产业重点引进文化创意产业中科技与文化融合度较高的产业，如创意设计、媒体融合、广播影视、出版发行、动漫游戏、演艺娱乐、文博非遗、艺术品交易和文创智库等，重点引进视听科技和游戏电竞及配套产业。

二、贡献标准

城市更新产业升级项目地均纳税额应于项目开始实施的第三年达到2000万元/公顷，第五年达到3000万元/公顷。

三、鼓励发展制造业

鼓励城市更新产业升级项目升级为或引进高端制造业企业，若方案中明确升级为或引进高端制造业项目，并承诺三年内形成产值贡献的，优先实施。

资料来源：北京经济技术开发区网站。

首批名单中就包含了北京星网工业园有限公司通过拆除重建的方式将所辖达涅利、安姆科两个项目打造成城市更新标杆示范园区（见图1-12）。产业方面，以"产业规划、空间规划、双轴同向"为核心理念，以协同升级为发展目标，从亦庄新城四大主导产业之中选取生命健康产业作为两个项目的核心产业方向。

图1-12 达涅利城市更新实施程序

资料来源：亦庄控股公众号。

空间方面，探索"摩天工厂"模式，采用定制化方式推动工业上楼生产，实现土地价值的最大化。

从产业和空间两个维度实施城市更新，将达涅利项目变身为天空之境·产业广场（见图1-13），将安姆科项目变身为康智谷·产业公园（见图1-14）。

图1-13 天空之境·产业广场效果

资料来源：同图1-12。

图1－14　健康智谷效果

资料来源：同图1－12。

（五）园区招商

招商是规划经营能力的集中体现，直接关系产业园区的生死前途，关乎区域经济的成败发展。

1. 招商工作的内容

招商是产业园区的重中之重，招商也是一个长期过程，应当制定系统、可行的招商策略。

关键环节包括：①明确产业规划与定位。产业定位需要考虑目标产业发展的需求与所处环境的匹配程度，以及产业配套、集成度是否有保障。②制定招商目标。招商目标是通过调研摸清行业企业的构成、区域分布、产业链结构等，明确企业招商路线与步骤，制定招商目标与指标。③出台招商政策。围绕企业最关心的园区优惠扶植政策，从税收、资金奖励、人才户口、生产作业用房和办公用房的补贴等方面制定完善的产业扶植政策体系与实施细则。④确定营销价格。遵循城市、区域的平均价格，并考虑园区配套、产业成熟度等因素，进行合理定价。⑤加大营销推广。通过建立园区网站、企业微博、项目微信和抖音平台等营销传播矩阵，开展事件营销、圈层营销，扩大营销影响力。⑥持续跟进招商服务。在完成前期的对客户资源的收集整理后，通过电话跟踪、直接拜访等多种方式进行招商跟踪服务，第一时间了解客户的切实问题和真实意愿。

2. 园区招商模式

随着招商竞争的日益加剧，优秀的园区会依据区域发展战略与区位进行系统科学研究，依托自身的产业优势及服务体系，更加精准的招商。未来，构建符合园区特色的专业化、全链条、高质量的招商模式将成为产业园区运营制胜的关键因素。

（1）产业链招商。

1）产业链招商。主要就是围绕某个产业的上下游行业进行招商，要研究和分析产业发展和转移规律，实现产业集聚、功能转型、综合环境优化，打造品牌园区。

2）建链、延链、补链和强链。

a. 建链：明确招商主题。

充分尊重市场导向，围绕开发区主导产业，根据园区比较优势，选取特定产业的上下游行业，编制产业链招商目录，绘制精准的招商路线图。

b. 延链：延长产业链上下游产品。

上游企业向下游企业输送产品和服务，下游企业向上游企业反馈信息，在园区内建立企业间价值链及供需链，以此减低企业间价值交换的成本。

延伸产业链前端的研发、市场、服务链条和后端的物流、供应链、销售链条，增加产业链附加值，提升产业园区含金量。

c. 补链：填补缺失的环节和配套服务。

剖析产业的各个相关环节，对产业链缺失的环节进行再造和"输血"。按照"缺什么补什么"的原则，一个环节一个环节地进行招商，补充产业集群的空白环节。

完善产业链配套，搭建公共技术研发平台、投融资平台等，实现资源优化配置，提升产业园区的生产能力。同时完善生活配套，帮助企业留住人才，实现产业链的长远发展。

d. 强链：细分产业里的龙头企业。

引导龙头企业在产业集群中找到投资切入点，或为其打造产业的延长线让其投资，引发裂变效应。企业投资后即可投产、投产即可盈利，打造"招得来、留得住"的良好局面。

（2）众创孵化招商。

完善园区闭环生态的做法，仅仅依靠外部招商，空间逐渐减小，而通过众创空间孵化出来的企业面临拓展空间的问题，会大量流失到外部去。以"众创孵化＋园区招商"结合，成为园区生态闭环式。让早期的初创团队在众创空间和孵化器中成长起来，水到渠成地落户在园区当中，从而使园区生态良性循环。

（3）以商招商。

做好服务，通过平台建设和智慧服务，筑巢引凤，充分发挥已有企业的信息渠道、商务渠道、人脉资源等优势进行招商。培育龙头企业是以商招商的重要模式。通过"葡萄串经济"的发散功能，协同引进上下游配套企业和产业缺环项目，加速形成"一个客商带来一批客商，一家企业落户吸引多家企业投资"的以商招商新格局。

（4）机构合作招商。

1）与各大平台联盟对接。国家为强化科技成果转化将健全技术转移服务机构、搭建产学研合作信息服务平台、构建一批产业技术创新联盟。与以上机构建立联系，利用其资源寻找招商新突破口。

2）与各大科研院所合作。聚集各大高校、科研院所均承担了科技成果转化的任务，积极与各大高校校友会沟通，扩大交流联系，激活高校资源，搭建园区与高校、校友间的合作平台。

3）与专业运营商强强联合。专业运营商具备丰厚的客户资源储备，可提供智能化业务管理平台、丰富的社群活动和强大的增值服务，能够输出可复制的运营经验及专业服务。可依托运营商对老旧园区进行升级改造、资源对接，对园区进行智能化、社群化运营。

（5）大数据招商。

基于大数据技术，依托人工智能、机器学习、数据可视化等先进的信息技术手段和数据挖掘算法，对招商前后潜在客户、入驻客户精准分析，提高招商决策能力，实现企业和园区的信息互通和商机速配，助力产业园区全面发展。

依托大数据技术，在招商前端即搜寻企业信息，进行产业梳理、需求分析、项目策划和企业挖掘等；招商中端即招商落地，深层次匹配企业需求，为企业做体检并实时监控；招商后端即企业的后续服务跟进，实时捕捉企业各个维度的数据，分析企业经营健康状态并及时预警，并持续推送相关产业政策信息。

（六）园区运营

目前，国内园区已经进入了存量时代，随着各地园区针对企业的税收及补贴政策趋于同质化，园区的发展已从单纯依赖政策优势，升级到通过产业运营赋能提升园区综合价值的新阶段。因此，如何构建合理的组织架构、聚集优质资源、形成符合产业发展的配套服务体系，并有助于加速产业发展速度，才是未来园区运营竞争的"撒手锏"。

1. 运营理念创新

对于园区运营服务而言，运营及服务能力是其聚集优质资源、招商引资、持续发展过程中的关键环节。传统的诸如租金减免、工商税务相关业务代办等基础服务已经无法更好地满足入驻企业的需求。更多的运营服务者正在增强轻资产的运营能力，通过整合资源、构建完善的服务体系，依托运营平台为企业提供多元化服务，实现"轻重并举"发展（见图1-15）。

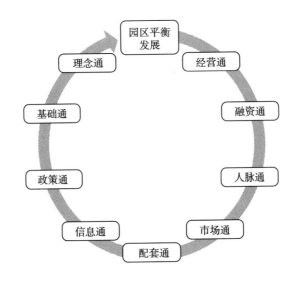

图1-15 全新意义的"九通一平"

同时，在当下"互联网+"的时代，产业服务中产业思维和互联网思维的植入和相互糅合是必然阶段。通过搭建互联网共享平台，优化运营服务流程，打造立体化供需信息港，营造创新发展的园区氛围，沿着产业链条的纵向延伸，贯穿从设计到生产的全过程。

2. 园区综合服务

园区运营包括物业管理、产业运营、商业配套服务及运营等内容。其中物业管理是基础，商业配套服务是保障，而产业运营是驱动力。产业运营通常包含创业孵化、公共服务平台搭建、园区公共关系建设，以及园区自身的发展。

园区公共服务平台分为三种类型：基础型服务、引导型服务和发展型服务。一是基础型服务包括：工商注册、法律咨询、财务服务和人才招聘；二是引导型服务包括：政策引导服务、项目申报服务、经营管理培训和知识产权培训等；三是发展型服务包括：融资担保、市场营销策划和渠道搭接、技术转移服务、专业技术平台、产业链对接服务等。企业公共服务清单示例如图1-16所示。

3. 常见运营模式

根据开发与运营主体的不同，园区运营分为政府主导模式、企业主导模式、政

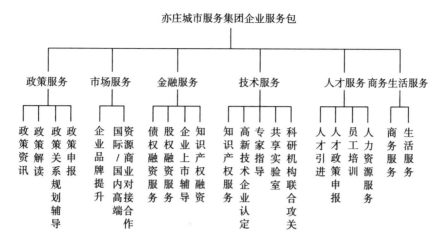

图 1-16 企业公共服务包示例

府与企业联合模式，这三种模式的差异贯穿于园区的开发、运营管理、盈利整个过程中。

（1）政府主导模式。

地方政府根据城市发展和社会经济发展的需求，创造相关产业支持政策和税收优惠条件形成产业园项目的独特优势。政府在园区内设立派出机构——产业园区管委会，主要负责园区的建设和发展，具有相应经济和行政管理权限，包括项目审批、机构部门设立、规划定点、产业招商等。

这种模式的优点是产业资源汇聚能力强、土地获取成本较低、具有政策、财政补贴等政府资源优势，同时由于有政府主导，招商公信力更强。但是由于市场化程度低，行政管理缺乏效率，由于过于追求区域产业园的大规模发展，缺乏对土地高效利用的思考，导致社会资源的浪费。

> ## 案例
>
> 襄阳高新技术产业开发区实行管委会封闭运行机制，按照"小政府、大服务、高效能"的要求，实行封闭式管理、开放式运行。管委会享受市级人民政府经济管理权限和行政管理权限，积极推行"低税区和零费楼"政策，实行一支笔审批、一个窗口对位、一条龙服务。
>
> 这种产业园区运营模式的政府性质比较浓厚，具备很强的行政职能，但是园区的发展有可能受到制约，在开发区建设的早期时比较常见。

（2）企业主导模式。

企业主导模式是政府通过招标政策、土地用地等宏观调控，开发运营企业负责对产业园项目进行统一规划设计、基础设施建设、招商引资、运营服务产业孵化等，方式选择企业作为园区开发、运营主体，政府负责城市发展、产业以市场化方式推动产业园运作与发展。产业园项目耗资庞大，因为园区开发与运营商一般为具有雄厚资金实力的产业地产开发商、房地产开发商、大型实体企业等。

该模式的优势是引入企业机制，有助于改善园区开发和行政管理效率，有效提高园区的招商效率。但园区开发对于企业资金的门槛较高，运营风险较大，在优惠政策与支持上面临较大的挑战（见图1-17）。

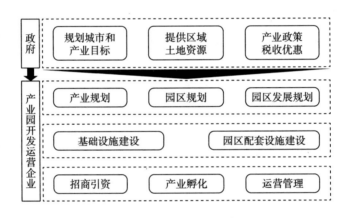

图1-17　企业主导模式

1）产业地产商主导模式。地产商为开发与运营主体，其在获取土地项目后，进行道路、厂房、绿化、住宅配套等方面的建设，随后对物业通过出售、租赁、转让、合作经营等途径实现获利。

以联东集团为例，其核心品牌为联东U谷，在产品上形成了"总部综合体"、"产业综合体"、"科技综合体"三大产品线，在功能上园区划为标准厂房、中试研发楼、公寓、生活配套设施等。在盈利模式上采用"6+2+2"（60%出售、20%租赁、20%合作经营）和"4+3+3"（40%出售、30%租赁、30%合作经营）两种模式。这两种模式可有效地兼顾联东集团的短期与长期的利益。

2）实体产业企业主导模式。某产业中拥有强大综合实力的企业作为园区的开发与运营主体，在实体企业自身入驻园区并成为园区主导企业的情况下，其凭借自身资金实力与品牌优势，以园区物业出售、租赁等方式带动产业链上下游企业的汇聚，进而改善园区的全产业链布局，形成产业聚集效应。

以京东为例，自 2014 年京东集团赴美上市后，为了支持电商业务的扩张，京东开始在全国范围内自建物流仓储、"互联网＋"产业园等。其中，京东云数字经济产业园是京东集团以京东云为载体，利用自身技术与强大的电商资源优势，打造"互联网＋"园区平台，促进园区信息、资金、物流等多个运营服务方面的升级（见图 1－18），推动园区往物联网与智慧园区方向发展。

园区规划
• 产业数字化转型规划咨询服务
• 园区互联网设计与搭建服务

园区数字化运营服务
• 金融服务咨询、信息服务咨询、服务商代理运营服务、人才培训服务等
• 企业服务平台
• 个人服务平台

智慧园区平台
• 打造流程化和规范化的线上招商引资模式，提升园区招商效率
• 利用大数据技术，对园区、企业、个人数据进行存储与分析，提供精准的园区运营报告，有助于园区管理层实时了解园区运营情况

京东互联网产业资源对接
• 打造一个拥有物流、金融、技术、营销、孵化等多方面资源对接平台，促进园区企业升级发展

京东特色馆为产业B2B平台

以京东特色馆为突破点

图 1－18 京东云数字经济产业园的服务领域

（3）政企联合模式。

政企联合模式是政府与企业联合设立公司，负责对园区进行开发运营，该模式分为开发合作与产权合作。①开发合作模式是政府与企业达成合作协议，共同对园区项目开发运营；②产权合作模式分为两种，一是由政府设立项目公司，并与第三方企业成立合资公司开发与运营；二是政府负责提供土地使用权，以土地换取股份，企业负责出资成立合资公司及进行园区项目的开发建设。总体而言，政企联合模式结合了政府的土地管理优势和企业开发运营优势，促进土地资源的有效利用和产业园项目的市场化运作。

该模式可充分发挥政府的指导性和企业的灵活性，加速产业园的开发进程。政企联合方式有利于吸引多元投资主体，缓解当地政府财政压力，促进大规模园区开发。但该模式对于政府与企业的关系协调要求高，若双方在项目投资决策与收益分配上无法达成一致，容易产生管理分歧。

以华夏幸福园区开发模式为例，公司与当地政府签订排他性的整体委托开发协议，由华夏幸福负责为园区提供全环节的服务，包括前期产业规划、基础设施建设、土地整理、商品房开发、工业厂房开发、招商引资以及园区正式运营后的物业服务，而政府负责进行行政的服务与管理（见图1-19）。通过整合地方政府、资金、技术、产业等资源，对产业新城的整体操盘。

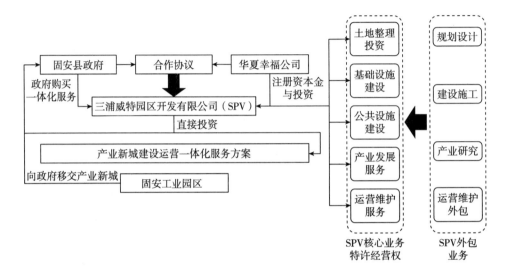

图1-19 华夏幸福"园区+地产"模式

该模式盈利来源主要有两方面，一是房地产开发，二是招商引资的高比例返还（园区管委会按照项目新增落地投资额的45%进行返还）。

政府运营模式适用于规模较小、管理架构简单的产业园区，园区运营模式以后面两种方式为主流。以招商蛇口为例，蛇口工业区运用"园区+资本"的运营理念，通过提供资金入股、租金入股和服务收入折股等多元化创新投资融资模式，由租金收入转变为产业投资收入。同时，园区运营模式也不断探索，迭代更新。

4. 园区盈利模式

园区的收益模式已经从过去的土地收益转变为综合收益。模具前园区盈利模式主要有产业载体构建和产业发展盈利两种模式。

产业载体构建盈利模式是以土地与物业为载体，通过区域基础建设开发、土地增值收益、房地产开发等方式获取收益，包括工业厂房、物流仓库、办公楼宇、商业配套和其他设施（见图1-20）。

基础设施开发 （一级开发）	土地增值	房地产开发 （二次开发）
• 通过对产业园区土地进行一级开发获取收益 • 举例：以某工业园的水厂BOT项目为例，某水务公司向管委会以一定的租金租赁该水厂建设项目，负责该水厂管网设计、施工建设和运营，随后水务公司按照国家标准收取水费获利，在双方约定的特许经营期满后，政府收回该项目	• 通过区域运营，获取土地溢价收益 • 举例：某建设公司与政府下设投资开发公司签订园区合作开发协议。投资开发公司提供土地使用权，项目建设公司负责土地开发和区域运营，当一级市场的土地溢价后，项目建设公司按照合同约定获取一定比例的土地溢价收益	• 地产开发商通过土地一、二级联动开发，向政府低价拿地后进行二级开发，获得配套商业地产、住宅的出售及出租收益 • 例如：某开发商获得土地使用权后，通过规划、设计和建设产业物业产品，如写字楼、配套住宅，随后以出售、转让、租赁等方式进行获利

图 1 - 20　产业载体构建盈利模式

产业发展盈利模式是通过产业投资、中介服务、平台服务、政府补贴和税收奖励等方式获取收益。其中，中介服务是指引入中介结构，提供工商注册、融资信贷、法律咨询、人才外包、资质认证、技术中介、管理咨询、知识产权服务等产业服务。平台服务是指自主建设公共服务平台，提供针对性的技术服务、营销推广服务、金融信贷服务、咨询指导服务等（见图 1 - 21）。

政策扶持	产业增值服务	园区综合服务
• 通过产业政策财政扶持，获取招商项目的税收分成和"落地投"奖励、产业专项资金补贴等 • **潜在盈利能力：强**	• 产业园区通过在园区内提供有偿融资、信息咨询、培训、孵化、人力等产业发展性增值服务获取收益 • **潜在盈利能力：强**	• 产业园区通过生活、商务、娱乐、物业服务等园区综合性服务获取收益 • **潜在盈利能力：强**

图 1 - 21　产业发展盈利模式

第二章

园区经济内涵及特征

园区是产业发展的主阵地，园区经济在区域经济里发挥了重要的引擎作用。我国园区种类比较复杂，本章将从国内园区种类划分、园区经济的内涵和发展历程、园区经济特征、园区经济体系等方面，抽丝剥茧全面系统地讲述园区和园区经济的相关理论，为后文如何发展园区经济奠定基础。

一、相关概念解释

截至目前，我国共有 7 个经济特区、12 个国家级综合配套改革试验区、19 个国家级新区、18 个自由贸易区、552 个国家级开发区①，国内园区基本分类如图 2-1 所示。

（一）经济特区

经济特区（Special Economic Zone），是世界自由港区的主要形式之一，本书认为它是指政府选取特定区域，在本区域内优先实行特殊的经济政策、灵活的经济优惠措施及特殊的经济管理体制，鼓励外商投资、引进先进技术，从而创造良好的投资环境，以促进区域及所在国的经济技术发展。为了稳妥推进改革，中国一直采取先局部试点、再推广经验的渐进式改革策略。目前，我国已设立的经济特区 7 个，包括在改革开放早期，1980 年设立深圳、珠海、汕头、厦门四个经济

---

① 开发区数据来自国家发改委《中国开发区审核公告目录》（2018 年版），以下无特别说明，关于开发区的统计数据均来自此目录。

特区，实行特殊经济政策和经济体制的地区，1988年设立海南经济特区，2010年我国根据经济发展形式，首次在内陆地区成立经济特区，设立喀什经济特区和霍尔果斯经济特区。

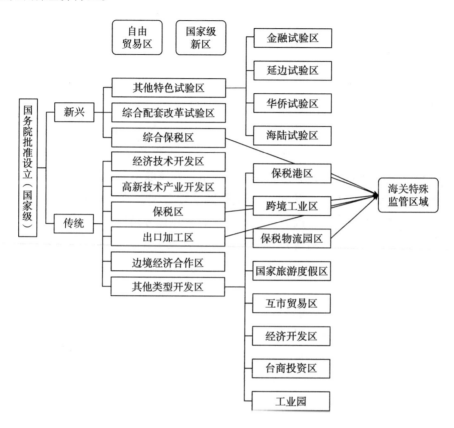

图 2-1 国内园区基本分类

2018年4月13日，习近平总书记在庆祝海南建省办经济特区30周年大会上的讲话中指出："创办经济特区是我国改革开放的重要方法论，是经过实践检验推进改革开放行之有效的办法。先行先试是经济特区的一项重要职责，目的是探索改革开放的实现路径和实现形式，为全国改革开放探路开路。只有敢于走别人没有走过的路，才能收获别样的风景。"

随着经济的发展，经济特区发展模式逐步演进，已经从先行先试、局部探索的阶段转向普遍改革、全面推进的阶段。一是更加注重综合配套改革，二是更加注重城市新区建设，三是更加注重区域协调发展，四是更加注重自贸区（港）建设，五是更加注重沿边开放开发。

（二）综合配套改革试验区

综合配套改革试验区是我国为了进一步顺应经济全球化与区域经济一体化，同时区别上述经济特区，而设立的"新特区"。其除了具有"经济开发区""经济特区"、农村综合改革试验区的特点外，还涉及社会经济生活等各方面改革试验。自 2005 年以来，国务院先后批准成立了 12 个国家综合配套改革试验区（点），包括上海浦东新区、天津滨海新区、重庆市、成都市、武汉城市圈、长株潭城市群、深圳市、沈阳经济区、山西省、义乌市、厦门市以及黑龙江省"两大平原"。综合配套改革试验区与特区在性质上比较接近，但"试验"内容更明确。例如，围绕统筹城乡、"两型"社会建设、新型工业化、资源型经济转型、国际贸易、深化两岸交流合作、现代农业等重点领域改革等。

根据国家发展改革委印发的《2019 年国家综合配套改革试验区重点任务》，其中"重庆市统筹城乡综合配套改革试验区，重点任务是以推进城乡土地、劳动力等要素流动和优化配置为重点，健全城乡融合发展体制机制，推进乡村振兴。深化农村集体产权制度改革，推进农村承包地、宅基地'三权'分置改革。完善'地票'制度，探索开展'林票'制度，实现农村集体经营建设用地入市与'地票'制度有机衔接。完善涉农资金统筹整合长效机制，深化财政补助资金股权化改革。健全村级集体经济扶持政策体系。破除妨碍城乡要素自由流动、平等交换的体制机制壁垒，推动资源要素向农村流动。深化户籍制度改革，建立城乡统一的人力资源市场，推动更多农业转移人口落户城市。完善各级各类基本公共服务标准，推进基本公共服务财政事权和支出责任划分改革，构建有利于实现城乡基本公共服务均等化的体制机制。"

（三）国家级新区

国家级新区主要是行政区划调整的一种措施，由中央政府批准设立并拥有相应的配套政策。新区的地理范围比较小，通常是一个市内的某一个区域。"国家级新区"的布局更多地会考虑怎么样通过新区的建设带动区域的发展，成为一个区域的增长极，改变整个区域的发展态势，有辐射效应。

例如，上海的浦东新区对长三角、东南沿海及沿江的经济增长都有不同程度的带动作用；重庆的两江新区，对重庆整个地方的经济增长和发展的带动作用十分明显。

截至目前，国家级新区总数为 19 个，有 8 个在东部，2 个在中部，6 个在西部，3 个在东北，具体获批情况如表 2 - 1 所示。

表 2 - 1　19 个国家级新区获批情况　　　　单位：平方千米

序号	新区名称	获批时间	主体城市	面积
1	浦东新区	1992 年 10 月 11 日	上海	1210.41
2	滨海新区	2006 年 5 月 26 日	天津	2270
3	两江新区	2010 年 5 月 5 日	重庆	1200
4	舟山群岛新区	2011 年 6 月 30 日	浙江舟山	陆地 1440，海域 20800
5	兰州新区	2012 年 8 月 20 日	甘肃兰州	1700
6	南沙新区	2012 年 9 月 6 日	广东广州	803
7	西咸新区	2014 年 1 月 6 日	陕西西安、咸阳	882
8	贵安新区	2014 年 1 月 6 日	贵州贵阳、安顺	1795
9	西海岸新区	2014 年 6 月 3 日	山东青岛	陆地 2096，海域 5000
10	金普新区	2014 年 6 月 23 日	辽宁大连	2299
11	天府新区	2014 年 10 月 2 日	四川成都、眉山	1578
12	湘江新区	2015 年 4 月 8 日	湖南长沙	490
13	江北新区	2015 年 6 月 27 日	江苏南京	2451
14	福州新区	2015 年 8 月 30 日	福建福州	1892
15	滇中新区	2015 年 9 月 7 日	云南昆明	482
16	哈尔滨新区	2015 年 12 月 16 日	黑龙江哈尔滨	493
17	长春新区	2016 年 2 月 3 日	吉林长春	499
18	赣江新区	2016 年 6 月 14 日	江西南昌、九江	465
19	雄安新区	2017 年 4 月 1 日	河北保定	起步约 100，远期 2000

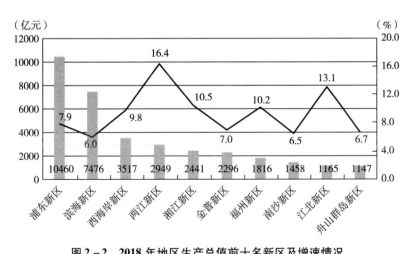

图 2 - 2　2018 年地区生产总值前十名新区及增速情况

从图 2-2 可以看出,2018 年 18 个国家级新区(雄安新区除外,贵安新区和江北新区仅统计直管区数据)地区生产总值达 3.93 万亿元,占全国经济总量的 4.4%。地区生产总值排名前十的新区除两江新区外均位于东部和中部,其中,上海浦东新区地区生产总值首次突破万亿元,达到 10460 亿元,同比增长 7.9%。就增速而言,两江新区和江北新区直管区同比增长分别为 16.4%、13.1%,大幅高于所在市的 6.0% 和 8.0% 的增速;包括贵安新区、西咸新区、天府新区、滇中新区等在内的西部新区虽然经济总量排名靠后,但增速明显,均保持在 10% 以上的快速增长。

(四) 自由贸易试验区

自由贸易区(Free Trade Area),通常是指在主权国家或地区关境内通过划出特定的区域,准许外国商品豁免关税自由进出,在贸易、投资及关税等方面可获得更加优惠的贸易政策。我国的自由贸易试验区是我国政府全力打造的自贸区中国经济升级版,其核心仍是营造一个符合国际惯例、对内外资投资都具有国际竞争力的国际商业环境。2013 年上海自贸试验区挂牌成立;2015 年,广东、天津、福建 3 个自贸区相继成立;2017 年,辽宁、浙江、河南、湖北、重庆、四川、陕西 7 个自贸试验区陆续揭牌;2018 年,海南自由贸易试验区成立;2019 年新设立了广西、河北、云南、山东、江苏、黑龙江 6 个省区自贸区,2020 年新设立了北京、湖南、安徽 3 个自由贸易试验区。截至目前,我国的自贸试验区总数累计 21 个,如表 2-2 所示。

表 2-2 中国自贸试验区一览

序号	名称	面积 (平方千米)	片区	亮点
1	上海自贸试验区	28.78 (2013 年) 120.72 (2014 年)	上海市外高桥保税区、外高桥保税区物流园区、洋山保税港区、金桥出口加工区、张江高科技 0+园区、陆家嘴金融贸易区	中国第一个自由贸易试验区,中国经济的试验田,实行政府职能转变、金融制度、贸易服务、外商投资和税收政策等多项改革措施的试验田
	上海自贸试验区临港新片区	119.5	上海大治河以南,金汇港以东以及小洋山岛,浦东国际机场南侧区域	全方位、深层次、根本性的制度创新变革,集聚发展集成电路、生物医药、人工智能、航空航天等高质量发展急需产业的关键环节和技术,拓展金融、贸易、航运领域和总部经济的国际市场服务能力

续表

序号	名称	面积 （平方千米）	片区	亮点
2	广东自贸试验区	116.2	广州南沙新区片区、深圳前海蛇口片区、珠海横琴新区片区	广州南沙：航运物流、特色金融、国际贸易、高端制造 深圳前海蛇口：金融、现代物流、信息服务、科技服务 珠海横琴新区：旅游休闲健康、商务金融服务、文化科教和高新技术
3	福建自贸试验区	118.04	平潭片区、厦门片区、福州片区	平潭片区：两岸共同家园和国际旅游岛，在投资贸易和资金人员往来方面实施更加自由便利的措施 厦门片区：两岸新兴产业和现代服务业合作示范区、东南国际航运中心、两岸区域性金融服务中心和两岸贸易中心 福州片区：先进制造业基地、"21世纪海上丝绸之路"沿线国家和地区交流合作的重要平台、两岸服务贸易与金融创新合作示范区
4	天津自贸试验区	119.9	天津港片区、天津机场片区、滨海新区中心商务片区	天津港片区：航运物流、国际贸易、融资租赁等现代服务业 天津机场片区：航空航天、装备制造、新一代信息技术等高端制造业和研发设计、航空物流等生产性服务业 滨海新区中心商务片区：以金融创新为主的现代服务业
5	辽宁自贸试验区	119.89	大连片区、沈阳片区、营口片区	提升东北老工业基地发展整体竞争力和对外开放水平的新引擎，加强东北亚区域开放合作，构建连接亚欧的海陆空大通道
6	河南自贸试验区	119.77	郑州片区、开封片区、洛阳片区	建设贯通南北、连接东西的现代立体交通体系和现代物流体系，及服务于"一带一路"建设的现代综合交通枢纽；发展跨境电子商务，建设全球性产品交易展示中心和国内进出口货物集散中心；建设成为内陆开放型经济示范区
7	浙江自贸试验区	119.95	舟山离岛片区、舟山岛北部片区、舟山岛南部片区	东部地区重要海上开放门户示范区、国际大宗商品贸易自由化先导区和具有国际影响力的资源配置基地；"一中心三基地一示范区"，构建油品全产业链

序号	名称	面积（平方千米）	片区	亮点
8	湖北自贸试验区	119.96	武汉片区、襄阳片区、宜昌片区	中部有序承接产业转移示范区、战略性新兴产业和高技术产业集聚区、全面改革开放试验田和内陆对外开放新高地，促进中部地区和长江经济带产业转型升级
9	重庆自贸试验区	119.98	两江片区、西永片区、果园港片区	"一带一路"和长江经济带互联互通重要枢纽，推动构建西部地区门户城市全方位开放新格局，带动西部大开发战略深入实施，推动长江经济带和成渝城市群协同发展
10	四川自贸试验区	119.99	成都天府新区片区、成都青白江铁路港片区、川南临港片区	成都天府新区：打造西部地区门户城市开放高地；成都青白江铁路港：打造内陆地区联通丝绸之路经济带西向国际贸易大通道重要支点；川南临港：重要区域性综合交通枢纽和成渝城市群南向开发、辐射滇黔的重要门户
11	陕西自贸试验区	119.95	中心片区、西安国际港务区片区、杨凌示范区片区	扩大与"一带一路"沿线国家经济合作，创建与"一带一路"沿线国家人文交流新模式；推动西部大开发战略深入实施
12	海南自贸试验区	海南岛全岛	海南岛全岛	实施范围最大的自贸试验区，覆盖海南岛全域，有助于提升开放政策协同性；大幅放宽外资市场准入，"一个下放、三个允许、十个取消"；明确了为海南自贸港建设打基础的发展目标
13	山东自贸试验区	119.98	济南片区、青岛片区、烟台片区	深化中日韩区域经济合作，推进区域交流便利化；加快发展海洋特色产业，提升海洋国际合作水平与航运服务能力；培育贸易新业态新模式
14	江苏自贸试验区	119.97	南京片区、苏州片区、连云港片区	南京：建设具有国际影响力自主创新先导区、现代产业示范区和对外开放合作重要平台；苏州：建设世界一流高科技产业园区，打造全方位开放高地、国际化创新高地、高端化产业基地、现代化治理高地；连云港：建设亚欧重要国际交通枢纽、集聚优质要素的开放门户、"一带一路"沿线国家地区交流合作平台

续表

序号	名称	面积（平方千米）	片区	亮点
15	广西自贸试验区	119.99	南宁片区、钦州港片区、崇左片区	打造对东盟合作先行先试示范区，打造西部陆海联通门户港，形成"一带一路"有机衔接的重要门户，提出了畅通国际大通道
16	河北自贸试验区	119.97	雄安片区、正大片区、曹妃甸片区、大兴机场片区	全国唯一一个跨省市的自贸试验区，推动京津冀协同发展，积极承接北京非首都功能疏解和京津科技成果转化，引领雄安新区高质量发展，支持生物医药与生命健康产业开放发展，推动高端高新产业开放发展合作平台
17	云南自贸试验区	119.86	昆明片区、红河片区、德宏片区	构建连接南亚东南亚的国际开放大通道，全力打造世界一流的健康生活目的地，创新沿边跨境经济合作模式，探索推进边境地区人员往来便利化
18	黑龙江自贸试验区	119.85	哈尔滨片区、黑河片区、绥芬河片区	中国最北自贸区，培育东北振兴发展新动能，加快实体经济转型升级，建设以对俄罗斯及东北亚为重点的开放合作高地
19	北京自贸试验区	119.68	科技创新、国际商务服务、高端产业三个片区	推动形成京津冀地区高质量发展的新优势，深化京津冀自贸试验区产业链协同发展，探索建立总部—生产基地、园区共建、整体搬迁等多元化产业对接合作模式，鼓励京津冀三地自贸试验区抱团参与"一带一路"建设，坚持稳妥有序原则，共建、共享境内外合作园区
20	湖南自贸试验区	119.76	长沙片区（含长沙黄花综合保税区），岳阳片区（含岳阳城陵矶综合保税区），郴州片区（含郴州综合保税区）	围绕长沙、岳阳、郴州三个特色片区布局和打造世界级先进制造业集群、打造中非经贸深度合作先行区、打造联通长江经济带和粤港澳大湾区的国际投资贸易走廊
21	安徽自贸试验区	119.86	合肥片区（含合肥经济技术开发区综合保税区），芜湖片区（含芜湖综合保税区），蚌埠片区	发展高端制造、集成电路、人工智能、新型显示、量子信息、科技金融、跨境电商等产业，打造具有全球影响力的综合性国家科学中心和产业创新中心引领区

资料来源：人民日报微博。

案例：北京自由贸易试验区

2020年9月，国务院发布了《关于印发北京、湖南、安徽自由贸易试验区总体方案及浙江自由贸易试验区扩展区域方案的通知》（国发〔2020〕10号），要求各地认真贯彻执行。其中，根据《中国（北京）自由贸易试验区总体方案》，"北京自贸试验区的实施范围为119.68平方千米，涵盖三个片区，包括科技创新片区31.85平方千米，重点发展新一代信息技术、生物与健康、科技服务等产业，打造数字经济试验区、全球创业投资中心、科技体制改革先行示范区；国际商务服务片区48.34平方千米（含北京天竺综合保税区5.466平方千米），重点发展数字贸易、文化贸易、商务会展、医疗健康、国际寄递物流、跨境金融等产业，打造临空经济创新引领示范区；高端产业片区39.49平方千米，重点发展商务服务、国际金融、文化创意、生物技术和大健康等产业，打造科技成果转换承载地、战略性新兴产业集聚区和国际高端功能机构集聚区"。试点包括"推动投资贸易自由化便利化"等7项重点任务以及"深化投资领域改革"等22项具体措施。

在未来北京自贸试验区将被赋予更大改革自主权，深入开展差别化探索，将以制度创新为核心，以可复制可推广为基本要求，"助力建设具有全球影响力的科技创新中心，加快打造服务业扩大开放先行区、数字经济试验区，着力构建京津冀协同发展的高水平对外开放平台，着力建设以科技创新、服务业开放、数字经济为主要特征的自由贸易试验区"。

（五）国家级开发区

经济技术开发区（Economic and Technological Development Zone），简称开发区，是我国在沿海开放城市、大中型城市、省会城市所设立的以发展知识密集型和技术密集型工业为主的特定区域，实行经济特区的某些较为特殊的优惠政策和措施，进而逐步在全国范围内推广。根据国家发改委《中国开发区审核公告目录》（2018年版），552家国家级开发区包括219个经济技术开发、156个高新技术开发、135个海关特殊监管区域、19个边境/跨境经济合作区、23个其他类型开发区。

1. 经济技术开发区

国家级经济技术开发区是由国务院批准成立的经济技术开发区，在我国经济技术开发区中居于最高地位。初期是为了实行改革开放政策而设立的现代化工业、产业园区，它们大都位于各省、市、自治区的省会等中心城市，或在沿海开放城市和其他开放城市划定小块的区域，集中力量建设完善的基础设施，创建符合国际水准的投资环境，通过吸收利用外资，形成以高新技术产业为主的现代工业结构，成为所在城市及周围地区发展对外经济贸易的重点区域。国家级经济技术区的成立有利于促进区域经济协调发展和国有经济结构的进一步优化，并进一步提高吸收外商投资的质量，引进更多的先进技术。截至 2019 年 9 月，全国共有国家级经济技术开发区 219 家，内地每个省区均有分布，其中江苏省最多，有26 家，其次是浙江省 21 家，山东省 15 家，北京仅有 1 家，即北京亦庄经济技术开发区，如表 2 - 3、表 2 - 4 所示。

表 2 - 3　国家级经开区综合排名前 30 名

排名	国家级经开区	省份	排名	国家级经开区	省份
1	苏州工业园区	江苏	16	广州南沙经济技术开发区	广东
2	广州经济技术开发区	广东	17	西安经济技术开发区	陕西
3	天津经济技术开发区	天津	18	哈尔滨经济技术开发区	黑龙江
4	北京经济技术开发区	北京	19	成都经济技术开发区	四川
5	昆山经济技术开发区	江苏	20	长沙经济技术开发区	湖南
6	青岛经济技术开发区	山东	21	宁波经济技术开发区	浙江
7	烟台经济技术开发区	山东	22	镇江经济技术开发区	江苏
8	江宁经济技术开发区	江苏	23	连云港经济技术开发区	江苏
9	杭州经济技术开发区	浙江	24	北辰经济技术开发区	天津
10	上海漕河泾新兴技术开发区	上海	25	长春经济技术开发区	吉林
11	南京经济技术开发区	江苏	26	沈阳经济技术开发区	辽宁
12	武汉经济技术开发区	湖北	27	武清经济技术开发区	天津
13	嘉兴经济技术开发区	浙江	28	秦皇岛经济技术开发区	河北
14	合肥经济技术开发区	安徽	29	淮安经济技术开发区	江苏
15	芜湖经济技术开发区	安徽	30	上海金桥经济技术开发区	上海

资料来源：商务部《2018 年国家级经开区考核评价综合及部分单项排名情况》，下同。

2. 高新技术产业开发区

高新技术产业开发区，简称"国家高新区"或"国家级高新区"，是在一些知识与技术密集的大中城市和沿海地区建立的发展高新技术的产业开发区。高新区是一个集中了智力要素和环境开放的区域，其依托国内的科技和经济实力，充分吸收和借鉴国外先进科技资源、资金和管理手段，通过实施高新技术产业的优惠政策和各项改革措施，实现软硬环境的局部优化，最大限度地把科技成果转化为现实生产力。1988 年国务院开始批准建立国家高新技术产业开发区。截至2018 年，全国共有 169 家国家级高新技术产业开发区[①]。

表 2 - 4　国家级经开区科技创新前 10 名

排名	国家级经开区	省份	排名	国家级经开区	省份
1	广州经济技术开发区	广东	6	芜湖经济技术开发区	安徽
2	苏州工业园区	江苏	7	上海漕河泾新兴技术开发区	上海
3	北京经济技术开发区	北京	8	北辰经济技术开发区	天津
4	陕西航天经济技术开发区	陕西	9	杭州经济技术开发区	浙江
5	江宁经济技术开发区	江苏	10	天津经济技术开发区	天津

"经济技术开发区"既着眼于产业发展的规律又着眼于区域发展规律。"高新技术产业开发区"更多的是着眼于产业发展规律，强调科学技术发展，科技部对于"高新区"细化到了产业的指导目录。也就是说，哪个地方的高新区应重点发展何种产业，都有着明确的规定。

国家级高新区的作用主要体现在：一是国家高新区从根本上改变了我国产业普遍缺乏创新的状况，二是成为我国创新驱动发展现实水平的表征，三是极大助推了我国的开放发展。

3. 海关特殊监管区域

海关特殊监管区域，是经国务院批准，设立在中华人民共和国境内，由海关为主实施封闭监管的特定经济功能区域，承接国内产业转移、连接国内外两个市场。

自 1990 年以来，为了实现不同的政策功能，国内相继推出保税区、出口加工区、保税物流园区、跨境工业区、保税港区、综合保税区六种形态的海关特殊监管区域，如图 2 - 3 所示。其中，综合保税区是海关特殊监管区域的最高形态。例如，为了服务和保障保税加工企业对一些设备和料件进行保税监管的需要而设立了保税区；为了服务企业扩大出口而设立了出口加工区；随着对外开放的进一

---

① 资料来源：科技部 2018 年国家高新区名单，该名单对高新区的名称、批准时间、主导行业进行了详细梳理。

步发展，保税物流业务蓬勃兴起，为更好地发挥保税区的物流枢纽的作用，又建立了保税物流园区；随后，为配合国内航运中心建设又建立了保税港区；由于各种不同的特殊区域功能各异，不能够适应发展的综合性需求，所以国家在此基础上建立了综合保税区，整合优化各种特殊区域的一些政策和功能，实行统一化要求。这六大类园区同时也是与"经开区"和"高新区"并列的国家级"开发区"。此外，"自由贸易区"也属于海关特殊监管区域。

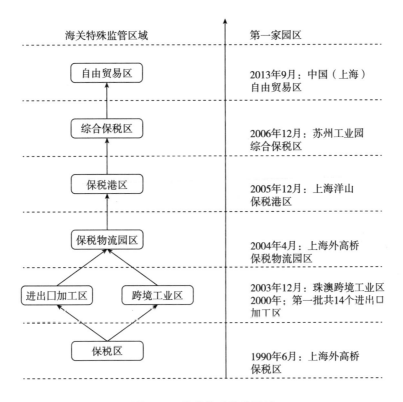

图 2-3　海关特殊监管区域

在空间范围上，这六大类海关特殊监管区域可以直接设置在经开区或高新区内部。例如，苏州工业园综合保税区就设置在苏州工业园区内。

海关特殊监管区域主要有四个作用：一是推动外贸、吸引外资；二是助推中西部地区开放发展，近年来部分中西部地区外贸发展快于全国平均水平，得益于特殊区域在外贸方面的推动；三是发挥了引领新业态探索创新的孵化器作用；四是在特殊监管区域可以大力开展制度创新。

（六）国家级产业园

除上述国务院批复的一些特定的"区"外，国家各部委也批复了一些国家级产业园。例如，农业农村部的"国家现代农业产业园"、文化和旅游部的"国家级文化产业示范园区"、人力资源社会保障部的"国家级人力资源服务产业园"、工业和信息化部与应急管理部的"国家安全产业示范园区"。

再到省级、地方各类产业园区，据不完全统计，中国各类别、各层次的产业园区达到近2万个。在省级层面，既可以参考国家级园区创建标准，制定省级标准，如国高新、省高新①；也可以探索制定适合本省的各类创新型园区，如山东省打造省级示范数字经济园区②。在市、县层面，各类主题园区更是层出不穷了，多以主导产业、特色产业为园区命名，如围绕现代服务业、人工智能、生物医药、智能制造、新材料、工业设计、电子商务等及细分行业为产业园的主题方向。

二、园区经济内涵

（一）园区的生命周期与发展历程

1. 园区的生命周期

产业园区存在生命周期，其生命周期划分为四个阶段，即初创期、发展期、成熟期和衰退期（见图2-4）。

初创期：建立和完善产业发展所需要的厂房、交通、能源供应等，完成园区基础设施建设，同步推进招商工作，完成前期签约企业入驻。

发展期：在软环境上，通过公共服务平台的建设完善，促进生产要素以及资金流、信息流、人才流的聚集。在硬环境上，不断扩张园区规模，继续完善交通、通信、能源等基础设施。通过网络招商、以商招商、活动招商等形式，形成招商促进模式，吸引大量企业陆续入驻园区。

---

① 例如，《广东省省级高新技术产业开发区管理办法》（粤府函〔2019〕239号）。
② 《山东省数字经济园区（试点）建设行动方案》。

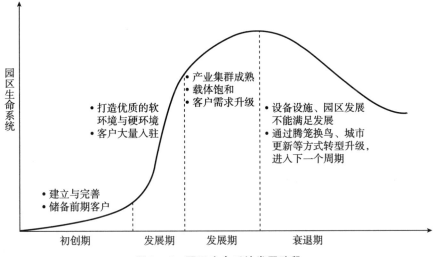

图2-4　园区生命系统发展阶段

成熟期：产业集群已经日趋成熟，通过营销推广活动打造一个独特的区域品牌，进一步增强园区的吸引力。载体空间趋于饱和，园区各项服务完善，呈现有序的生产与经营，同时一些优质企业对于服务和载体空间的需求有了更多层次的需求。

衰退期：园区不能适应外部环境的变化和需要，物业设备设施老旧、园区定位不能满足当下产业发展。通过"腾笼换鸟"、城市更新、企业培育、产业升级等多种方式，完成空间转型和产业升级，进入一个新的发展周期。

受到产业园区的功能定位与经营能力、区域经济发展状态和速度的影响，不同园区生命周期的时间跨度和发展高度不尽相同。

2. 园区的发展历程

在现代经济社会发展与城市空间形态演变下，产业园区发展扩充到开发区、高新区、经济技术开发区等各种形态。这一演变过程实质是沿两条主线发展，一条主线是产业线，园区逐渐从低技术、密集型的工业向高新技术产业演变；另一条主线是空间与形态，即园区从小规模、单一的生产型工业基地向大型的集生产、生活和娱乐为一体的综合体形态演变。

迄今为止，我国园区已经从第一代演进到了第四代，不仅仅关注科技研发转化，也更注重人的发展，通过融合居住、生活等要素，加快园区和社区的融合，大致经历了四个发展阶段：

第一代园区是要素集聚形式，即工业园，以单纯的加工业为主，同类企业沿交通轴线聚集，城市形态上生产与居住分离，为点对点形式。基本上是政府主导建设，多是工业园区，产业起点低，是典型的劳动密集型园区。例如，中国最早的蛇口工业区就是这类代表，以承接中国香港、中国台湾、日本和韩国的外来加工业务为主。

第二代园区是产业主导形式，呈现出区域发展的态势，园区发展需要更大的拓展空间，围绕核心企业延伸布局，城市形态上呈现串联式的相对脱离。随着各地园区重视技术消化、技术革新，各地高新区、科技园的建设如火如荼，各级政府积极出台科技产业扶持政策，成立科技创业中心等多种形式的孵化器。同时重视技术转移与对接服务，园区建筑不再是形式单一的单体厂房，建筑形式、结构、内部装修、功能日趋讲究，满足科技研发、中介咨询、服务贸易等各类企业的多元化需求。

第三代园区是开发区创新驱动形式，大量高端技术人才融入，生产与生活逐步融合，为企业、公众和社会创造了良好的生活和娱乐条件，并逐步向职住平衡发展，形成中枢辐射式园城互动的城市形态。高技术、高附加值的创新型产业成为众多园区的主导产业，园区开始关注产业链的打造和公共服务平台的建设，努力为企业提供技术、市场、管理、金融等专业领域的系统化服务，希望形成产业集聚效应。

第四代园区为产城一体形式，即产业新城，可以满足生产、生活和娱乐等需要，是一个包含生态、科研、商贸、居住、教育、休闲、娱乐等功能的多极耦合式科技新城形态。产业新城通常以科学规划、统筹兼顾、协调均衡、可持续发展为建设原则，以产城一体的模式，形成12小时工作圈和24小时生活圈，呈现有活力、多元化的创新生态综合体。各代产业园区发展阶段特征如表2-5所示。

表2-5 产业园区发展阶段特征

代际	第一代	第二代	第三代	第四代
发展阶段	要素聚集	产业主导	创新驱动	产城一体
核心驱动力	由政府的优惠政策等"外力"的驱动	外力内力并举，即政府政策和企业市场竞争力驱动双重作用	技术推动、企业家精神	科技产业与新城建设的融合促进作用
主要产业类型	低附加值、劳动密集型传统产业	电子及通信设备制造业一枝独秀	技术密集型、创新型产业。高速信息网络技术、生物技术、新型能源技术、新材料和先进制造技术等重要的新兴领域	科技创新产业、文化创意、其他高端现代服务业为主

代际	第一代	第二代	第三代	第四代
产业发展需求因素	廉价的土地、劳动力、优惠的税收政策	一定的配套服务和研发能力	高素质人才、较好的信息、技术及其他高端产业配套服务	高价值的品牌、高素质的人才资源，高品质的城市配套环境
园区功能	加工型。单一的产品制造、加工	生产型。以产品制造为主	研发型。科技产业区，制造、研发复合功能	复合型。现代化综合城市功能，产业集聚地，人气的集聚区、文化的扩散区、资本的融通区
空间形态	纯产业，同类企业沿交通轴线聚集	纯产业，围绕核心企业延伸布局	产业集群，产业间产生协同效应，空间上围绕产业集群圈层布局	综合新城，城市功能和产业功能完全融合
与城市关系	点对点式基本脱离	串联式相对脱离	中枢辐射式园城互动	多极耦合式产城融合

（二）园区经济的内涵

园区作为区域经济的深度参与者，通过要素聚集，形成适宜企业成长的"土壤"，以产业链为基础实现企业聚集，园区经济已经成为带动地方经济的重要增长极。当园区内产业的发展速度足够支撑起周边经济和就业时，才能带动片区土地价值升值，产业园区自身系统的产、人、资金等要素才会形成循环，带来价值的最大化。

1. 园区的边界

结合前文对园区趋势以及相关概念的阐释。本书所界定的园区，为广义的实体园区，不特指具有法定规划范围的园区，园区四至可大可小，既包括相关概念解释里的各类国家级园区、省级以及市、县等地方各类产业园，也可以微观到楼宇。

因此，本书认为的园区，没有明确的规划边界，园区以产业功能区、商务办公楼宇等实体空间为主要载体。

2. 园区的内容

这里主要从两个方面说明，一是谁在园区里，即入园企业标准（行业、规模）；二是在园区享受到什么，既要包括基础的办公条件，也包括各类服务。

本书认为的入园企业应是符合国家产业结构调整指导目录①的第一类，鼓励类产业，同时园区应具有优美的生态环境、提供完善的硬件设施、智能的软件服务及多样的人文关怀。

3. 园区的作用

园区的作用，即园区经济中"经济"的体现，这个"经济"仍然从两个方面理解，一是企业为园区贡献了什么，入园企业为园区运营者带来的微观效益，租金收入、物业收入、增值服务收入等；二是园区为区域贡献了什么，园区为所在区域带来的经济效应。

综上所述，本书认为的园区经济是指以产业功能区、商务办公楼宇等实体空间为主要载体，通过提供全功能全环节全周期的服务，有针对性地引入符合产业发展方向的企业入驻，从而取得经营收入、引进税源，增加就业并带动区域经济发展的一种城市经济、服务经济形态。

三、园区经济特征

（一）生态绿色

2013 年《中共中央关于全面深化改革若干重大问题的决定》中提出"山水林田湖是一个生命共同体"。绿色、集约、智能、低碳理念已逐步深入人心，依托"海绵城市"、"城市绿道"等绿色规划理念，建设道路交通、绿地、水系以及绿道、湿地、雨水花园等绿色基础设施。生态绿色也越来越成为园区发展所遵循的理念和重要特征，通过绿色生产提升资源利用效率，推动环境清洁化，实现区域绿色发展，包括体系化的绿色园区、结构化的海绵园区、低碳化的无废园区。

1. 体系化的绿色园区

园区发展应始终坚持绿色发展理念，大力推进绿色经济建设，在园区环境建设上，构建不同层级绿化系统、同一层级形成不同层次的绿化系统。同时，园区

---

① 《国家发改委产业结构调整指导目录》（2019 年本，征求意见稿）。

在产业布局、招商引资等方面，重点发展高技术新兴产业，拒绝污染高、耗能高的项目，通过抬高招商"门槛"既保护了环境，又为落户的高科技、高附加值企业，创造了良好的绿色发展环境，为引进牵动能力强、科技含量高、成长性好的大项目、好项目奠定了基础。

2. 结构化的海绵园区

2013 年，习近平总书记在中央城镇化工作会议上首次强调了"海绵城市"的建设理念。"海绵城市"建设通过对雨水进行收、净、渗、蓄等综合利用，使城市实现下大雨时吸水，干旱时再把水"吐"出来，就像一块绿色的海绵，实现雨水的净化、收集、滞蓄以及再利用。通过低影响开发建设模式，将雨水综合利用，为城市内涝、水资源短缺提供了科学的综合解决方案。作为"海绵城市"在特色空间内的具象化表现形式，结构化的"海绵园区"已逐渐融入园区环境建设中，也成为"海绵城市"建设的重点项目之一。例如，深圳于 2019 年 2 月 20 日出台了《深圳市海绵城市建设资金奖励实施细则（试行）》[1]，推进海绵城市建设。

> ### 政策案例：《深圳市海绵城市建设资金奖励 实施细则（试行）》
>
> 根据实施细则，深圳市政府每年从深圳市水务发展专项资金中安排相应资金，对由社会资本实施的 2017 年 1 月 1 日之后竣工的海绵城市建设项目以及相关海绵城市建设成果进行奖励。纳入细则的十类资金奖励为：社会资本新建项目（含拆除重建）配建海绵设施奖励；社会资本既有项目海绵化专项改造奖励；海绵城市建设相关行业标准或规范编制奖励；优质海绵城市建设项目奖励；海绵城市建设项目优秀规划设计奖励；海绵城市建设项目优秀施工奖励；海绵城市建设项目优秀监理奖励；海绵城市建设优秀研究成果奖励；海绵城市研究机构（平台）设立奖励；PPP 建设项目社会资本方前期研究方案奖励。

当前众多园区都开展了"海绵园区"的设计尝试，包括：①多级雨水收集和排放设备，通过建立因地制宜的调蓄设施增加场地蓄水空间，在降雨时蓄水，在旱季释放水分，也增强园区的防汛抗洪能力；②雨水花园，通过植物、沙土的

---

① 深圳政府在线，http：//www.sz.gov.cn/zfgb/2019/gb1088/content/mpost_4997608.html。

综合作用使雨水得到净化，用于汇聚并吸收来自屋顶或地面的雨水，进行收集与回收利用；③下凹绿地，通过控制汇水区域雨水径流量，减少排入雨水管网的雨水总量；④入渗沟，汇聚并净化雨水，部分雨水自然下渗涵养地下水源，其他可进入园区水路径管道进行收集。将上述雨水排放系统、种植系统、铺装系统结合，逐步形成较完善的"海绵园区"体系。

案例：中关村软件园"海绵园区"生态建设升级

以往一旦遇到夏季的强降雨天气，中关村产业园的园区排水系统承受的压力将倍增。成为困扰园区的一个大问题，经过历时 10 个月的调研考察和 4 个月的施工建设，中关村产业园公司在园区中正式启用新的海绵设施。其中体积最大的海绵设施就是调蓄池，它主体结构长约 43m、宽约 18m、高约 4m，调蓄容积达到 2500m³。它能在园区排水系统达到饱和的时候将雨水储存起来，是减轻强降雨时排水压力的大功臣。它最大的亮点就在于溢流墙的设计，当降雨量较小、中关村软件园原有的排水系统可以负担时，溢流墙可以阻止雨水进入到调蓄池中，防止倒灌，达到资源的有效合理利用。当降雨量较大、园区内原有的排水系统达到饱和时，雨水水位高于溢流墙墙顶进入调蓄池内储存起来，达到减轻园区排水压力、减少路面积水的作用，实现海绵蓄排。同时，整套的调蓄池系统自动化程度高，可以和中关村软件园监控联网，方便实时地了解调蓄池各部分的工作情况以及雨量和水位的情况，利用大数据技术，未来可以对园区内的积水情况进行预测和预警，为智慧园区的建设添一分力量。

---

3. 低碳化的无废园区

2019 年 5 月，国家生态环境部发布《"无废城市"建设试点工作方案》，并会同国家发展改革委、工业和信息化部、财政部等 11 个部门筛选确定了广东省深圳市、内蒙古自治区包头市、安徽省铜陵市、山东省威海市、重庆市（主城区）、浙江省绍兴市、海南省三亚市、河南省许昌市、江苏省徐州市、辽宁省盘锦市、青海省西宁市 11 个城市作为"无废城市"建设试点。同时，将河北雄安新区（新区代表）、北京经济技术开发区（开发区代表）、中新天津生态城（国际合作代表）、福建省光泽县（县级代表）、江西省瑞金市（县级市代表）作为特例，参照"无废城市"建设试点，一并推动相关工作，形成"11＋5"试点城市和地区"无废城市"建设。

产业园区是工业固体废物的主要来源之一，也是未来持续推进固体废物源头减量和资源化利用、控制固体废物贮存处置总量趋零增长的主战场。园区通过推进企业清洁生产审核、园区循环化改造、绿色园区创建、绿色设计产品等工作整体性推动"无废园区"建设。在当前的趋势下，园区无废化将成为园区的重要特征，本书认为对于园区经营者、地方政府今后需进一步加强顶层设计与整体方案建设、加强过程的精细化监管及先进技术与设施应用等。以北京经济技术开发区作为开发区代表，2019年9月，《北京经济技术开发区"无废城市"建设试点实施方案》顺利通过了生态环境部评审会。与会专家一致同意《实施方案》通过评审，经开区仅用4个月成为全国无废城市试点中首家通过实施方案的试点城市。

案例：北京经济技术开发区无废城市（园区）建设领跑全国

北京经济技术开发区对试点任务进行了细化分类，在全面分析经开区区域的基本情况和生态环境及固体废物管理现状的基础上，确定了建设试点总体目标和建设指标体系。

总体建设目标：力争到2020年，建立起"无废城市"建设综合管理制度和技术体系，形成具有产业特色可复制、可推广的"无废城市"建设试点的开发区示范模式；到2025年，经开区"无废城市"建设模式在"亦庄新城"范围内全面铺开，初步实现园区趋零排放。

试点重点任务包括："促进园区绿色发展，打造绿色经济新坐标；推动工业高质量发展，实现工业固体废物精细化管理；创新危险废物管理机制，提升综合利用水平；践行绿色生活，推动生活垃圾强制分类。"

（二）智慧便捷

园区智能化建设已成必然发展趋势，园区建设者及运营方利用新一代信息与通信技术来感知、监测、分析、控制、整合园区重要资源，在此基础上对各种需求做出智慧化响应。在园区智慧化运营过程中，形成涉及多种技术、应用于多个领域、服务于多个对象的多维立体的综合管理系统。一般来说，可概括为硬件方面的智慧化与软件方面的智慧化。

1. 硬件设施智能化

以"新基建"为引领①，无论新建园区建设或园区更新改造中都十分注重硬件设施的智能化升级改造。从园区建造施工环节角度，打造地上智慧楼宇、智能工厂、地下综合管廊，特别是 BIM 技术在智慧楼宇与园区方面的广泛应用，可对建筑物内的设备进行自动控制和管理并对园区内人员提供信息和通信服务。

从园区资产管理角度，通过各种自动化技术，特别是物联网技术的应用，将园区的各类基础设施逐渐升级为智能设备，而非智能设备也可通过物联网模块和传感器设备的植入实现智慧化远程监控，实现智慧安防、智慧消防、智慧云梯、智能配电室、智慧给排水、智慧照明、智慧空调、智慧供热，实现园区设施的联通智慧管理。

案例：亦庄城市服务集团设备设施智能化建设

通过加装感应设备，实时获取各系统设备运行状态，实现运行状态实时监控，故障提前告警等功能，减少部分人工工作，提高工作效率，包括配电、空调、消防、电梯、给排水、照明、安防七个子系统（见图 2-5），可实现自动抄表、故障预警、运行状态监控等功能。

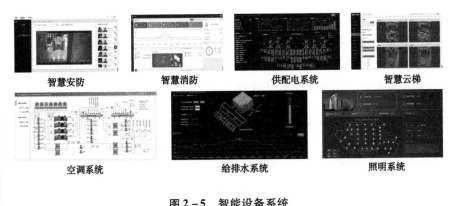

图 2-5　智能设备系统

---

①　2020 年 3 月 4 日召开的中共中央政治局常务委员会会议提出"加快 5G 网络、数据中心等新型基础设施建设进度"后，"新基建"更是成为许多人关注的热词。

建设 IDC 机房，机房设有 13 台应用服务器，2 台存储服务器，计算资源利用率为 90.2%。为提升公司数据容灾能力，为平台建设提供强有力的硬件保障，拟建立公司专属 IDC 机房，打造公司"私有云"空间（见图 2 - 6）。

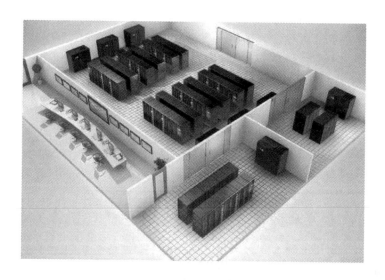

图 2 - 6　IDC 机房

2. 软件服务智慧化

随着信息化技术的快速发展，如何利用好信息化技术支撑园区的发展战略、如何满足园区内企业智能化发展需求、如何进一步提升园区的管理效率，即实现园区软件建设智慧化，是目前产业园发展中普遍考虑的问题。各类产业园以新一代信息技术与智慧应用为支撑，搭建信息化管理平台，全面整合园区内外资源，实现园区基础设施、资源利用、公共管理、公共服务智能化与便捷化，促进园区发展向产业集聚型、智慧、生态绿色型转变。本书认为，软件服务智慧化建设具体体现在以下四个方面：

（1）园区服务智能化。

在园区提供园区导览、智能办公、停车管理、电子商务等多类信息为一体的综合管理应用系统，全面提升园区的竞争力，方便园区企业享受智能化的服务。

（2）招商管理可视化。

对园区各项招商工作从项目规划到项目完成后的各项绩效进行全面展现与监控，一键查看多个园区楼宇、厂房整体数据，将政策信息、产业信息、科技金融信息进行动态化展示，节约招商引资的沟通成本，有效提升园区对企业的吸引力。

（3）楼宇管理整合化。

对园区楼宇、厂房等建筑结构及设备位置进行真实展现，并可集成能耗指标、设备状态参数、楼控系统、监控系统等楼宇各项数据信息，进行整合综合监控预警，帮助管理者清晰直观地掌握园区运行状态。

（4）物业安防集成化。

通过平台集成视频监控系统、电子巡更系统、消防系统等园区安全防范管理系统数据，对所有摄像头、消防设备、巡更路线进行可视化展现，实现基于"安防一张图"的日常监控管理及应急处理。

案例：亦庄城市服务集团运营调度中心智慧化平台

亦庄城市服务集团依托设备设施物联网，实现独立系统之间的数据互联互通，实现"一张屏"集中管理多个园区的综合运营状态，构建资产智慧运营体系与智慧运维应用场景，实现设备运行状态监控、运行参数自动调节、运行故障提前告警等功能，降低系统运营成本，提高工作效率，进一步保障园区运营安全，为智慧服务平台构建底层感知网络。

建设物业服务系统，实现合同管理、客户服务、仓库管理等各项业务上线运营，以业务流程为核心，规范业务流程，基本实现人、财、物的智慧化管控。建立房产档案、仪表档案、客户档案、员工档案等信息，初步构建基础信息资源池；开发微信公众号，实现报修、缴费、开票等物业基础功能，初步打造线上统一"门户"。目前已在35个园区开展试运行工作。

开发资产经营系统，包括招商管理、房态管理等六项业务功能。开通微信公众号，实现房态、服务的对外展示；对园区主导产业分布进行汇集统计，明确园区特色产业定位，为打造开发区主导产业集群发展奠定数据根基。目前已实现14个园区的推广应用（见图2-7）。

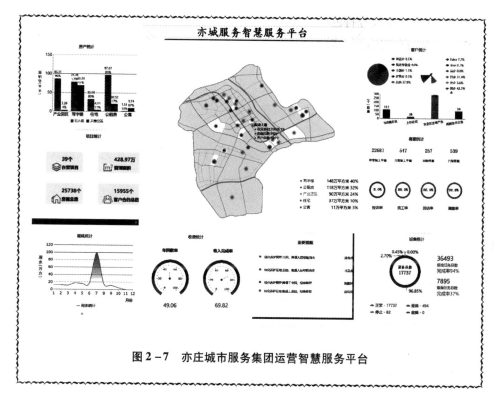

图 2 - 7 亦庄城市服务集团运营智慧服务平台

此外，园区还积极开发各类财务、信息收集、餐饮娱乐 App 软件、小程序，通过"SaaS + 轻服务"技术实现信息系统共享，实现园区智慧化服务的对外辐射。

案例：融易算应用软件推动园区企业财税数字化升级

融易算创立于 2018 年，是专注于企业服务领域的 SaaS 云服务提供商，针对中小微企业缺乏专业会计，代记账不规范、税筹难等痛点，通过系统一站式解决企业注册、财税代理、申报等日常工作，降低企业成本，节省人力，提高效率，并提供财税服务专家解读、税收筹划等项目服务。

（三）特色主题

围绕主导产业，打造特色主题园区，形成一个产业集聚的平台，是当前园区经济比较明显呈现出来的特征，各地园区通过优化集群技术、人才、资本、土地等要素配置，形成优势特色产业集群发展，推动集群产业链、供应链的地市分工协同，促进集群价值链整体跃升。例如，张江药谷、上海机器人产业园、中关村大数据产业园等特色园区。

1. 明确主题定位

明晰的产业定位对园区经济的成功发展至关重要，也是特色主题园区首要思考的内容，总体来说明确主题定位可分为以下五步：

（1）通过产业发展趋势、园区发展趋势、创新发展趋势研究，进行园区开发建设、产业发展初步研判。

（2）结合国家、地方的相关规划、政府政策，进行进一步筛选。

（3）通过发展优势、竞品分析、资产情况、招商资源、科技创新等分析，确定园区产业定位。

（4）通过对初步定位产业的GDP、产值、税收、就业等方面数据进行统计分析，确定园区主导产业。

（5）通过对主导产业的产业链、价值链进行详细分析，确定具体产业细分领域。

2. 产业链上下联动

特色主题园区围绕主导产业构建产业链，将一系列位于同一产业链上不同位置，担任不同产业分工的企业整合到同一园区内，形成关联协作的特色主题产业的集聚体，产生产业链的联动。特色主题园区通过产业链的联动，降低上下游交易成本和提高企业间合作效率，增加园区企业生产各环节的利润和价值。

案例：上海国际汽车城

上海国际汽车城位于安亭地区，占地89平方千米，是上海四大产业基地之一，内含汽车创新港产业园区、新能源汽车关键零部件园区、同济科技园区等重要园区，是集制造、研发、贸易、博览、运动、旅游等多功能于一体的综合性汽车产业基地。

其中，汽车创新港园区打造汽车产业全业态。自建成开园以来，已有蔚来汽车、上汽阿里、长城汽车、保时捷工程技术等近百家高新技术企业和创业团队入驻，形成了创业公司孵化、加速、制造基地的产业布局（见图2-8）。

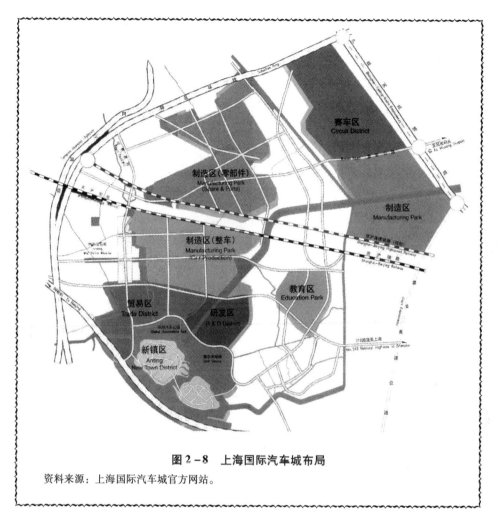

图 2 - 8 上海国际汽车城布局

资料来源：上海国际汽车城官方网站。

3. 精品与定制化发展

不同产业往往有自身生产运营需求，如生物医药产业需中试实验室、试剂仓库，装备制造业的大型设备对厂房有特殊建设要求，文化产业需更多的创意空间等。因此，进行量体裁衣式的定制厂房建设与配置需求进而产生。特色园区的精品与定制化路线，就是改变传统制式厂房模式，从建设规划阶段就有定向企业引入，提前对地块的建筑布局、配套设施、周边环境、产业准入等详尽解读，省去企业对厂房二次改造的建设，能够使定向企业对园区区位、周边环境等有更直观的了解。同时，定制化厂房可与预招商相结合，实现"一步到位"，吸引优质企业进驻，破解企业需求与产业空间不匹配的难题。因此，定制化厂房模式未来将有重大发展空间。

（四）开放共享

园区内也是一种社会生态。所谓开放是指园区的边界、园区的资源是对外开放的，共享是指园区内的各项服务不仅面向园区内企业和员工，也向周边的园区、社区等进行辐射。总体来看，就是在自然生态的基础上，为入驻企业和人员提供智能设施、便捷服务，以及研发创新环境和休闲娱乐设施，打造自然生态、产业业态、空间形态相互包容、交叉融合、开放共享的园区。同时，入驻企业和人员在园区能够享受政策、合作、资源等全要素的平台式开放共享。

1. 资源共享

资源共享是现代产业园高效运作的重要手段，也是园区向资源节约和环境友好发展的重要举措。从产业生产方面，通过在园区间，园区内优势互补、资源共享，形成"伙伴园区"关系，实现资源的"隔墙供应"，即实现同产业链企业长期、稳定、近距离的"管道式"销售供应。通过园区的"隔墙供应"，保证下游生产企业的原料供应，减少运输费用、贮存费用、营销费用等。

从惠及周边方面，通过与企业、城市各相关信息系统的资源共享联通，为城市、园区、企业运营做好统计分析、监测预警、循环经济、战略发展等决策服务，通过加强环境保护、风险防控与事故应急响应能力，促进园区更通畅地和周边社会、社区连接，为提升园区周边区域的综合管理能力和监控与应急处置能力提供支撑。

案例：《苏州市研发资源开放共享服务补助实施细则》（部分）

2019年1月4日，苏州市科学技术局印发《苏州市研发资源开放共享服务补助实施细则》，推进研发资源开放共享，提高研发资源利用效率。

科学仪器设备为大型科学装置、科学仪器中心、科学仪器服务单元和单台（套）原值在20万元及以上的科研设施和仪器，主要分布在高校、科研院所、新型研发机构和各类重点实验室、工程（技术）研究中心、公共技术服务平台等研究实验基地。市级财政出资新购、新建的科学仪器设备，其拥有单位应当在完成安装、调试和验收使用之日起3个月内，将仪器设施相关信息上传至"市研发资源共享服务平台"，向社会开放共享。

---

2. 服务共享

随着产业的集聚发展，产业园区封闭和独立发展的个体，产业园区中的要素与外界不断加强联系和融合，不断补充生活、生态功能，实现服务开放共享。

近年来，园区服务开放共享的明显体现是产业园区向"产业社区"转型。"产业社区"主要强调的是园区多元服务功能的深化开发，由单一的生产型园区向涵盖生产、居住、商业、文化娱乐、休闲、景观绿化等功能一体化载体，城市综合体经济集聚转型，为生产者提供宜居宜业的社区环境。

案例：杭州高新区（滨江）物联网产业社区

杭州高新区（滨江）物联网产业社区位于滨江物联网小镇核心区，北至江南大道，南至联慧街，西至共联路，东至西兴路，以智慧e谷为核心，由聚光科技、芯图科技、和仁科技、海康威视、诚高大厦等产业板块组成。产业社区拥有公共服务、生活服务与商务服务三大功能布局，引入和培育常青树公益服务中心、衣来衣往生活服务中心、碧兰朵大咖俱乐部、福馥创意烘焙体验中心、滨江茶艺协会等社会组织，涵盖社区公共服务站、就业创业服务中心、企业e家、四点半课堂、嵌入式幼儿园、JAVA咖啡、FUFO甜点、依佰洗衣、健康小屋、壹点灵心理咨询十大亮点服务功能。

为物联网小镇企业和小镇居民量身打造的商事生活服务"一站式"平台"IOT HOME＋"App上线，为小镇居民提供八大社区服务，涵盖健康小屋、公共出行、会议室预约、咖啡甜点、心灵驿站等"一站式"生活服务功能。

（五）管理协同

园区管理涉及产权方、运营方、外包方、社区街道、政府部门等各方，围绕园区的主导产业招商、运营服务、商业配套、城市服务功能等系统繁多的事务，需进行有效的协同管理，加强各方的沟通协助，采用更丰富的管理手段，包括制定明确的管理指标、利用先进信息技术管理手段等。

1. 沟通机制畅通

园区网络涉及相关主体较多，包括运营方、政府、企业、中介、高新、科研机构、社会组织等，需定期加强多方间的交流对话，建立有效的沟通联动机制，无论是政府主导的调研考察、大型论坛，还是园区运营方主导的针对园区企业多形式的交流联谊活动，都有效地帮助各主体间传递政策、对接资源，搭建桥梁纽带。未来随着地方政府对产业经济发展的需求增大、园区多元增值服务的发展及互联网带来的沟通的便捷性与场景的多样性，本书认为，今后如何拓展园区经济各主体间的交流渠道将成为政府产业政策实施、园区运营方服务内容扩充、园区企业对接资源所要思考的重要方向。

2. 量化管理指标

在管理协调过程中可进行有效量化，明确的 KPI（Key Performance Indicator）将让目标方向更明确，管理更顺手。因此，无论是标准化园区、生态绿色园区还是智慧化园区营造者都试图构建有效的园区运营管理指标体系，监控、分析、预测关键指标，用于在实践中检验园区运营效果，管理指标可包括园区综合指标、发展指标，对所在区域贡献指标、运营管理指标、绿色环保指标、创新指标等。表 2-6 为某园区运营管理评价指标体系。

表 2-6　某园区运营管理评价指标体系

大类（占比）	指标	权重
综合能力 （30%）	工业总产值（万元）	6%
	进出口总额（万美元）	6%
	实际利用外资额（万美元）	6%
	固定资产投资额（万元）	6%
	开发区建成面积（亩）	6%
发展能力 （30%）	产业集聚度（%）	5%
	经济密度（万元/亩）	5%
	土地投资额（万元/亩）	5%
	土地利润额（万元/亩）	5%
	土地税收额（万元/亩）	5%
	政策优势（赋值）	5%
创新能力 （20%）	高新技术产业产值占比（%）	5%
	新产品产值占比（%）	5%
	R&D 经费支出在主营收入占比（%）	5%
	研究人员占比（%）	5%
生态环保能力 （20%）	工业总产值能耗（吨/万元）	5%
	工业总产值水耗（吨/万元）	5%
	工业总产值电耗（千瓦时/万元）	5%
	工业总产值危险废物生产量（吨/万元）	5%

3. 运用先进信息技术手段

随着智慧化园区的发展，越来越多的园区运用物联网、大数据、云计算、人工智能、AR/VR、GIS、BIM 等先进信息技术等技术手段，部署应用线上综合管理平台，来感知、监测、分析、控制、整合园区各个关键环节的资源，提供管理、服务、招商等一系列应用，满足园区各方的不同需求，提高管理效率，掌握园区运营状态，为政府、客户及内部管理提供信息服务，实现高效协同管理。目前，比较成熟的园区的智慧化管理技术应用手段包括：

（1）园区大数据支撑技术应用。

大数据是智慧园区管理的后台技术支撑，通过大数据分析与应用支撑平台对大量聚集的数据进行深层分析，再将结果由数据共享与发布子系统向园区各类子系统进行分发。

（2）园区管理支撑技术应用。

将园区所有信息化子系统进行全面融合，基于三维仿真技术以及 CIM 体系，采取一张图模式、轻量化模型与物联网技术，打造数字孪生型智慧园区综合管理平台。通过园区感知、联动警告、事件管理、应急处置、态势感知、模态识别，成为园区强大的中台中央处理器。

（3）园区服务支撑体系应用。

在园区前台的服务应用上，需要根据园区自身的产业特点和服务需求，以导航服务为主线，通过移动端应用，将虚拟景观、体验交互、流量调度、设施引导、基础服务等板块有机结合在一起，提升园区整体管理协同效果。

（六）产城融合

随着园区的演化和发展，大量城市要素和生产活动在园区内并存聚集，园区承载的功能更加丰富，园区的发展路径将会向着城市的概念延伸，园区的功能内涵也将逐步与城市功能内涵一致，产城融合是园区经济发展的大势所趋。产业园区通常在经历生产聚集、产业主导、产业完善三个发展阶段后，过渡到产业与城市相互促进、良性互动的协同发展状态，也就是产城融合阶段。

1. 三生融合

"三生"是指园区的生产系统、生活系统、生态系统，三者的状态客观、直接地反映了园区的发展绩效和水平。[1] 生产系统包括研发、孵化、加工等生产性

---

[1] 孔亚暐，于童，张晓峰. 产业园创新设计 [M]. 北京：中国建筑工业出版社，2018.

服务，生活指的是物质生活与精神状态，生态指自然生态和社会生态。三生融合指的是生产、生活、生态融合。

（1）生产系统。

生产系统中的生产性服务贯穿于企业运行的各个环节，主要包含办公空间、产业链配套空间以及行政、金融、商贸、物流、管理、会展、教育、培训等生产性服务空间。实体空间包含研发办公、中试生产和生产/生活配套三大部分。

（2）生活系统。

居住生活主要包括为园区工作人员提供的宿舍、公寓、住宅等居住空间，以及居住生活所必需的室内外环境及相关生活设施。生活配套指向园区或周边城市人群提供的餐饮、购物、健身、娱乐等需求的功能，不同区域级别内的生活配套服务设施不同。在完善城市配套功能的同时，生活配套设施为园区和城市创造了非正式交流场所。非正式交流空间促进了办公人员的相互沟通，极大地推动了新知识与新技术在整个园区之中的扩散和发展。

（3）生态系统。

包括自然生态和社会生态两方面。自然生态包含绿地、山林、水系等景观要素。社会生态指园区为人们提供的创新氛围、文化氛围等人文环境。园区推行绿色规划理念，通过建设道路交通、绿地、水系，以及绿道、湿地、雨水花园等绿色基础设施，为园区从业人员提供舒适的研发创新、信息交流社交、休闲娱乐环境，为园区产业发展提供更多的机会。

2. 三态融合

"三态"指的是产业业态、空间形态与自然生态，三者相互包容、交叉融合，能够有效激发园区活力，促进产业创新，提升园区产值。

（1）产业业态。

伴随着我国加快实施创新发展战略，战略性新兴产业快速崛起，新技术的应用衍生出大量的新兴产业业态，成为推动经济增长的新引擎。新兴业态通常具有产业关联度高、带动性能强的特征，能有效地促进产业汇集、增强产业活力、促进经济增长。

（2）空间形态。

园区作为承接产业的平台，其载体的空间形态受到产业业态的影响。新兴产业业态倚重创新驱动发展，在产业、产品不断创新的推动下，产业运营模式也在不断转变，生产、消费、交易等市场流通环节均发生变革，产业业态对其载体的形式及品质都提出了更高的要求，不同产业业态需要的空间形态复杂多样。

（3）自然生态。

园区的自然生态状况是园区品质的直观展现。随着产业业态转变，大量高素质人才和高效益企业向园区汇集，这些群体对自然生态环境均有更高的需求，自然生态通过多种多样的形式与园区空间形态有机融合，成为园区从业人员提升工作效率、缓解工作压力、增强创新活力的有效手段。

产城融合的提出是应对产业功能转型、城市综合功能提出的必然要求，也体现了城市规划由功能主导向回归人本主义导向的趋势，由注重功能分区、注重产业结构，转向关注融合发展、关注人的能动性、关注创新发展的转型。

四、园区经济体系

园区是一个复杂的产业系统，通过内部之间或内部与外界进行技术、信息、价值等资源的交换，构建协调的空间体系，为产业业态的发展提供有利的外部环境，推动园区内的生产系统、生活系统及生态系统的有机融合。打造产业链条，推动产业协同发展。构建特色产业服务体系，丰富运营服务体系，营造创新氛围，促进产业创新发展，打造集空间、产业、共享、创新、服务五大体系的园区经济生态。

（一）空间体系

依托园区空间布局，实现"生态圈、生产圈、生活圈"协调的空间体系。

1. 生态圈

自然生态不仅局限于绿地、水面等集中、开敞的空间，还可通过将绿化系统、海绵城市、无废城市等理念和功能设计融入园区建设，实现与园区空间的有机融合，打造休闲绿地、公共水系、开放场地、景观廊道等自然生态节点。

2. 生产圈

围绕研发设计、中试生产、加工制造、物流、销售等产业链环节，打造符合不同类型、不同规模以及符合企业生命周期的空间形态，从内容上包括办公空间、产业链配套空间以及金融、商贸、信息、教育、培训等生产性服务空间。

3. 生活圈

一是居住生活，为园区工作人员提供宿舍、公寓、住宅等居住空间；二是生活配套，为服务人群提供的休闲、娱乐、餐饮、商业等相关服务设施配套空间。

良好的产业空间布局、完善的生活配套空间以及丰富的生态自然景观，三者相互交融、缺一不可，共同构成园区经济的空间结构体系。图2-9至图2-11展示了武汉光谷园区的空间体系。

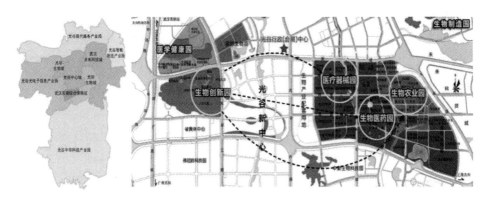

图2-9 武汉光谷八大园区（左），"大园套小园"以及创新空间的
三级跳模式：诞生—孵化—成熟（右）

资料来源：武汉生物城官网。

图2-10 武汉光谷生物创新园的园区社区化模式

资料来源：同图2-9。

图 2 – 11　武汉光谷生物城生命健康园示意图

资料来源：同图 2 – 9。

（二）产业体系

采用科学合理的方法，构建主导产业、关联产业和配套服务业合理组合发展的产业体系。以区域集中、产业集群、开发集约为方向，引导不同区域的专业化产业集聚，带动研究创新力量和服务体系集聚，促进产业上下游和协作关联企业，通过共享、匹配、融合形成若干微观生态链，集成构建产业生态圈。

园区产业体系一是产业链上下游集聚，二是产业链同一环节集聚。同时，随着信息数据的发展，产业融合创新加速，生产性服务业和必要的生活性服务业对园区经济不可或缺。

以生命健康产业为例，在园区既可以是围绕研发、智造、营销等产业链环节及相关的医疗服务，进行产业集聚；也可以围绕某一细分环节，如研发，集聚中医药、化学药、生物药的研发企业。生命健康产业链及细分领域如图 2 – 12 所示。

（三）共享体系

波特认为，共享能带来竞争优势，但其协同效应并非由技术或企业规模决定，产业相关性以及源于共同利益的相互依附的组织结构才是根本条件。

从产业层面，结合产业链环节及产业特征，合理配备生产空间、生产配套空间及生活空间，促使空间配置、组织方式能够更有利于激发园区活力。

从园区层面，合理定位产业组合，并确保互相关联的产业组织在空间规划上合理布局。

从区域/城市层级，园区的产业与周边的产业连接，园区的空间与周边的空

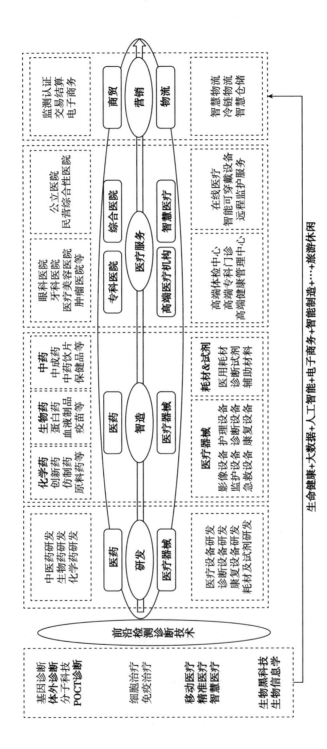

图2-12 生命健康产业链及细分领域

间联通，实现产业内、产业间、园区与城市间信息、资本、技术等资源的高效链接（见图2－13）。

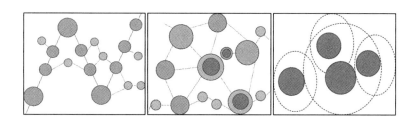

图2－13 产业内、产业间、园区间资源高效链接

（四）创新体系

产业创新已成为产业发展的核心，产业园区的产业创新包含两个层次：一是园区企业的创新要素投入；二是园区运营商自身的创新发展，通过自建、引入或并购孵化器打造良好的创新氛围，通过提供创新服务、引入创新资源，实现产业创新发展。围绕创新型企业，打造企业"种子前期—种子期—初创期—高成长期—发展成熟期"的全方位科技创新体系（见表2－7）。

表2－7 科技型中小企业技术创新政策的分解

发展期间	种子前期	种子期	初创期	成长早期	高成长期	发展成熟期
目标	商业计划书	产品原型	产品定型	获得利润	规模生产	建立优势
核心任务	商业价值论证 技术可行性论证	技术研发	产品设计 生产可行性验证	生产投入 销售产品	开拓市场 扩大生产	多元化创新 产业技术创新
关键问题	启动资金 信息收集	研发经费 技术力量	中试经费 信息调研	生产资金 资金回流	技术改进 组织创新	多元化创新 产业技术创新
政策措施	无偿小额资助 信息支持	研发资助 吸引天使投资 研发联盟 专家辅助	研发资助 吸引风险投资 专家辅助 信息平台	贷款担保 票据贴现	专家辅助 信息平台 国际市场拓展	科学计划 产业集群支持

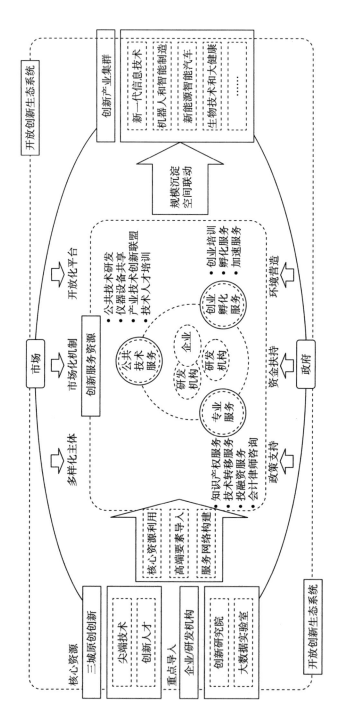

图 2-14　打造园区开放创新生态系统

以北京经济技术开发区为例，从园区运营角度，一方面是综合运用各种政策鼓励园区内企业加强自身科技创新，增强内生驱动；另一方面是通过园区搭建的信息交互平台、技术共享平台、创新孵化平台等，汇聚区域内创新要素，打造孵化器、加速器及众创空间等多种创新模式并存的创新体系，充分满足企业对空间、管理、服务、合作等多方面个性化需求的新型空间载体和服务网络（见图2－14）。

（五）服务体系

在生态圈、生产圈和生活圈协调的空间体系，产业体系、共享体系、创新体系共同作用，就会衍生出一个覆盖园区经济发展的巨大服务需求体系。

1. 围绕生产与生活

生产性服务贯穿于企业运行的各个环节，园区服务功能更趋向于产业、文化、资本、研发、创业等全要素服务。其分为基础服务和增值服务两大板块，主要包括办公空间、产业链配套空间以及科技、金融、数据、创意、商贸、物流、管理、会展、教育、培训、行政等生产性服务（见图2－15）。

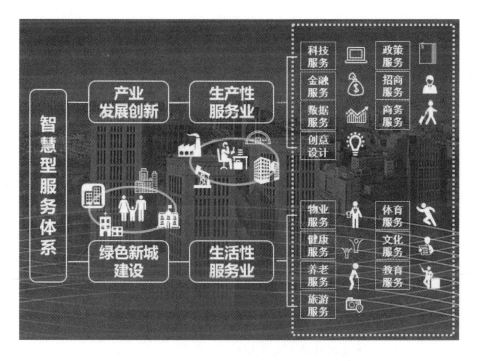

图2－15　围绕生态、生活、生产的园区服务体系

生活性服务是面向园区人群的餐饮、购物、健身等需求而提供的服务，主要包括物业服务、健康服务、养老服务、旅游服务、体育服务、宠物服务、教育服务等。

2. 运营角度

与传统的产业园区通过出租和出售物理空间不同，园区的运营逐步被内生孵化与外部招商共同驱动代替，服务平台的品质成为衡量园区优劣的重要标准。围绕生产、生活、生态，实现供给方、需求方和平台方互联互通，为企业及个体提供更高品质的成长环境，打造园区服务体系（见图2-16）。

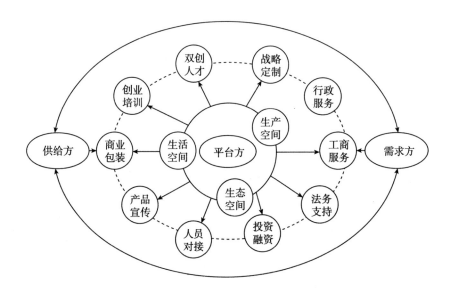

图2-16　供给方、平台方、需求方互联互通的服务体系

五、园区经济思路

（一）理论阐释

1. 分工理论下产业园区的产生及作用

从亚当·斯密关于"分工是经济增长的源泉"的论述开始，关于分工的研究一直长盛不衰。结合古典经济学、新古典经济学和新兴古典经济学的各种理论和思想来看，产业园区作为一种企业集聚区和社会经济组织，从空间聚集看，园区具有报酬递增效应①；从组织演化角度看，园区作为一种组织创新对交易效率有改进②，从动态演进角度看，园区内生与分工自发演进加速自身转型与专业化水平提高③（见图 2 – 17）。

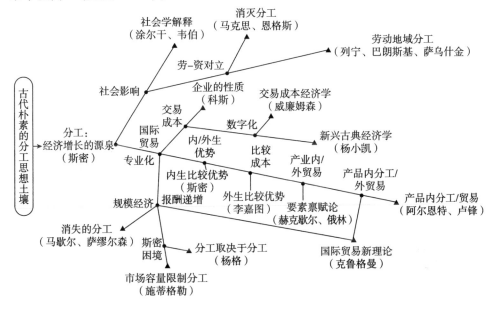

图 2 – 17　分工理论演进框架

资料来源：根据理论发展脉络梳理。

2. 新经济地理学派"中心—外围"模型

克鲁格曼新经济地理模型产生于 20 世纪 90 年代，主要围绕经济活动的空间聚集来进行研究。通俗来讲，产业集中的同时也能为劳动力提供较为广阔的就业空间，通过信息的溢出效应，经济活动的区域集中则创造出纯外部经济性。随着要素的集聚，在一个区域必然形成要素中心，具备较强的吸收信息、资本、人才

---

① 一方面是将社会经济的各项活动在城市空间中集聚，使专业化的生产与服务具有更为广阔的市场容量，从而推动新技术与新的分工组织形式被不断地应用；另一方面，空间集聚能够使得分工在深化过程中产生大量交易行为，带来交易费用的降低。

② 园区作为一种组织创新，实际上替代了传统政府直接面向企业的交易模式，内化了众多的决策环节，从而成为一种更有效率的市场组织形式。

③ 这种转型是多尺度的分工演进的叠加，包括产业、空间、社会、体制等。

的能力，通过规模经济作用于外围，形成要素中心—产业园区—外围辐射区的区域发展模式（见图2-18）。

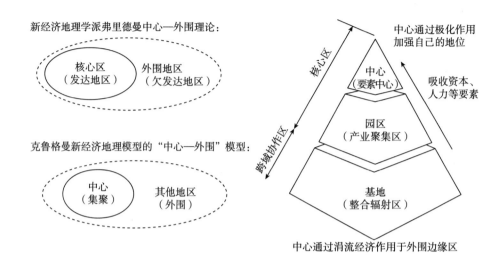

图2-18 "中心—外围"模型下产业园区与周边组织关系

3. 空间增长极理论

由法国经济学家帕鲁（Francois Petrous，1955）提出、保德咸尔（J. Boudeville，1966）等引申的空间增长极理论强调，在区域内投资建立（或嵌入）推动型产业之后，具有推动型的主导产业及其关联产业在地理空间上集聚而形成的经济中心（增长极），经济的增长首先发生在增长极上，进而通过乘数效应而带动区域内其他产业的发展，从而促使周围其他区域经济的增长。因此，经济集聚和城市化发展，不仅可以是内生地、自然地发生，也可以是外生地、人为地促成增长极理论是开发区与城市化关系的内在机理。根据以上脉络，园区可以成为增长极，带动其周围区域的经济发展，开发区的产业发展，可以带来就业、居住和相关的第三产业，对政府财税的贡献，也能够促成政府对交通等基础设施的投资建设。园区发展对城市的空间规模、形态以及空间增长方式、产业空间结构、人口与社会空间结构、各功能区段之间的关系、城市化与郊区化进程等方面都有正向的影响效应，从而可催化带动都市区域的空间重构。

4. 产业梯度转移理论

产业梯度转移理论源于美国哈佛大学教授雷蒙德·弗龙在《产品周期中的国际投资与国际贸易》一文中提出的工业生产的产品生命周期理论，即工业各部门及各种工业产品都处于生命周期的不同发展阶段,分为创新、发展、成熟和衰退四个阶段。区域经济学家将这一理论引入研究领域,产生区域经济发展的梯度转移理论,其核心观点是区域产业结构对当地经济发展具有决定性作用,进一步演变成产业梯度转移理论(见图 2-19)。

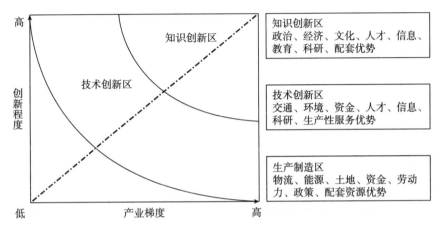

图 2-19　产业梯度转移理论模型

产业梯度转移理论认为,区域产业结构决定着当地经济发展,而地区产业经济现状,特别是主导产业所处生命周期阶段决定着区域的产业结构,因此产业梯度转移的本质是主导产业所处生命周期阶段不同而形成的区域产业转移。

如果一个区域的主导产业主要由处于创新阶段的产业组成,表明该区域具有良好的发展潜力,因为该区域划为高梯度区域。创新活动多发生在高梯度区域,是决定区域产业发展的核心要素。该理论认为任何区域可分为知识创新区、技术创新区和生产制造区。知识创新区由于具备政治、经济、文化、人才、信息、教育、科研和配套等优势,因此通常认为它是创新程度高、产业梯度高的区域。

(二) 发展思路

结合上文对产业趋势、创新趋势、园区趋势的分析以及对园区经济内涵、特征、体系和相关理论研究,本书认为,发展园区经济的最终目标是构建"平台、项目、产业园区和城市功能"四级孵化裂变模式,打造"产、学、研、创、展、商"创新共享的产业园区生态系统,从运营者角度实现向外输出模式和产品,获取合理的经济收益和社会效益。理想的产业园区生态系统如图 2-20 所示。

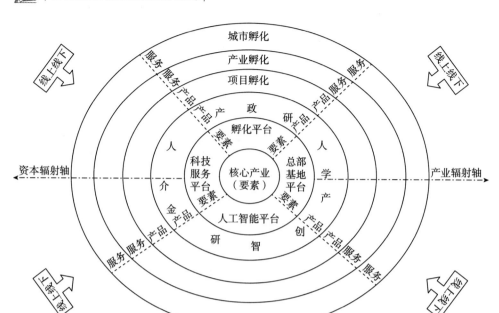

图 2 - 20　理想的产业园区生态系统示意图

第三章

园区经济重点建设任务

我国正处在转变发展方式、优化经济结构、转换增长动力，实现经济高质量发展的攻关期，建设现代化经济体系已经成为我国发展的战略目标。园区经济作为建设现代化经济体系的重要组成部分，其建设方向应当紧密围绕当前现代化经济体系建设的主要方向。结合党的十九大报告提出的"深化供给侧结构性改革"和"推进绿色发展"，生态园区、绿色园区、智慧园区、主题园区及开放园区是当前园区经济建设的重点方向。

一、生态园区

生态园区是以产业生态学和循环经济为理论基础，致力于推动园区生态链和生态网的建设，通过最大限度地优化与提高资源利用率，从源头上减少污染物排放量达到最低。仿照自然生态系统中物质循环方式，依据"回收—分类处理—再利用—设计—生产"的循环经济模式，使企业与企业之间形成资源共享和副产品互换的产业共生系统。生态园区通过理念革新、体制创新、机制创新，把工厂、企业、产业串联起来，打造可持续的服务体系，建立"生产者—消费者—分解者"的循环方式，实现物质闭环循环、能量多级利用、信息反馈，推动园区经济的协调健康发展。

我国生态工业园区有多种建设方式，包括自发组织、政府引导、市场催生等，其中国家生态工业示范园区是由国家环保部、商务部、科技部三部委联合推动，目前最具影响力和代表性。2001 年 8 月，贵港国家生态工业（制糖）示范园区作为我国第一个国家生态工业示范园区启动建设，这标志着我国对生态工业园区规划建设正式开启系统性探索。自 2001 年起，我国生态环境部、联合商务部、科技部，共分 44 批次批准成立 97 个国家生态工业示范园区（见表 3-1）。

表 3-1　全国国家生态工业示范园区名录

序号	名称	批准文号	批准时间	序号	名称	批准文号	批准时间
1	贵港国家生态工业（制糖）示范园区	环函〔2001〕170 号	2001 年 8 月 14 日	12	青岛新天地静脉产业园	环函〔2006〕347 号	2006 年 9 月 11 日
2	南海国家生态工业建设示范园区暨华南环保科技产业园	环函〔2001〕293 号	2001 年 11 月 29 日	13	福州经济技术开发区	环函〔2006〕417 号	2006 年 10 月 24 日
3	包头国家生态工业（铝业）建设示范园区	环函〔2003〕102 号	2003 年 4 月 18 日	14	绍兴袍江工业区	环函〔2006〕481 号	2006 年 12 月 4 日
4	长沙黄兴国家生态工业建设示范园区	环函〔2003〕115 号	2003 年 4 月 29 日	15	青岛高新区市北新产业园	环函〔2007〕166 号	2007 年 5 月 16 日
5	山东鲁北企业集团	环函〔2003〕324 号	2003 年 11 月 18 日	16	昆明高新技术产业开发区	环发〔2008〕75 号	2008 年 8 月 25 日
6	抚顺矿业集团有限责任公司	环函〔2004〕113 号	2004 年 4 月 26 日	17	萧山经济技术开发区	环发〔2009〕3 号	2009 年 1 月 7 日
7	大连经济技术开发区	环函〔2004〕114 号	2004 年 4 月 26 日	18	上海张江高科技园区	环发〔2010〕45 号	2010 年 4 月 1 日
8	贵阳市开阳磷煤化工（国家）生态工业示范基地	环函〔2004〕418 号	2004 年 11 月 22 日	19	南昌高新技术产业开发区		
9	郑州市上街区生态工业示范园区	环函〔2005〕144 号	2005 年 4 月 21 日	20	宁波经济技术开发区		
10	包头钢铁生态工业园	环函〔2005〕536 号	2005 年 12 月 8 日	21	温州经济技术开发区	环发〔2010〕104 号	2010 年 8 月 26 日
11	山西安泰集团	环函〔2006〕198 号	2006 年 5 月 18 日	22	西安高新技术产业开发区		

续表

序号	名称	批准文号	批准时间	序号	名称	批准文号	批准时间
23	合肥高新技术产业开发区	环发〔2010〕117号	2010年9月20日	39	徐州经济技术开发区	环发〔2012〕64号	2012年5月30日
24	重庆永川港桥工业园	环发〔2010〕129号	2010年11月4日	40	常熟经济技术开发区		
25	上海闵行经济技术开发区			41	常州国家高新技术产业开发区		
26	郑州经济技术开发区			42	广州南沙经济技术开发区		
27	合肥经济技术开发区			43	上海市北高新技术服务业园区	环发〔2012〕114号	2012年9月3日
28	东营经济技术开发区	环发〔2010〕149号	2010年12月25日	44	肇庆高新技术产业开发区		
29	南通经济技术开发区			45	天津港保税区暨空港经济区	环发〔2013〕24号	2013年2月6日
30	株洲高新技术产业开发区			46	沈阳高新技术产业开发区		
31	宁波国家高新技术产业开发区			47	吴江经济技术开发区		
32	太原经济技术开发区	环发〔2011〕46号	2011年4月2日	48	淮安经济技术开发区		
33	南昌经济技术开发区			49	青岛经济技术开发区	环发〔2013〕26号	2013年2月5日
34	长沙经济技术开发区			50	江苏省武进高新技术产业开发区		
35	武汉经济技术开发区	环发〔2011〕122号	2011年10月10日	51	长春经济技术开发区	环发〔2013〕41号	2013年4月9日
36	杭州经济技术开发区			52	长春汽车经济技术开发区		
37	贵阳经济技术开发区			53	江苏武进经济开发区		
38	南京高新技术产业开发区			54	南京江宁经济技术开发区	环发〔2013〕53号	2013年4月18日

序号	名称	批准文号	批准时间	序号	名称	批准文号	批准时间
55	盐城经济技术开发区	环发〔2013〕53 号	2013 年 4 月 18 日	69	上海市莘庄工业区国家生态工业示范园区	环发〔2010〕103 号	2010 年 8 月 26 日
56	连云港经济技术开发区			70	日照经济技术开发区国家生态工业示范园区		
57	广东东莞生态产业园区			71	昆山经济技术开发区国家生态工业示范园区	环发〔2010〕135 号	2010 年 11 月 29 日
58	浙江杭州湾上虞工业园区			72	张家港保税区暨扬子江国际化学工业园国家生态工业示范园区		
59	上海市青浦工业园区	环发〔2013〕158 号	2013 年 12 月 20 日	73	扬州经济技术开发区国家生态工业示范园区		
60	昆山高新技术产业开发区			74	上海金桥出口加工区国家生态工业示范园区	环发〔2011〕40 号	2011 年 4 月 2 日
61	赣州经济技术开发区			75	北京经济技术开发区国家生态工业示范园区	环发〔2011〕50 号	2011 年 4 月 25 日
62	乌鲁木齐经济技术开发区			76	广州开发区国家生态工业示范园区	环发〔2011〕144 号	2011 年 12 月 5 日
63	苏州工业园区国家生态工业示范园区	环发〔2008〕9 号	2008 年 3 月 31 日	77	南京经济技术开发区	环发〔2012〕35 号	2012 年 3 月 19 日
64	苏州高新技术产业开发区国家生态工业示范园区			78	天津滨海高新技术产业开发区华苑科技园国家生态工业示范园区	环发〔2012〕158 号	2012 年 12 月 26 日
65	天津经济技术开发区国家生态工业示范园区			79	上海漕河泾新兴技术开发区		
66	无锡新区国家生态工业示范园区	环发〔2010〕46 号	2010 年 4 月 1 日				
67	烟台经济技术开发区国家生态工业示范园区						
68	山东潍坊滨海经济开发区国家生态工业示范园区	环发〔2010〕47 号	2010 年 4 月 1 日				

续表

序号	名称	批准文号	批准时间	序号	名称	批准文号	批准时间
80	上海化学工业经济技术开发区			88	芜湖经济技术开发区		
81	山东阳谷祥光生态工业园区	环发〔2013〕25号	2013年2月6日	89	嘉兴港区		
82	临沂经济技术开发区			90	珠海高新技术产业开发区		
				91	潍坊经济开发区		
83	徐州经济技术开发区			92	山东鲁北企业集团	环科财〔2020〕70号	2020年12月21日
84	南京高新技术产业开发区			93	青岛经济技术开发区		
85	合肥高新技术产业开发区	环发〔2014〕145号	2014年10月11日	94	昆山高新技术产业开发区		
86	青岛高新技术产业开发区			95	昆明经济技术开发区		
87	青岛新天地静脉产业园			96	天津子牙经济技术开发区		
				97	贵阳经济技术开发区		

案例：贵港国家生态工业（制糖）示范园区

贵港国家生态工业（制糖）示范园区，处于贵港市中心城区，2001年8月经国家环保总局正式批准授牌，示范园区总规划面积为30.53平方千米，以电子信息、糖纸循环、能源、纺织服装为主导产业，配套发展物流业。目前主要形成三个核心片区，即西江产业区，主要布局电子信息、纺织服装产业；贵糖产业区，主要布局糖纸循环产业；热电循环经济产业区，主要布局热电联产、能源、造纸等产业。

贵港国家生态工业（制糖）示范园区是全国第一个批准设立的循环经济试点园区，首个国家生态工业示范园区。该园区已完善通水、通路、通电、通信等基础设施，先后建成8条共12.5千米的"四横四纵"园区道路、35万平方米的标准厂房、252套公租房和西江污水处理厂等。

（一）生态建设

产业园区作为人类不断追求"工作—居住—自然"三者和谐理想的一个空间产物，是人类的生活理想与科技文明交替衍生和发展的历程印在大地空间景观上的烙印。在生态园区建设与运营过程中，突出生态绿色发展理念，搭建生态产业园建设框架，加快园区内基础设施建设和环境污染治理，突出环境管理创新，使整个园区形成良性循环的生态系统。

园区在发展中应践行生态发展理念，发展高附加值、低污染、低能耗的绿色产业，打造自然与社会、生态与文化、智能与园林、科技与产业有机结合的生态园区。

1. 生态招商

当代的高新产业园不仅应该成为能够聚集并激发创造力的"硅谷"，更应该成为一个开发自由、生态环保的"绿谷"。坚持走生态开发、绿色发展的理念，应贯穿于园区发展之中。

强化生态招商。以可持续性发展为目标，不断提高准入门槛，优化园内产业结构，大力发展、重点引进和扶持低能耗、低污染、高附加值、高技术含量的低碳新兴产业和龙头企业，谋求绿色环保与产业发展和谐统一。通过引入关键性企业，推动生态园区建设，把经济活动组成一个"资源—产品—废物—再生资源"的物质反馈式循环过程，提高资源循环利用程度，形成资源梯级利用和循环利用的生态产业链。

案例：某园区入园企业控制标准

产业类型：将有限的土地资源集中支持自主研发创新、高技术水平、低资源消耗高水平项目，如新能源、生物医药、新一代信息技术等战略新兴产业。高能耗、高物耗、高污染、低附加值项目禁止入区。

环境影响：严格执行《园区入区项目环保转入指南》，鼓励单位产品污染物排放强度低的行业"领跑者"入区。对入区项目的废气、废水、固体废物排放标准及清洁生产水平等都做了明确规定。

工程建设：要求产业项目主要生产厂房、辅助生产厂房须按照《绿色工业建筑评价标准》进行规划建设，民用建筑须按照《绿色建筑评价标准》进行建设等。

---

2. 生态景观

生态园区聚焦蓝绿空间的建设，凸显宜居宜业的生态基底，让蓝绿交织成为园区底色。以提供工业园区生态环境质量为重点，通过生态保护、建设管理、绿化设计等手段，实现园区空间布局、结构功能与自然景观的完美融合，形成独特的生态景观形象。

通过将森林草地、河湖湿地、城市绿地及雨水花园等要素有机联系起来，系统构建绿色基础设施网络，有效保护自然生态环境及生物多样性、降低城市污染及洪涝风险、提升城市景观及植物生产力、降低城市建设管理成本，由传统城市建设模式向可持续、绿色、生态城市发展转变。

生态优美的植物景观是产业园区景观设计要注意的重点，园区内的绿化要达到40%以上，植物配置需要做到丰富多彩，体现出植物的实用功能、造景功能，凸显出植物的生态效益及环境效益，产业园区内的乔木、灌木和草皮、常绿树和落叶树、阔叶和针叶树、大树和小树要合理配置。同时要配以建筑楼层绿化、建筑墙体绿化、屋顶绿化、道路绿化和小广场绿化等，从而实现植物多样的观赏特性，形成层次清晰、色彩丰富的生态群落景观。

园区道路要实现生态化设计与人文化设计并重，遵循生态学原理，注重生态、人文和科技的融合发展，实现良性循环。在生态化方面，结合景观设计，完善道路两侧绿化带设计，形成绿带空间，帮助园区净化空气，减弱噪声，减尘，营造园区舒适、绿色环境。同时结合"海绵园区"的设计理念，设置雨水储存收集装置、雨水花园、透水型铺装、植草沟、生物滞留池、下凹式绿地等水敏性道路设施元素，体现道路的生态功能。

案例：园区道路的生态化改造

中关村软件园为了注入生态化的设计理念，就对其园区内部分人行道进行了生态化改造升级，道路铺设生态砂基透水砖，这种砖选取荒废的沙为原料，免烧结成型，同时具有表面光滑质密但摩擦系数大的特点，具有极佳的耐老化和不结冰性能。这种绿色生态材料的选择和在细节处的使用就很好地反映出中关村软件园的生态理念已经深入骨髓。

（二）生态管控

园区在发展中应践行生态发展理念，发展高附加值、低污染、低能耗的绿色产业，打造自然与社会、生态与文化、智能与园林、科技与产业有机结合的生态园区环境。在园区环境治理中，完善环保基础设施，建设园区工业废水、废物、废气处理设施，建设园区固定废弃物站，推进清洁生产，降低能耗、物耗，实现生产系统和生活系统循环链接，持续解决产业园区的环境治理问题。

在园区经营时，完善环保基础设施，建设园区工业废水、废物、废气处理设施，适时启动园区固定废物站建设，推进清洁生产，降低能耗、物耗，实现生产系统和生活系统循环链接，持续解决产业园区的可持续发展问题。

1. 制定园区环境的评价

党的十九大以来，我国提出加快生态文明体制改革、建设美丽中国。在园区运营管理时，同样要树立生态文明观念，可通过建立基于生态发展的生态园区评价管理标准，开展环保论证工作，进行生态环境可行性分析和跟踪管理。在符合国家污染物排放标准、环境质量、园区管理、设施等要求等法律法规的前提下，园区环境评价指标可包括：

能源利用方面：能源效率、能源结构、能源类型等。

资源利用方面：水资源、土地资源、典型废弃物利用等。

基础设施方面：污水处理设施、工业、公共建筑建筑，公共交通等。

产业方面：绿色产值、产业结构等。

生态环境方面：污染物排放、温室气体排放、空气质量、绿化率等。

运行管理方面：园区规划、标准、信息化等。

2. 推进清洁生产模式

（1）减少有毒有害原料使用。

根据国家鼓励的有毒有害原料替代目录，引导企业在生产过程中使用无毒无害或低毒低害原料，从源头削减或避免污染物的产生，推进有毒有害物质替代。

（2）推进清洁生产技术改造。

针对二氧化硫、氮氧化物、化学需氧量、氨氮、烟（粉）尘等主要污染物，积极引导重点行业企业实施清洁生产技术改造，逐步建立基于技术进步的清洁生产高效推行模式。

（3）加强节水减污。

推进水资源循环利用和工业废水处理回用，推广特许经营、委托营运等专业化节水模式，推动工业园区集约利用水资源，实行水资源梯级优化利用和废水集中处理回用。推进中水、再生水、海水等非常规水资源的开发利用，支持非常规水资源利用产业化示范工程，支持有条件的园区、企业开展雨水集蓄利用。

3. 实行园区污染物治理

在资源节约型和环境友好型的新型工业化发展下，产业园应坚持生态立园，推进工业绿色化，坚决不能走"先污染、再治理"的老路子，除了有环境评价标准外，应建设完备的园区生产污染物的处理设施设备，根据园区的实际情况具体包括：

园区工业废水处理设施，除常规污染物处理外，对园区涉及电镀、化工、陶瓷、染料、医药中间体等产业的废水增加针对性处理工艺，改造为明管输送。同时加强对进、出水质监控，安装自动监测，标配应急池或调节池，提高园区废水处理的抗冲击能力。

园区工业废气处理设施，针对园区 VOCs 废气、可燃危险废气较分散的特点，建设网格化监测仪系统，能对排放异常迅速响应，利用热氮气保护分流冷凝回收、催化燃烧等新技术，对园区生产的废气进行精准高效处理。

园区危险废物焚烧设施，焚烧处理的危废在园区内消纳率原则上应达到60%以上，当园区内的危废产量大于10000吨，应在园区外范围配备安全填埋场。

以及园区环境质量监测、污染源监测、能源清洁等设施。

4. 园区环境动态监管

为了保持园区的生态优势或者避免生态优势不明显的园区形成二次污染，加强对企业环境保护、加大对污染设施的日常监管。

加强园区对生态环境风险的精细化防控，从管理模式上，针对污染性企业提出污染防治整改措施，督促企业建设并完善污染处理设备，确保污染物排放稳定，并符合标准。除园区自身加强管控外，也要将环境服务同园区的运营有机结合，在园区内积极推动环境服务合同、绿色采购、绿色供应链管理、排污权交易、环境污染责任保险管理等。从资源利用上，对生产性园区的工业废气、污水、工业固废等生产废物进行科学管理，避免简单粗暴的处理而造成的环境污染风险，采用更多科学分类和可循环利用模式，对可再生的废物资源进行回收再利用。从技术升级上，可建设和完善污染源及环境质量在线监控系统、环保电子政务系统、环境风险预警指挥系统等"数字环保"工程。

（三）生态经济

生态产业园建设的经济发展导向是实现园区低投入、低污染及高产出，最大化减少在生产过程中环境污染物的排放。从经济效益和生态效益兼顾的目标出发，在生态经济系统下，对能源、水、材料等环境资源进行合理利用，形成共生的网状生态产业链条，积极构建园区与周边自然环境的有机共生关系，参与企业对环境影响的最小化，同时提高经济绩效和经济质量，达到资源的集约利用和循环利用，以实现经济效益、社会效益和环境效益的统一。

1. 循环经济

（1）建立能源循环利用系统。

从技术手段角度，全面推行污染治理技术、废物利用技术和清洁生产技术，对园区生态环境进行及时监控管理等；从资源利用角度，实现资源的高效利用、相互利用和循环再造利用，实现园区内能量自给。如对园区生产垃圾进行充分无害化、资源化处理，提供核心能源；垃圾卫生填埋、污泥处置、餐厨垃圾处理等产生的沼气引入垃圾焚烧炉内辅燃，实现能量的循环利用。

（2）构建物料流动利用体系。

通过建立独立的通道系统，对园区生活垃圾、餐厨垃圾、生产污泥、建筑垃圾等进行对应专业处理，对生活垃圾、餐厨垃圾残渣与污泥合并处理，焚烧底渣可与建筑垃圾合并处理，对不可利用余渣进入卫生填埋场处理，实现园区固体废物对外零排放。

（3）配套完善的公用设施。

根据需求在园区内集中建设污水处理、除臭系统，对园区内产生的污水及有害气体进行集中处理达标排放；高标准建设园区道路和绿化隔离带，形成干净、快速、有序、优美的园区环境；建设园区综合行政服务与产业支持中心，满足行政事务、技术支撑、企业培育孵化、环保引导、推介宣传等需要；以园区为整体，实施风险防范范围内居民迁建工作，有效防范"邻避效应"，提高资金效益。

案例：新沂市循环经济产业园

新沂市循环经济产业园规划控制总用地面积 115 公顷，主要用于生活垃圾、危险废物、建筑垃圾、医药废物和生物质发电所需用地。定位为发展循环经济、环保产业。围绕产业链上下游，园区形成基础产业、支撑产业和相关产业三大类，其中基础产业以固废处理为主，包括生活垃圾焚烧与填埋、餐厨垃圾处理和危险废物处理。支撑产业以资源化再利用为主，包括报废汽车处理、建筑垃圾综合利用、废旧轮胎处理、小型电子废弃物资源化利用、包装桶资源化利用、贵金属综合利用、废玻璃资源化利用、废塑料资源化利用、废酸资源化利用和集装箱循环利用等项目。相关产业分为再生资源相关联的下游产业、环保设备制造业和战略性新兴产业。目前环境和经济效益双赢逐渐显现。

2. 集聚经济

发展经济开发区，其主要目的在于产生产业的集聚效应。而产业园区则是承接产业转移、加速产业集聚、培育产业集群的主要平台和载体。生态园区的一个重要目标在于实现资源的高效利用，通过创新资源和高新技术的集聚，发挥集约特性，提高园区投资强度，使其由集聚迈向集约，形成高质量发展的价值链条。因此，产业园在产业集聚中形成优化资源配置、共享基础设施、集中治理污染、集约利用土地等优点，在这样的过程中实质上就形成了生态园区的发展要求。

土地是产业园建设中最为重要的资源。产业园应注重土地资源的管理与集聚利用，进一步加强用地的供后监管和存量用地盘活力度，促进园区高效集约发展。对地方政府来说，要严格土地管理，探索实施差别化用地管理政策，保障新产业新业态，培育发展用地综合需求。将各类开发区产业用地均应纳入所在市、县用地统一供应管理，并依据开发区用地和建设规划，合理确定用地结构，继续加强实施"增存挂钩"机制，加强土地开发利用动态监管，加大对批而未供、闲置土地的处置力度，严格开发区土地利用管理。

案例：苏州国家环保产业园

苏州国家环保产业园是国家环保总局于2001年2月批准建设的首家国家级环保高新技术产业园，也是国内第一家采取企业化运作的特色产业园区。坐落于苏州国家高新技术产业区258平方千米内，首期占地面积400亩，总投资10亿元。将以培育孵化环保高新技术为重点，完善环保产业服务体系，打造我国环保技术创新和高新技术的培育转化基地，环保高新技术产品的展示和交易中心，国外环保高新技术转化和产业投资的窗口。经过10年的开发建设运营，已引进了160多家环保、节能、新材料、高新技术领域的国内外专业企业，形成了良好的产业集聚效应。

3. 高效经济

从园区生态发展角度，产业园应注重土地资源的管理与集聚利用。地方政府要严格土地管理，提高土地利用强度，探索实施差别化用地管理政策，保障新产业新业态，培育发展用地综合需求。产业园区应进一步加强用地的供后监管和存量用地盘活力度，促进园区高效集约发展。

2019年国家自然资源部发布的针对全国520个国家级开发区土地集约利用评价情况，报告中指出当前我国开发区产业园在土地集约方面的三项问题：①开发区土地利用程度普遍较高，但土地利用强度较低，土地利用效率有待提高，表现在参评开发区中，综合容积率达到1.0的开发区仅有30%，建筑密度达到30%的开发区不足60%。②开发区用地投入情况良好，但产出水平相对较低，土地利用效益有待提高，表现在工业用地地均税收超过500万元/公顷的开发区仅有30%，综合地均税收超过500万元/公顷的开发区不足20%、超过300万元/公顷的开发区不足40%。③开发区尚可供应土地相对紧张，但仍有闲置土地，表现在尚可供应土地比例不足10%的开发区超过40%，同时仍有闲置土地294.49公顷。在未来的发展中，从高效节约角度出发各类开发区产业用地均应纳入所在市、县用地统一供应管理，并依据开发区用地和建设规划，合理确定用地结构，继续加强实施"增存挂钩"① 机制，加强土地开发利用动态监管，加大对批而未供、闲置土地的处置力度，严格开发区土地利用管理。

二、绿色园区

绿色园区突出绿色理念，是指企业绿色制造、园区智慧管理、环境宜业宜居的产业集聚区，通过综合运用规划、标准、指标、信息化等多种工具和手段，将绿色化贯穿于园区规划、空间布局、产业链设计、能源利用、基础设施、资源能源利用、生态环境、运行管理等环节，实现具备布局集聚化、结构绿色化、链接生态化等特色，实现低投入、高产出、低污染，是绿色发展理念在产业领域的直接展现。

2016年，工业和信息化部启动了国家绿色园区创建工作，截至2020年底，共有172家工业园区被遴选为工信部绿色园区。其中第一批24家，第二批22

---

① 增存挂钩是指在分解下达新增建设用地计划时，将批而未供和闲置土地数量作为重要测算指标，逐年减少批而未供、闲置土地多和处置不力的新增建设用地计划安排。2018年7月，自然资源部印发《关于健全建设用地"增存挂钩"机制的通知》，将批而未供和闲置土地及处置情况纳入督察工作重点。

家，第三批 34 家，第四批 39 家，第五批 53 家，国家级绿色园区建设加快。2020 年国家发改委办公室开展绿色产业示范基地工作，12 月公布了 31 家绿色产业示范基地名单。2016～2020 年关于绿色园区的相关政策如表 3-2 所示。

表 3-2 2016～2020 年关于绿色园区的相关政策汇总

时间	发布部门	政策	政策要点
2016 年 7 月	工信部	《工业绿色发展规划（2016～2020 年）》	以企业集聚化发展、产业生态链接、服务平台建设为重点，推进绿色工业园区建设
2016 年 9 月	工信部、国家标准委	《绿色制造标准体系建设指南》	指出加快绿色园区等重点领域标准修订，促进园区转型升级
2016 年 9 月	工信部	《关于绿色制造标准体系建设的通知》	发展标准体系在绿色制造体系中的引领作用，加快制定绿色工厂、绿色产品、绿色园区、绿色供应链、绿色企业以及绿色评价与服务等标准
2016 年 9 月	工信部、发改委等	《绿色制造工程实施指南（2016-2020 年）》	选择一批基础条件好、代表性强的工业园区，推进绿色工业园区创建示范
2019 年 2 月	发改委	《绿色产业指导目录（2019 年版）》	各地方、各部门要以《目录》为基础，根据各自领域、区域发展重点，出台投资、价格、金融、税收等方面政策措施，着力壮大节能环保、清洁生产、清洁能源等绿色产业
2020 年 7 月	发改委	《关于组织开展绿色产业示范基地建设的通知》	到 2025 年，绿色产业示范基地建设取得阶段性进展，培育一批绿色产业龙头企业，基地绿色产业集聚度和综合竞争力明显提高，绿色产业链有效构建，绿色技术创新体系基本建立，基础设施和服务平台智能高效，绿色产业发展的体制机制更加健全，对全国绿色产业发展的引领作用初步显现
2020 年 7 月	发改委	《关于构建市场导向的绿色技术创新体系的指导意见》	节能环保、清洁生产、清洁能源、生态保护与修复、城乡绿色基础设施、生态农业等领域，涵盖产品设计、生产、消费、回收利用等环节的技术

案例 1：安徽省绿色园区指标框架（部分）

绿色园区实施目标

到 2020 年，支撑绿色园区建设和改造的标准体系基本健全，建立基于绿色指数的绿色园区评价标准；建立绿色园区评价管理制度体系，形成绿色园区的市场化机制，绿色园区标准与评价机制协调配套；面向国家级和省级产业园区，选取一批工业基础好、基础设施完善、绿色水平高的园区，创建100家国家级绿色园区，园区绿色指数得到大幅提升。

绿色园区评价指标框架

（1）基本要求：符合国家污染物排放标准、环境质量、园区管理等法律法规。

（2）园区绿色指标（部分）：

能源利用绿色化：涉及能源效率、能源结构、能源类型等；

资源利用绿色化：涉及水资源、土地资源、典型废弃物利用等；

基础设施绿色化：涉及污水处理设施、工业、公共建筑，公共交通等；

产业绿色化：涉及绿色产值、产业结构等；

生态环境绿色化：涉及污染物排放、温室气体排放、空气质量、绿化率等；

运行管理绿色化：涉及园区规划、标准、信息化等。

案例2：绿色园区——北京经济技术开发区

北京经济技术开发区作为国家级绿色园区，始终坚持绿色低碳循环发展理念，科学制订绿色低碳循环发展行动计划，将绿色发展定为其战略，打造宜业宜居绿色城区。并探索形成一套可复制、可推广的园区绿色低碳循环发展模式，成为北京市绿色发展和对外交流的重要窗口。

（1）推进产业结构升级。加快"中国制造2025示范区"和"科技与文化融合发展示范区"建设。一是加快退出没有比较优势的一般制造业和亏损企业，支持企业应用绿色、智能技术，提升绿色生产和盈利能力。二是发挥龙头企业引领作用，支持区内企业加强合作，带动产业链上下游企业集群式发展。三是坚持推动企业产品结构升级。

（2）调整企业产品结构。支持企业采用新技术、推出新产品，不断丰富产品结构，满足多元化市场需求；支持跨国公司和集团性企业优先将高技术、高附加值产品布局在开发区；支持企业通过应用绿色、智能技术，降低能耗、降低排放、降低成本，提升企业绿色生产能力；支持"互联网＋生活服务"等新业态、新商业模式，加快市场扩张。

（3）绿色制造先进技术。以开发绿色产品、建设绿色工厂、发展绿色园区为抓手，加快传统产业转型升级。一是围绕千亿级产业集群建设前沿性技术创新中心。二是加强与大院大所合作，组建产业技术研究院。三是积极培育新产业新业态，打造新的经济增长点、增长极和增长带，建设全国领先、特色鲜明、结构优化的新兴产业集群，加快绿色制造先进适用生产技术的推广应用，推进传统产业高新化发展，集中培育高新技术产业、战略性新兴产业。

（4）深化生态文明建设。完善园区生态工业链网，构建工业共生网络，促进区域产业生态化。一是加强水环境治理，落实河长制，促进海绵城市建设。二是建设智能电网示范园区，建设能源管控信息平台，促进绿色低碳发展。

（一）绿色运营

绿色园区是突出绿色理念和要求的生产企业和基础设施集聚的平台，侧重于园区内工厂之间的统筹管理和协同链接。综合反映能效提升、污染减排、循环利用、产业链耦合等绿色管理要求。通过机制创新，实现工业园区的持续改进和发展。

1. 能源高效利用

能源体系是产业园区发展的重要保障，绿色低碳的能源体系设计对园区的绿色发展有着关键性作用。

（1）以供给侧结构性改革为导向，推进结构节能。

把优化产业结构和能源消费结构作为新时期推进产业节能的重要途径，加强节能评估审查和后评价，进一步提高能耗、环保等准入门槛，严格控制高能耗行业产能扩张。积极运用环保、能耗、技术、工艺、质量、安全等标准，依法淘汰落后和化解过剩产能。

加快发展能耗低、污染少的先进制造业和战略性新兴产业，促进生产型制造向服务型制造转变。大力调整产品结构，积极开发高附加值、低消耗、低排放产品。

（2）以先进适用技术装备应用为手段，强化技术节能。

全面推进传统行业节能技术改造，深入推进重点行业、重点企业能耗提升专项行动。围绕高耗能行业企业，加快工艺革新，实施系统节能改造，鼓励先进节能技术的集成优化运用。普及中低品位余热余压发电、供热及循环利用，积极推进利用钢铁、化工行业企业的低品位余热向城市居民供热，促进产城融合。实施园区节能改造工程，加强园区能源梯级利用，推进集中供热制冷。

（3）以能源管理体系建设为核心，提升管理节能。

开展园区系统节能改造。开展风能、太阳能等分布式能源和园区。智能微电网建设，提高园区可再生能源使用比例。实施园区绿色照明改造，建设园区能源管理中心，加强园区余热余压梯级利用，推广集中供热和制冷。

围绕中小企业节能管理，搭建公共服务平台，组织开展节能服务公司进企业活动，全面提升中小企业能源管理意识和能力。

案例：北京经开产业园区国家能源互联网示范项目

由北京经开投资开发股份有限公司投资的北京经开产业园入选首批国家能源互联网示范项目，园区以"互联网＋"技术驱动能源运营服务模式创新，形成一套以能源服务云平台为核心的一体化、多元化智慧能源管理与服务运营模式，实现对类似园区的"绿色用能、高效用能、智慧用能"运营管理商业模式的复制推广。

在北京经开的"十园一场"范围内，建设冷热电三联供、分布式光伏、绿建智能控制、储能设施示范、电动车充电桩示范、电力需求侧服务、能源管理与服务云平台等多个能源互联网范畴内的项目，集成可再生能源、各类能源设施、电动汽车充电桩、储能设施灯，在网侧实现电、热、冷多能互补协同，荷端实现负荷优化配置与需求侧高效管理，如图3－1所示。

以经开C8M2为核心承载区，集聚高端技术人才创新资源要素，围绕能源互联网上下游产业集聚、能源互联网技术创新孵化、能源大数据增值服务、综合能源运营管理四大领域积极培育发展互联网新业态。

关键子项目有：分布式光伏项目、绿色建筑智能控制项目、园区公共照明LED改造、配电室智能代运维、能源互联网管理与服务云平台项目、冷热电三联供项目、电储能设施示范项目。

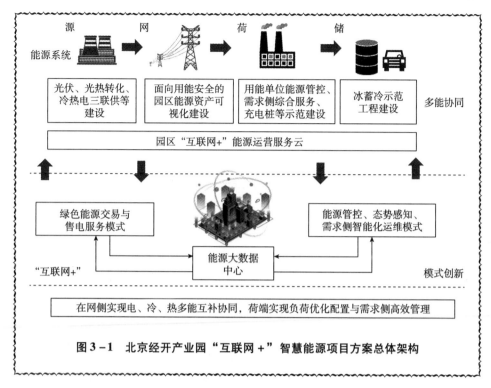

图 3 - 1　北京经开产业园"互联网 +"智慧能源项目方案总体架构

2. 资源综合利用

（1）大力推进工业固体废物综合利用。

以高值化、规模化、集约化利用为重点，围绕工业固体废物，推广一批先进适用技术装备，推进深度资源化利用。

选择有基础、有潜力、产业集聚和示范效应明显的企业，合理布局，突出特色，加强体制机制和运行管理模式创新，打造完整的工业固体废物综合利用产业链。

（2）加快推动再生资源高效利用。

围绕废钢铁、废有色金属、废纸、废橡胶、废塑料、废油、废弃电器电子产品、报废汽车、废旧纺织品、废旧动力电池、建筑废弃物等主要再生资源，加快先进适用回收利用技术和装备推广应用。

（3）全面推行循环生产方式。

推进行业拓展产品制造、能源转换、废弃物处理—消纳及再资源化等行业功能，强化行业间横向耦合、生态链接、原料互供、资源共享。推进各类园区进行循环化改造，实现生产过程耦合和多联产，提高园区资源产出率和综合竞争力。

案例：北京经济技术开发区无废城市建设

北京经济技术开发区作为国家级的绿色园区，自2019年启动创建"无废城市细胞"，通过节约型机关、绿色企业、节约型学校、绿色社区、绿色家庭、无废项目等方面推广"无废城市"理念，推行生活垃圾强制分类，持续推行绿色生产，倡导绿色生活，全面提升固体废物管理水平。

亦庄城市服务集团参与制订《北京经济技术开发区经营性产业园区固体废物规范化管理试点方案（试行)》，编制公司《经营型产业园区固体废物统一管理运营手册》，制订无废园区建设方案，在写字楼、工业园区、住宅、公寓等不同业态探索形成有特色的"1+4"固体废物统一管理模式。

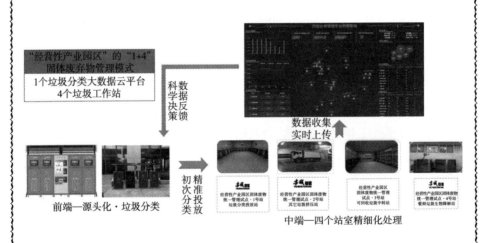

图3-2 经营性产业园区"1+4"固体废弃物管理模式

"亦城财富中心"作为"园中园建设"试点项目，结合项目实际情况制订细化的落实实施计划，建立园区垃圾分类体系：包括分类垃圾桶投放计划、收运处理路线、垃圾分类投放、分类收集等关键点设计。

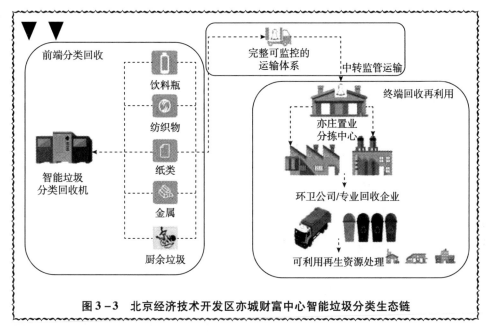

图 3 - 3　北京经济技术开发区亦城财富中心智能垃圾分类生态链

3. 低碳发展

（1）推进重点行业低碳转型。

结合重大低碳技术推广实施方案，促进先进适用低碳新技术、新工艺、新设备和新材料的推广应用。在重点行业，选择一批减排潜力大、成熟度高、先进适用的重大低碳技术示范推广，促进行业碳排放强度下降。

（2）控制工业过程温室气体排放。

开展水泥生产原料替代，利用工业固体废物等非碳酸盐原料生产水泥，减少生产过程二氧化碳排放。开展高碳产品替代，引导使用新型低碳水泥替代传统水泥、新型钢铁材料或可再生材料替代传统钢材、有机肥或缓释肥替代传统化肥，减少高碳排放产品消费。

（3）开展工业低碳发展试点示范。

推动园区企业参与碳排放权交易。开展低碳企业试点示范，引导企业实施低碳发展战略，逐步建立低碳企业评价标准、指标体系和激励约束机制，培育低碳标杆企业，增强企业低碳竞争力。鼓励实施碳捕集、利用与封存试点示范，促进二氧化碳资源化利用。

（二）绿色制造体系

根据 2016 年 9 月 20 日工信部发布的《关于开展绿色制造体系建设的通知》，

文件指出绿色制造体系的主要工作包括：绿色工厂、绿色产品、绿色园区和绿色供应链的建设。绿色制造体系在纵向上包含了绿色产品的设计、产品的生产加工以及产品的供应链建设；而在横向上，则将工厂、产业链及整个园区有机地衔接在一起（见图3-4）。推动园区企业开发绿色产品、主导产业创建绿色工厂、龙头企业建设绿色供应链，实现园区整体的绿色发展。

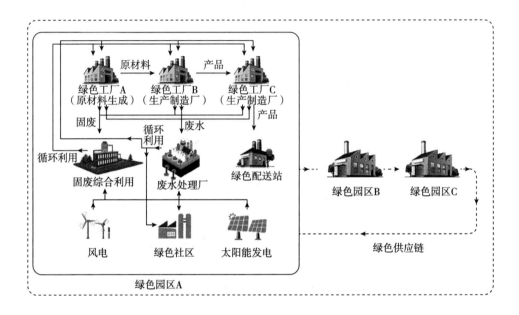

图3-4 绿色制造体系

资料来源：绿色制造公共服务平台，http://www.gmpsp.org.cn/。

北京经济技术开发区围绕千亿级产业集群建设前沿性技术创新中心，积极培育新产业新业态，打造新的经济增长点、增长极和增长带，建设全国领先、特色鲜明、结构优化的新兴产业集群，加快绿色制造先进适用生产技术的推广应用，推进传统产业高新化发展，集中培育高新技术产业、战略性新兴产业。

1. 开发绿色产品

绿色产品是绿色制造实现侧供给结构性改革的最终体现，侧重于产品全生命周期的绿色化。

按照产品全生命周期绿色管理理念，遵循能源资源消耗最低化、生态环境影响最小化、可再生率最大化原则，大力开展绿色设计示范试点，以点带面，加快开发具有无害化、节能、环保、低耗、高可靠性、长寿命和易回收等特性的绿色产品。积极推进绿色产品第三方评价和认证，发布工业绿色产品目录，引导绿色生产，促进绿色消费。建立各方协作机制，开展典型产品评价试点，建立有效的监管机制。

2. 创建绿色工厂

绿色工厂是制造业的生产单元，是绿色制造的实施主体，属于绿色制造体系的核心支撑单元，侧重于生产过程的绿色化。

按照厂房集约化、原料无害化、生产洁净化、废物资源化、能源低碳化的原则分类创建绿色工厂。引导企业按照绿色工厂建设标准建造、改造和管理厂房，集约利用厂区。鼓励企业使用清洁原料，对各种物料严格分选、分别堆放，避免污染。优先选用先进的清洁生产技术和高效末端治理装备，推动水、气、固体污染物资源化和无害化利用，降低厂界环境噪声、振动以及污染物排放，营造良好的职业卫生环境。采用电热联供、电热冷联供等技术提高工厂一次能源利用率，设置余热回收系统，有效利用工艺过程和设备产生的余（废）热。提高工厂清洁和可再生能源的使用比例，建设厂区光伏电站、储能系统、智能微电网和能管中心。

3. 发展绿色工业园区

以企业集聚化发展、产业生态链接、服务平台建设为重点，推进绿色工业园区建设。优化工业用地布局和结构，提高土地节约集约利用水平。积极利用余热余压废热资源，推行热电联产、分布式能源及光伏储能一体化系统应用，建设园区智能微电网，提高可再生能源使用比例，实现整个园区能源梯级利用。加强水资源循环利用，推动供水、污水等基础设施绿色化改造，加强污水处理和循环再利用。促进园区内企业之间废物资源的交换利用，在企业、园区之间通过链接共生、原料互供和资源共享，提高资源利用效率。推进资源环境统计监测基础能力建设，发展园区信息、技术、商贸等公共服务平台。

园区建筑设计要根据园区的整体建设方案所表达的建筑形式，既要考虑园区建筑本身的节能、消防、排水等，更要考虑园区建筑自身的空间组合、建筑风格形式、公共景观构成等方面因素，进一步研究建筑和环境之间的关系，把建筑融入到自然环境当中来，使建筑和园区环境能相互衬托，创造高品质的公共环境，以适应园区现代化需求。

案例：某绿色园区建筑设计方案（部分）

建筑群体形态设计

办公建筑设计以多层、高层为主，形成自然组合、适当错位的布局，积极的内部组团空间，通过以楼间道路作为基本机构，使南北两侧建筑围合出基本的邻里单位；再以组团的形式组合成有序的整体，在符合各种规范的同时，能让尽量多的员工享受到产业园景观和绿色环境的美丽景色；群体空间组织轮廓丰富，统一中有变化，尺度亲切宜人，工作氛围浓郁。这种自由布局方式在满足规划设计条件下合理利用了土地利用率，对日照采光和通风均十分有利，而且使整体的建筑空间布局形成层次的变化，构成一条活泼的空间边界。

建筑布局

从生态建筑学的原则出发，充分利用自然采光通风，在符合城市规划要求的情况下，结合现代工作者的行为需求，从工作活动的客观规律出发，力求科学、合理、细致。门厅与绿化园林融为一体，提升工作环境的品质；南向阳台的设计，凸窗等增加建筑端户的景观视野，使产业园景观与室内视觉空间融合，采光更通透、明亮，景观与环境相得益彰。

建筑立面处理

该园区建筑设计强调形体有机组合，独特的气势奠定了整体的秩序，绿化、园林空间、细腻的手法和小巧的尺度丰富设计的层次，并起到了把握建筑组合成为有机整体的作用，使之从功能和景观上成为独立的产业园。建筑造型设计注重塑造群体形态的可识别性，通过群体空间组合体现整体造型艺术美。该项目采用了现代建筑风格的立面设计；外立面统一使用米黄色涂料外墙面砖，配合墙基和花园部分的冷色调真石漆，和谐柔美；高挑的窗型，辅以深色的窗框，心仪的视觉效果，形成一种丰富、细腻、简洁的工作环境，成就更为恒久的工作品质。

建筑风格

风格为现代风格，轻巧明快。

4. 建立绿色供应链

绿色供应链是绿色制造理论与供应链管理技术结合的产物，侧重于供应链节点上企业的协调与协作。

　　以汽车、电子电器、通信、机械、大型成套装备等行业的龙头企业为依托，以绿色供应链标准和生产者责任延伸制度为支撑，带动上游零部件或元器件供应商和下游回收处理企业，在保证产品质量的同时践行环境保护责任，构建以资源节约、环境友好为导向，涵盖采购、生产、营销、回收、物流等环节的绿色供应链。建立绿色原料及产品可追溯信息系统。

案例：北京奔驰绿色供应链

　　北京奔驰汽车有限公司作为北京经济技术开发区的绿色工厂之一，对工业固废实施源头减量、资源化利用和最终处置，实施全链条的固废管理。仅仅在包装的固废优化方面，北京奔驰循环包装使用比例就高达85%（见图3－5）。

图3－5　循环包装箱

北京奔驰在加快高质量发展的同时，也将目光投向产业上下游，利用自身在绿色制造领域的优势，带动全产业链的绿色制造体系建设。通过在企业管理机制、供应商管理机制、信息平台建设、绿色物流等方面的不懈努力，北京奔驰与供应商共同打造了绿色供应链生态体系。

在管理机制方面，北京奔驰成立了专职领导小组，统筹推进绿色供应链管理工作，并搭建了一套完整的采购与供应商管理制度体系，覆盖认证、选择、审核、评价及培训等环节。通过审核供应商环保风险，提供一站式环保管家服务，建立环保问题检查清单等方式，积极推动供应商通过环境管理体系认证。

三、智慧园区

目前，万物互联的时代已经到来，平台经济成为重要的新经济模式，新经济带来运营模式的变革，推动互联网大数据与实体经济相结合。所有产业、企业主体、组织乃至个人都面临一场变革，通过变革持续释放发展活力，与时俱进、创新发展方式。近年来我国政府大力推进智慧城市建设，智慧园区是智慧城市的重要表现形式，是"迷你型"智慧城市。

智慧园区以"园区+互联网"为理念，融入社交、移动、大数据和云计算，将产业集聚发展与城市生活居住的不同空间有机组合，形成社群价值关联、圈层资源共享、土地全时利用的功能复合型城市空间区域。智慧园区是建立在园区全面数字化的基础上，具有智能化的园区管理和运营，通过检测、分析、整合以及智慧响应等方式，连接园区中分散的物理基础设施、信息基础设施、社会基础设施和商业基础设施，为园区铸就超强的软实力。

（一）前期设计

1. 背景分析

充分分析智慧园区发展环境、内外部环境，特别是技术环境，顶层设计者充分发挥"后发优势"，借鉴国际以及国内的先进性案例，结合园区发展实际和区域环境，与互联网思维深度渗透融合，用大数据思维提高"智慧"层次，挖掘出大数据背后的潜在价值，为各层次管理者提供决策依据（见图3-6）。

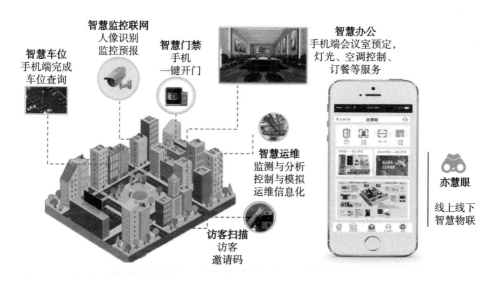

图3-6 智慧园区应用场景

2. 需求分析

以满足政府、园区管理委员会、入驻企业、公众的需求为目标，按需进行个性化定制，充分满足各方需要，在更高视野上发现机会与问题，制定相适应的策略，更好地满足各方需求。

（1）园区管理委员会。

园区管理委员会的诉求主要集中在园区政务公开、园区企业服务、园区综合管理、园区节能等方面。

（2）园区入驻企业。

园区入驻企业主要从事产品的研发设计、原材料采购、产品生产加工、产品销售运营等相关工作。切合园区产业特点，重点围绕园区的重点产业，契合园区入驻企业要求（见图3-7）汇聚智慧发展资源，培育符合园区发展方向的新兴产业。

3. 总体规划与架构

系统绘制园区蓝图和目标体系，制订智慧园区发展的总体规划，确定智慧园区战略架构、分块架构与解决方案架构，如图3-8所示。

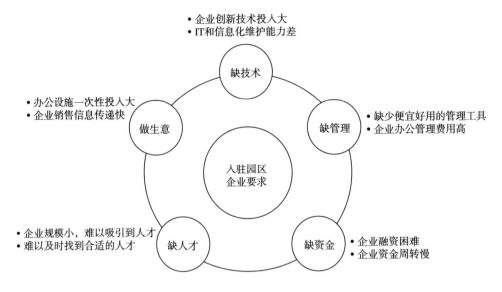

图 3-7 入驻园区企业要求

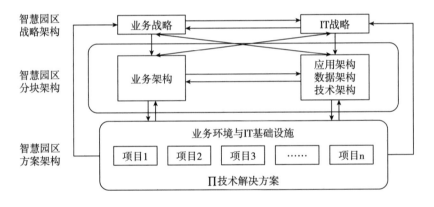

图 3-8 智慧园区顶层设计

（1）战略架构。

战略架构是为整个智慧园区未来发展方向提供蓝图或目标体系，决定智慧园区的发展框架。包括智慧园区的主要目标，开展园区通信基础设施建设，建设数据库、智慧应用系统，推进智慧产业发展，推进机制建设等内容。通过战略架构明确智慧园区的发展蓝图，发现适合智慧园区发展有利的战略机制。

（2）分块架构。

分块架构包括业务架构、数据架构、应用架构与技术架构。

业务架构是把业务战略转化为日常运作的渠道，业务战略决定业务架构，它包括业务的运营模式、流程体系、组织结构、地域分布等内容。业务框架主要服务于数据架构的建立，并为信息资源分析的全面性、系统性、准确性奠定基础。

数据架构定义了组织级数据的逻辑结构和物理结构，使数据作为一种资产，能够在各应用之间无边界地流动，从根本上解决信息交换和共享问题。

应用架构定义了组织应建立哪些信息系统，明确了各系统间的关系，为组织提供了所需应用系统的蓝图。

技术架构规划了运行业务、数据、应用架构所需要的 IT 基础设施包括硬件、网络、中间件等，为 IT 基础设施投资、建设提供了科学规划。

（3）解决方案架构。

解决方案架构规划了智慧园区的保障体系，包括标准、制度、组织以及智慧园区的实施项目与实施进度。

4. 实施路线

围绕目标去配置资源，进行时间表的安排，对智慧园区建设者、管理者等参与对象进行分工。以方法为支撑，以标准为约束，以组织机制为保障，分阶段实施，设计出具体的实施路线图。

（二）建设体系

1. 智能硬件基础设施

（1）传感网络建设。

园区微环境信息、运行状态和安全信息等需要通过深度覆盖的各种传感器进行探测。这些传感器作为末梢组成园区的传感网络，服务于基础信息库和信息化应用的建设。传感网络是构建感知园区和智慧园区的重要组成部分。

围绕配电室、供热、制冷、照明系统、安防、电梯、给排水和消防等方面，利用最新的技术进行更新改造，提高设备自动化程度，动态全过程跟踪设备设施使用情况，构建设备设施物联网（见图 3-9）实现能源设备与环境监测联动、消防与安防监控联动等，提高设备运行安全可靠性和管理效率。

（2）数据中心。

智慧园区建设需要一定规模的数据中心、IT 服务器等资源作为支撑，且随着入驻园区企业的增多，数据中心外包需求将逐步体现。

云数据中心可根据园区整体开发进度进行分期规划与建设。在初期，云数据中心以满足园区自身管理的信息化应用需求为主；在后续发展过程中，根据园区

⚡ **配电系统**

- 智能监控
- 无人值守
- 提高运行可靠性

〰 **供热系统**

- 自动进行温度调节
- 远程调节蒸汽电磁阀
- 运行更加安全

〰 **给排水系统**

- 实时监测，故障报警
- 水箱电动阀自动补水
- 提高系统运行安全性

❄ **制冷系统**

- 自动调节供水温度
- 实时监控
- 节约人工，提高效率

🔲 **电梯系统**

- 故障识别、主动解救
- 电梯日常管理、工况评估、防患防范等
- 降低风险

💡 **照明系统**

- 通过节能灯具和自动控制
- 节约照明电量30%

⬛ **安防系统**

- PC端和APP端远程在线监控
- 与其他系统报警联动
- 提高管理效率

⛫ **消防系统**

- 远程监控消防主机报警信号
- 实时监测，进行故障提醒、故障判断

图 3-9　设备设施物联网

入驻企业的云服务需求体量，合理规划扩建云数据中心；当园区发展较为成熟时，且云数据中心发展成规模时，出于安全方面考虑，应进行异地容灾建设。

在云数据中心基础上，考虑部署云管理系统对虚拟硬件资源进行统一管理，构建云服务提供能力。

（3）智慧停车场建设。

基于现代电子信息技术的面向交通运输和车辆控制的服务系统。依托传感器技术、RFID 技术、无线通信技术、数据处理技术、GPS、视频检测识别技术等手段，可实现自动识别车牌、出入车辆信息管理、特殊车辆信息管理、停车场云平台接口服务、车辆自动定位、寻车、车位自动引导、车位检索、自动输出报告、系统自检与 LED 显示屏等功能。

2. 应用支撑平台

以实用性、可扩展性、便捷性、规范化和智能化为原则，创建园区应用支撑平台，实现信息资源的高效流转，实现应用能力的集约建设和开放共享，实现园区的统一门户展现。应用支撑平台包括数字孪生系统和智慧园区运营平台。

（1）数字孪生系统。

数字孪生系统将利用物联网技术对园区内地理、建筑、空气、水文、能耗等各种信息进行探测和处理；通过 GIS、BIM 等系统的建设，勾勒出园区的地理、建筑、设施的三维数字沙盘；在此基础上建设环境监控、交通状态识别、能源管理系统等，将环境、交通、能耗等园区运行状态的信息在三维数字沙盘上进行呈现，最终实现对园区整体运行状态的数字模拟。

数字孪生需要高带宽、大连接、高可靠和低延迟，是 5G 物联网时代的一个重要场景应用，从基础设施智能化、物联网平台、块数据平台、多场景智能应用等各领域，实现物理空间与虚拟数字空间交互映射、融合共生，以反映对应实体的全生命周期过程。随着数字模型的扩充与发展，数字孪生技术将覆盖城市的电力线、变电站、污水系统、供水和排水系统、城市应急系统、WiFi 网络、高速公路，交通控制系统等所有看见或看不见的地方，而城市管理将更加轻松可控。

1）数据采集层。运维数据包括静态数据和动态数据两部分。静态数据从 BIM 运维模型和 GIS 地理信息系统获取，包括建筑物本身、设备、管线以及建筑物所处环境状态信息；动态数据依靠自动采集和人工采集两种方式，包括建筑设备、管线状态及剩余寿命、周边环境状态和人员状态数据等。其中自动采集是依托 RFID 标签、摄像头以及烟感器、光感器、温湿度感应器、有害气体感应器等传感器自动采集和上传，人工采集通过工作人员或客户通过智能终端或报警按钮搔交到数据处理中心（见图 3 – 10）。

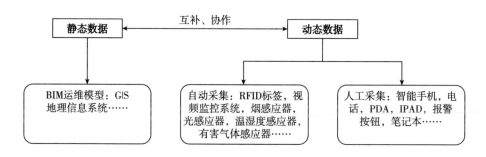

图 3 – 10　运维管理平台数据采集层

2）网络传输层。网络传输层与数据采集层紧密相连，负责将数据采集层的更新数据向数据处理中心发送。网络传输层包括内部网、外部网和网络枢纽三部分（见图3-11）。

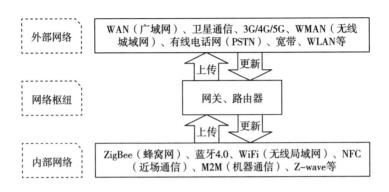

图 3 - 11　运维管理平台数据传输层

3）运维管理平台层。运维管理平台层是实现信息化运维的核心部分，包括4方面主要内容：防火墙、数据处理中心、数据信息规范与标准、本地服务器和云服务器（见图3-12）。

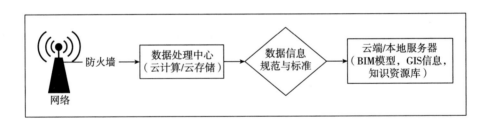

图 3 - 12　运维管理平台层

4）运维管理应用层。运维管理应用层包括两方面内容：功能模块层和用户层。功能模块层是用户层完成运维管理工作的基础（见图3-13）。

（2）智慧园区运营平台。

智慧园区是一个持续的系统工程，建设通过提升管理效率，节约大量运维、管理人员，提高事务的沟通、处理效率，同时创造多元化增值业务收入，并且通过合理定制能源使用策略，实现低碳集约建设，整体提高经济效益。智慧园区运营平台如图3-14所示。智慧园区综合管理平台如图3-15所示。

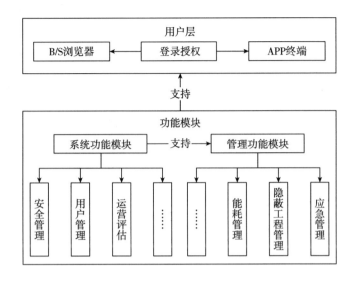

图 3 – 13　运维管理应用层

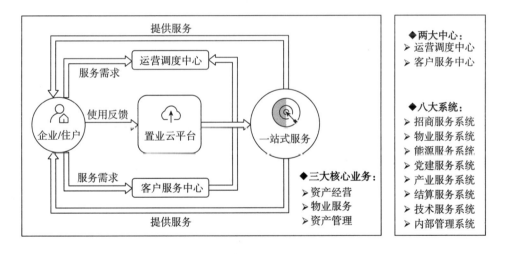

图 3 – 14　智慧园区运营平台

1）运营调度中心。运营调度中心通过运行监控和能耗控制，优化日常维修和资产修缮业务，整合公司各职能部门的业务，构建多功能、全方位的信息化管理中心，实现设备集中监管、数据综合分析和业务智慧管控。

图 3 - 15 智慧园区综合管理平台示例

2）客户服务中心。以"一站式"客户服务中心建设为重点牵引，进行智慧物业服务信息化建设，提升客户满意度。以"一站式"客户服务中心建设为重点牵引，加快服务信息化建设，提升客户满意度，进而加大市场开拓范围（见图3 - 16）。

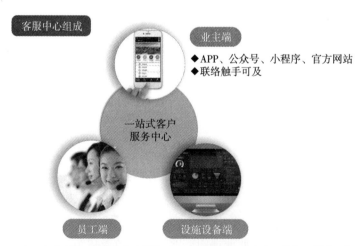

图 3 - 16 "一站式"客户服务中心组成

3) 招商服务系统。招商服务系统为企业提供招商信息、空间选址服务、相关政策，沉淀客户数据，完善招商数据收集、意向客户收集、客户档案及服务跟进、渠道统计、数据分析、租控管理与合同管理等功能，同时对接政府职能，协助政府的综合服务和监管工作（见图 3-17）。

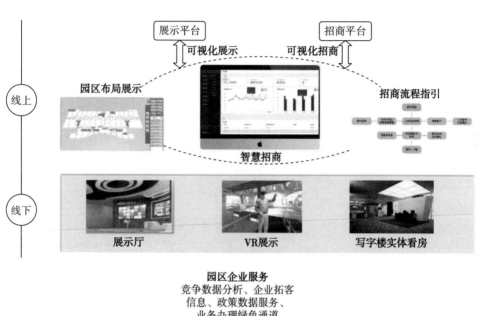

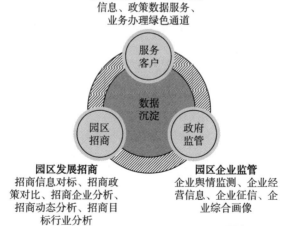

图 3-17 智慧招商服务系统

通过招商的可视化、入驻企业的场景化，为企业和公众服务提供一站式展示与服务平台。

4）物业服务系统。园区物业管理是智慧园区的一个重要组成部分，随着园区智慧化的不断提升，良好的物业管理已经成为园区招商引资的重要因素，也成为业主或者租户选择物业的重要考量因素（见图3-18）。

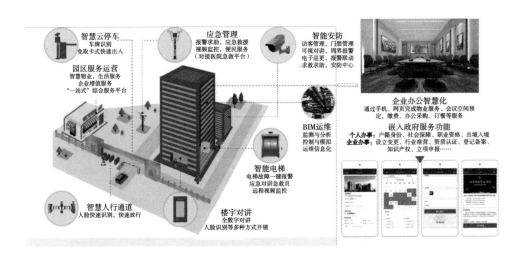

图3-18 智慧物业服务系统

深度推进"互联网＋"物业，应用物联网、大数据、云计算等新技术，统筹物业项目，统一服务标准，覆盖生活、工作、消费、教育等场景，并探索进行更多衍生服务。

5）能源服务系统。结合最新的物联网络技术，集成能耗计量系统，以水、电、气、汽、油等能源介质为监测对象，通过能源系统智能平台对水电热气暖等能源的使用进行实时监控和远程操作，实现能源与节能管理的数字化、网络化和空间可视化，完善能源基础数据体系，大幅减少人力成本，节约能耗，创新能源监督管理模式，大幅提高项目作业安全性（见图3-19）。

6）党建服务系统。打造"线上党建赋能平台"＋"线下党建创新阵地"的双轨运行党建服务新模式，推动党建工作覆盖园区及周边项目，并与园区业务全面融合，搭建"党建＋"科创、人才、智库、政策、产业等合作共赢服务平台，打造党建工作创新高地，促进区域党建与社会经济和谐高质量发展（见图3-20）。

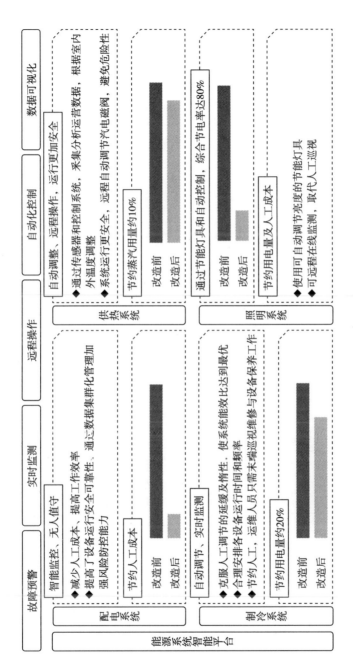

图 3 - 19　智慧能源服务系统

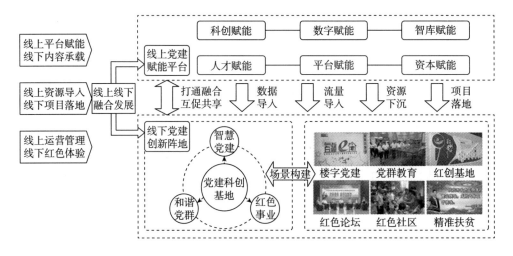

图 3 - 20　党建服务系统

7）产业服务系统。产业服务系统通过科技服务、金融服务、人才服务、政策信息等集成服务，助力企业创新，与服务企业共享成果转化和产业发展红利，协助政府打造高精尖产业主阵地（见图 3 - 21）。

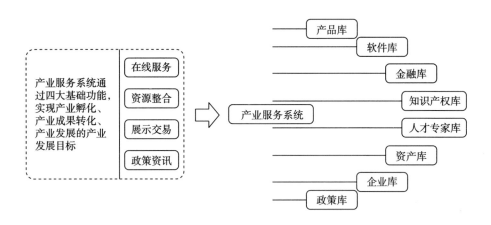

图 3 - 21　产业服务系统

8）结算服务系统。依托手机虚拟卡片或实体卡片为载体，与园区各系统进行关联，实现从业务数据的生成、采集、传输到汇总分析的信息资源管理的规范化和自动化，集身份识别、消费支付、信息服务等为一体，形成功能全面、拓展灵活、管理方便、多系统有效融合的结算服务系统（见图 3 - 22）。

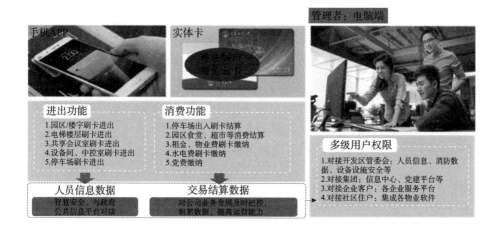

图 3 – 22　结算服务系统

依托硬件设备感知和平台获取等渠道，打通停车场、楼宇、中控、出入口、食堂、超市等物理空间，实现缴费、消费、身份识别的功能，集成消防联动、物业管理、银行圈存等相关功能，是贯穿业务与收入的关键应用模块。

9）技术服务系统。技术服务系统提供覆盖资产经营、物业服务和资产管理的各类技术服务，内容包括与业务相关的知识分享、行业标准、现场指导和远程协助。

10）内部管理系统。内部管理系统是实现各部门业务协同发展的后台保障系统，支持公司的对外服务功能，各项业务数据汇聚到后台。其中，人力资源和财务管理是关键。

重点打通人力资源、财务管理与三大业务板块之间的业务关联和审批关联，通过深度挖掘数据，找准关键指标，促进主营业务发展和运营效率提升。

四、主题园区

2018 年 3 月 5 日习近平总书记在参加十三届人大一次会议内蒙古代表团审议时强调："推动经济高质量发展，要把重点放在推动产业结构转型升级上，把实体经济做实做强做优。" 主题园区是实体经济和产业发展的重要载体，是推动高质量发展的主阵地。所谓主题园区就是通过明确园区发展定位、产业选择方向、重点招商项目、服务运营保障这些系统性措施，打造特色鲜明的产业集群，形成区域经济发展的高地，其核心还是聚集符合发展趋势和规律的主导产业，在实践中，有些园区运营商通过"一楼一行业、一园一集群"的发展原则，聚焦区域主导产业，增强产业集群招商能力。

国家、各省市都出台了多项相关政策，如科技部《创新型特色园区建设指南》要求园区定位符合所在区域功能定位、产业选择着眼战略性新兴产业，建设具有特色鲜明的国家高新区，配套设施完善，管理服务模式灵活创新；北京市发改委等四部门要求"严格落实首都城市战略定位，积极承接中心城功能疏解和转移，重点聚焦生态、旅游休闲、文化创意、教育、体育、科技、金融、总部等领域"；深圳要求园区产业定位明确，主导产业集聚，具有公共技术服务能力等；浙江要求围绕七大重点产业，兼顾地域历史经典产业，集聚特色产业高端要素，统筹产业、生态、生活，鼓励市场化多元主体参与建设运作；等等。

（一）明确园区产业定位

作为特色主题园区，在建设中必须首先明确园区的产业定位。园区产业定位是指在产业园区发展中根据自身具有的综合优势和独特优势、所处的经济发展阶段以及各产业的运行特点，合理地进行产业发展规划和布局。在高质量发展时代，产业定位越来越趋向高精尖、特别是体现出重点产业集群化、生产范式智能化、高端制造服务化、发展方式绿色化、产品服务品质化的趋势。其中重点产业在经济发展阶段中处于生产联系链条中的关键环节，对产业结构和经济发展起着较强的带动作用，可以迅速有效地利用先进技术和科技成果满足不断增长的市场需求，是区域经济发展的核心力量。关于园区定位的指导方向，归纳为两条线——专和融。"专"是指专业的人干专业的事，专业的产业园不是房地产空壳，有重点产业。"融"是指园区内部功能和服务的融合、支撑园区内外的产城融合。

1. 认清园区定位误区

当前我国科技园、文创园、孵化器等各类产业园迅猛发展，呈现出百花齐放的市场发展趋势。各地政府也开始争相通过规划开发区、新区等发展建设产业园，然而在发展过程中往往缺乏对产业发展趋势和规律的研究、统筹考虑园区产业空间规划。目前来看，造成园区后来发展模式不可持续的主要原因就在于初期未能对园区产业定位进行研究，园区定位不清主要表现在产业园"泛化"、产业关联不足以及盲目跟风发展等方面。

（1）产业园"泛化"。

部分园区在发展初期片面追求短期效益，没有统一的产业布局规划，为吸引企业入驻，对于入驻企业不进行筛选，不管企业规模大小、行业属性如何，一律来者不拒，导致入驻园区的企业主题定位不聚焦，彼此产业关联性小，空间布局杂乱无章，没有明确的主导产业方向，园区过于"泛化"，为园区后续发展埋下了隐患。

（2）产业关联不足。

同一园区企业间通过产品供需、技术对接形成互相关联、互相补充的内在联系，是主题园区产业集群的必要条件，从而使园区企业能够形成共融共生发展。然而，很多产业园区在招商引资、产业布局时并没有注重产业之间的内在联系，没有研究产业之间的配套关系。即使入园企业达到一定的规模体量，但是企业之间的关联度较小，同样不能形成产业链的上下游关系，技术和信息等方面的资源也无法共享，造成了园区企业集而不群的现象，没有发挥出最大化的价值链集聚效应。

（3）园区盲目跟风。

因历史背景、地理区位等原因，我国各地域发展存在不平衡现象。我国东部地区经济基础雄厚，投资环境优越，发展各类主题园区经济均有较好的发展条件，这时中西部地区可能会陷入盲目模仿、照搬照抄的怪圈，政府进行盲目投资，或严重依赖外资企业，靠引进一两个大企业，没有结合自身区域条件和特点，从企业角度看，园区运营商盲目照搬成功企业模式，没有厘清产业差异，没有研究地方的产业政策，盲目投资建园，最终导致重大投资失败。

产业园失败案例集

案例一：某企业在某三线城市建设工艺产业园项目，因为认为当地民间工艺产业比较发达，但当地总产值却也只有几千万元，而且非常分散，大多是手工制作，集中在一起并没有太大优势，最终导致项目失败。

案例二：华北某城市，规划了数百平方千米的工业区，对外宣传将引入若干国家级大项目，众多的大企业将要落户于此。但规划过于宏大，计划过于乐观，那些国家级大项目均被临近大都市夺走。当地政府向银行借款太多，之前投入的数以百亿计的资金，光利息都成为当地政府的沉重负担。

案例三：某国内龙头房地产企业，在某二线城市通过收购方式获得一有建设基础的产业园区，本以为可以根据其之前在某一线城市的成功经验分割销售迅速回款，最终却发现当地根本不允许分割销售，如果分割销售要转换土地用途，需缴纳非常高的地价，结果项目一直停顿，几年没有处理。

2. 选择园区定位依据

主题产业园的发展关键在于为园区找到明确的定位方向。对于园区的产业定位要充分考虑资源禀赋、区位优势、产业基础和区域分工协作等因素，特别是上位规划指引也非常重要。此外，对于老旧园区改造首要的也是思考产业升级和产业转移，重新谋划定位产业。通过定位选择，让不同的产业园区充分发挥比较优势，做大做强优势产业。园区在产业定位选择时主要考虑以下三个方面：

（1）基于资源优势定位。

一个地区的资源禀赋体现在能源、地理位置等自然条件和人力、信息、资金、政策等社会经济条件方面。产业园区要充分发挥本地区的资源优势，资源是产业发展的基本前提，资源的有效利用是决定产业竞争力的关键。例如，北京、上海、深圳等一线城市，吸引拥有丰富专业技术和管理经验人才的涌入，促进知识、信息、技术的扩散和传播，有利于增强创新，并走在产业转型升级的前沿，适合发展高新技术产业、研发设计、文化创意等服务行业和新兴经济。

（2）基于产业链定位。

依据产业链上下游的产业定位是目前产业园区定位的主要方式。在某一主导产业基础上，围绕主导产业的上下游产业链、价值链、供需链和空间链，做产业研究和空间布局，形成以主导产业为核心，产业链上下游配套，分工协作，集聚发展的产业格局。以生命健康产业为例，从图3-23可以看出，围绕生命健康产业，上游是前沿检测诊断技术研发和创新，中游可以有医药医疗、养生养老等制造和生产环节，下游是运动休闲和健康服务等服务环节。

（3）基于产业升级定位。

在产业园区经过一定时期的发展后，都将面临转型升级，以便促进产业园区的可持续发展。前面介绍到的第一代产业园区，即要素集聚式的工业园，以单纯的加工业为主，产业起点低，是典型的劳动密集型园区，就面临产业腾笼换鸟，进行结构调整和城市更新。以"新经济""新技术""新产业"为主要产业范围，融入国际高端产业链和高新技术。并且产业定位明确，与区域特色、资源优势和产业基础结合具有合理性和科学性，突出特色化、专业化和产业优势，作为园区

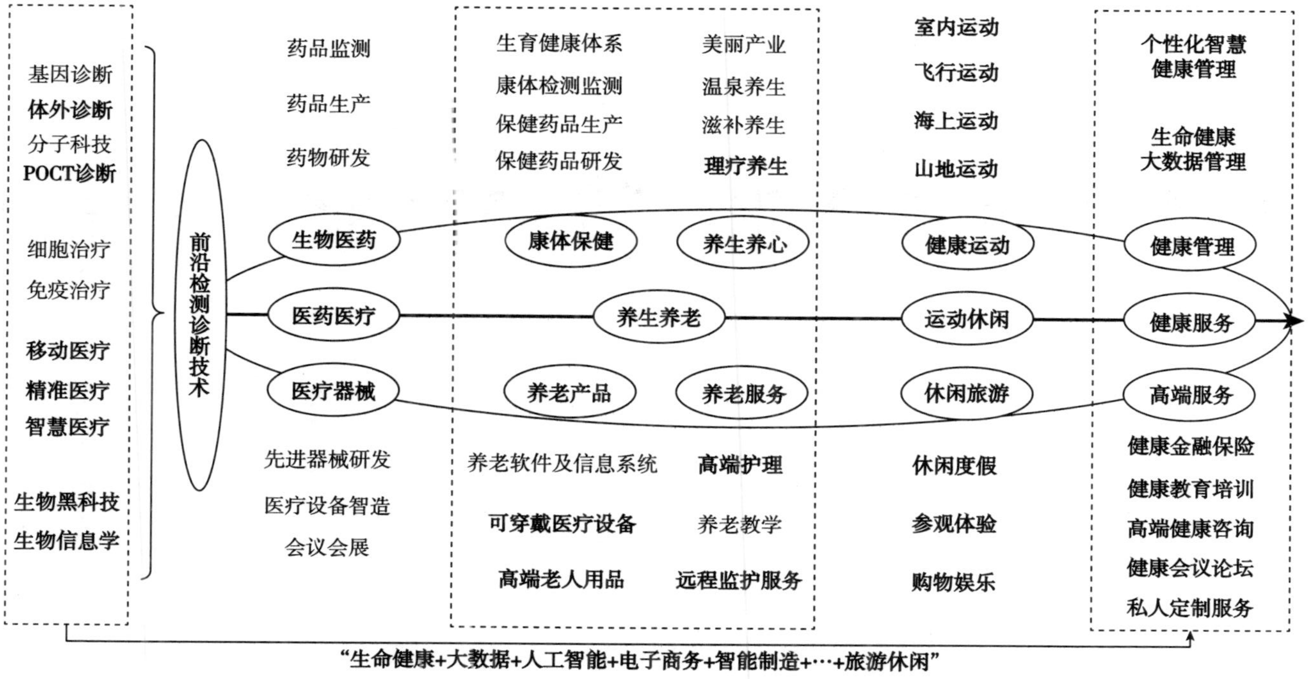

图 3－23　生命健康产业链图谱

产业升级的重点方向。

案例：北京经济技术开发区产业定位

作为首都唯一同时享受国家级经济技术开发区和国家高新技术产业园区双重优惠政策的国家级经济技术开发区，在建设北京科技创新中心将自身定位为"三城一区"中发挥"一区"的功能，即对接三大科学城（中关村科学城、怀柔科学城、未来科学城）科技创新成果转化，明确高精尖产业发展、技术创新和成果转化，逐步形成了新一代信息技术、高端汽车和新能源智能汽车、生物技术和大健康、机器人和智能制造产业的"四大主导产业"。

2020 年开发区政府进一步推出了围绕四大主导产业的"6688"计划，即达到"6000 亿规模"、实现"6 个一批"、实施"8 大工程"、"出台四项"8 条政策。主动承接国家重大产业项目，每年安排 100 亿元资金支持高精尖产业落地发展，到 2022 年初步建成"具有全球影响力的创新型产业集群和科技服务中心"。到 2022 年，北京经济技术开发区地区生产总值预计将达 2000 亿元以上，规模以上工业总产值将突破 6000 亿元。

（二）推动园区招商引资

招商引资源于早期主要集中在吸收制造业的外国直接投资（Foreign Direct Investment，FDI）。随着时代发展，当前产业园区招商引资更多是旨在引入外部资源以促进本地区经济快速发展，更加强调产业招商，而非单纯引进资金。招商引资的规模和质量也备受各地政府高度重视，是地方政府助推区域经济发展的重要途径和手段。

1. 优化"线上＋线下"招商环境

当前园区发展已经由"拼政策"进入"拼服务"时代，服务已经是园区招商的核心内容之一。通过建立优质的招商服务团队，结合 5G、互联网、VR 等现代科技手段综合运用的创新创业服务新平台，形成"线上＋线下"一体化的招商环境。可有效保障招商全过程的跟踪服务，构建服务企业信息库，为筛选、发掘重点优质企业提供参考依据，促进政府更好更快地引入企业，为地方提供良好的营商环境。

（1）线下传统招商。

对于线下的传统招商模式，当前各种产业地产项目蓬勃发展，新园区不断涌现，客户可选择面不断增大，这对园区招商团队提出了越来越高的要求。

在内部要注重对招商和运营团队的建设，让全体人员熟知园区基础建设情况以及招商引资各类政策和招商项目方向，结合良性的竞争激励机制与完整细致的招商技能培训，使企业全体上下形成"人人都是招商专员，个个都是引资主体"的招商新局面。对外部要注重招商渠道的建设，与中介公司、招商代理机构签订招商代理协议，采用驻场招商，事后收费、考核对赌等方式，运用中介现成的客户资源和销售能力，提高园区招商成功率。同时组织企业招商推荐会、论坛活动、行业会议等，加强对园区的宣传，拓展招商渠道。

（2）线上创新招商。

发挥互联网平台优势，整合各类招商资源，可通过微信小程序、招商 APP、网上洽谈、视频会议、在线签约等方式推进开展"云招商"，可通过引进第三方社会资源，建立招商项目在线管理平台，进一步完善统一清单告知、统一平台办理、统一流程再造、统一多图联审、统一收费管理等线上办理模式，为招商引资提供优质高效服务。

2. 丰富创新园区招商运营机制

除依靠地方政府的政策支持外，更重要的是园区自身的"内生"动力。园区可建立"风险共担，利益共享"的长效联动机制，让政府、园区运营者、入驻企业、金融机构共同参与，形成园区利益共同体。将招商政策、资金资本、专利技术、专业人才等要素资源高效联动，并引入社会资本参与产业发展，吸引更多金融机构投入到园区融资，提升园区整体竞争力和创新能力。

（1）招商绩效考核。

园区经营方应有完善招商绩效考核方案，根据园区的整体招商计划，考核方案应做到定性与定量考核相结合，奖金额度与招商业绩相匹配，团队奖金与个人奖金相匹配等原则，完成统一招商业绩提成、发放方式、分阶段考核目标等设计，促进园区招商部门整体团队建设，最大限度地提高招商人员的自主招商积极性，最大限度地完成园区招商任务。

案例：某园区运营企业招商绩效考核方案（部分）

一、招商部人员架构

招商经理：年薪＋业绩奖金＋管理佣金

招商主管及专员：月薪＋个体提成

文档管理员：月薪＋部门奖金

二、提点数值

个人提成：招商提成按使用面积8元/平方米计算；管理佣金：经理提所带团队按月租金总业绩的1%；业绩奖金：经理业绩奖金可按业绩完成多少上下浮动。

三、提成发放方式

合同签订后七个工作日结算70%，商家进场装修后七个工作日结算10%，正式运营七个工作日后结算20%。

四、目标考核

开盘后经理级别的每月要完成意向面积2500平方米；部门主管级别的每月要完成意向面积1000平方米；招商专员每月要完成意向面积300平方米；未完成当月任务的按实际完成量发放底薪以及提成。

（2）合伙人制试点。

园区可以探索试点"园区招商合伙人"和"园区运营合伙人"机制，鼓励前者引入优质产业资源，激励后者导入金融资源扶持产业发展，实现园区与招商运营团队风险共担、利益共享，有利于提升园区招商运营工作的积极性。按产业园项目对合伙人进行独家授权，将项目投资选址、规划定位、产品设计、建设施工、招商推广、运营服务的全程管理和控制全部委托给合伙人管理，形成深度绑定，根据合作深度，可进一步调整为区域合伙人。

3. 发挥金融投资的杠杆作用

园区招商引资的企业普遍处于初创期或者成长期，创业期资金压力大，以及应收账款回收期长，因此会出现经营性现金流不足，还款能力较弱，融资还款的应急和置换方案较少，抗风险能力相对较差，容易出现融资风险。政府应当针对产业发展目录向扶持发展的产业提供产业引导基金扶持，增强扶持发展行业的初创型企业的资金需求。目前全国目标规模千亿元以上的引导基金共18只，总目标规模合计29737亿元，占总政府引导基金目标规模的25.62%（见表3-3）。

表3-3 目标规模千亿元以上政府引导基金成立情况 单位：亿元

引导基金名称	级别	目标规模	设立时间
长江经济带生态基金	国家级	3000	2018年11月1日
新疆PPP政府引导基金	—	2500	2016年5月19日
中国光谷母基金	区级	2500	2017年12月26日

引导基金名称	级别	目标规模	设立时间
甘肃省公里基金	省级	2000	2017 年 7 月 7 日
广州城市更新基金	地市级	2000	2017 年 12 月 29 日
四川产业发展投资基金	省级	2000	—
中国政企合作投资基金	国家级	1800	2016 年 3 月 4 日
国新央企运营基金	地市级	1500	2017 年 3 月 15 日
国创基金	国家级	1500	2017 年 7 月 20 日
国家集成电路产业投资基金二期	国家级	1500	2018 年 5 月 4 日
鲲鹏基金	地市级	1500	2016 年 8 月 19 日
国家集成电路产业投资基金	国家级	1387	2014 年 9 月 26 日
安庆市同安产业并购基金	地市级	1200	2017 年 5 月 26 日
安顺市扶贫子基金	地市级	1200	2017 年 6 月 26 日
交通建设产业基金	地市级	1100	2015 年 9 月 18 日
山西太行基金	省级	1050	2017 年 9 月 12 日
江西省发展升级引导基金	省级	1000	2017 年 5 月 8 日
北京市政府投资引导基金	省级	1000	2016 年 1 月 20 日

资料来源：私募通，如是金融研究院。

在疫情的影响下，募资面临更严峻的挑战。因此，对于产业园区，应争取政府引导资金，发挥政府产业基金在招商引资中的杠杆作用。首先，要明确园区自身的主导产业，真正契合当地支持的产业方向、沿产业链布局以及项目落地。其次，要关注合规，除平衡园区经济效益和社会效益外，要关注制度的完备性、运作的规范性、信批的及时性，不能踏过法规的红线。最后，要关注最新政策。到地方申请政府引导基金时，应提前"吃透"当地的政府引导基金的相关政策规定和管理办法，同时积极关注当地政策的最新变化。

（1）投资招商模式。

资本手段促进产业落地进入园区，投资营商更强调的是战略上的协同，以产业落地促园区形成，是一个严密的"资本招商＋资产增值＋资本运作"的逻辑链条。第一步，投资相关的潜力企业，形成一个贯穿上下游的产业链，可以相互之间提供供需订单，形成紧密的价值链。第二步，与地方政府洽谈，开发产业园区，将这些企业引入产业园区，吸引更多的企业进来，形成聚变效应。

（2）众创孵化模式。

让园区内保持企业的长期入驻，才能产生良好的规模效益和时间效益。以

"众创孵化＋园区招商"为例，它是一种生态闭环式的对接模式——很多早期的初创团队在众创空间和孵化器中成长起来，初创团队一般依托高校、科研机构等教育研发资源，从孵化、加速到产业化阶段，水到渠成地落户在园区当中，从而解决了园区这个生态森林良性循环的问题。而这种模式，又可以和前面的投资招商模式结合起来。图3-24展示了华南理工大学众创空间孵化模式。

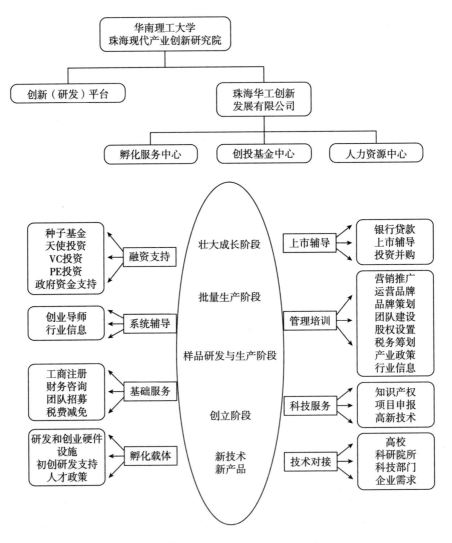

图3-24 华南理工大学众创空间孵化模式

资料来源：华南理工大学珠海现代产业创新研究院官网。

（3）众筹众包模式。

通过各个社会资本方结成一个优势互补的联盟形式，与地方政府进行对接，能够拥有更好的议价能力，由此以更优惠的政策、更经济的地价来锁定更优质的园区，同时可以有效地均摊风险，根据需求和各自优势在内部进行分配，并以一种"众筹、众包、众建、众享"的模式，让每一个资方能够对自己所负责的单元进行最有效的资源导入和开发运营。例如，"阿米巴"招商承包责任制将整个组织划分为若干个小团体，每个小团队相对独立，有自己的经营权、核算权，最大化激活每一个资方和产业资源进行整合，促进整个园区的招商运营效率提升。

（三）搭建专业化产业服务体系

为激发主题园区生产经营主体的活力，充分吸引更多优质的企业、项目和资金流入，进一步提升园区及所在区域的吸引力、竞争力、驱动力，创造良好园区营商环境。现阶段越来越倾向于园区服务专业化，即有明确的定位、专业的定制服务，园区经营者可围绕主题园区主导产业，搭建以"政务服务＋园区运营与物业服务＋专业技术服务＋对客服务＋智慧园区服务"为核心的产业服务体系，从而使园区经济由传统单一的盈利模式，向多元化和利益最大化的经营模式转型。

1. 政务服务

园区应充分发挥与政府部门紧密联系的优势，在创业投资、产业扶持、研发投入补贴、政策服务、营销推广等领域或环节为园区企业提供及时的各类政策性服务，具体可包括以下方面：

（1）政策信息推送服务。

密切关注与园区企业相关的地方最新政策发布、调整及申报等动态信息，充分运用移动互联网、客户端信息技术手段，及时向企业推送。

（2）政策宣讲与咨询服务。

园区对企业关注的重点、热点政策，深度研究经开区在产业、人才、土地、财政税收、金融等方面的政策，搭建企业与政府之间的桥梁，定期组织专题活动，就政策支持的范围、申报条件、扶持力度等内容向企业提供直接的宣讲和咨询服务。

（3）政策协调服务。

园区根据产业发展、园区建设和创业企业的需求，反映政策诉求、实施政策评估、开展政策协调、提出并争取针对性的政策支持。

2. 园区经营与物业服务

园区的有序运营，离不开基础物业管理的支撑，主要包括基础物业服务、装修改造、会务服务、商务服务、人才公寓、餐饮休闲娱乐等服务内容。

（1）创新空间服务。

整合政府、金融及产业资源，从单一提供"空间服务"升级为提供孵化、整合、投资等产业创新服务，树立与创新创业主体共成长的发展理念，推动智慧赋能，提高资产运营效率。

（2）基础设施服务。

包括水电、道路、网络通信、互联网数据中心（IDC）、智能建筑与物联网的建设与运营服务。

（3）公共空间服务。

充分利用空间，开展各类会议室、产品展厅、商务会客厅等出租与运营服务。

（4）基础物业服务。

为园区企业提供安全保卫、卫生保洁、环境绿化、设备维修、客户服务等基础物业服务，保障园区环境正常运营。

（5）园区配套服务。

为园区企业员工提供餐饮、居住、交通、休闲娱乐等综合配套服务。

3. 专业技术服务

通过组建专业团队、和外部机构合作，形成集办公、科研、商务、中介等为一体的产业服务平台，为园区企业提供科技金融等专业技术服务。

（1）公共研发服务。

从满足园区企业对关键、共性技术研发应用及公共设施共享的需求角度，组织建设或对接合作面向行业的共性技术研发与测试平台；组织大型企业、科研机构、高校院所等社会资源，推进大型实验设备、检验检测设备共享应用；推进科技数据、科技文献共享平台建设和服务提供。

（2）创业投资服务。

聚焦培育新兴产业与高新产业，加大创新创业投资支持力度，鼓励园区具有高成长潜力的初期科技项目、创业企业，在园区设立创业投资引导基金、参股子基金及联合投资的市场化基金，配合金融机构完成企业尽调、投后管理、退出流程等。

4. 对企服务

包括用户中心（业务受理、申请查询、投诉中心等）服务、园区公共信息服务、活动组织与发布、企业走访、创业群体的互动平台建设，以及企业社会责任、人文关爱、诚信创建等。

（1）企业辅导服务。

通过组织各类专家、导师和服务机构资源，开展企业辅导服务，帮助企业梳理和完善公司治理，保障企业稳健发展。具体服务可包括：

1）组织开办各类创业培训班，讲授企业发展所需基础知识；

2）帮助企业完善商业模式，对其未来公司产品、客户、市场发展前景做出专业分析；

3）就企业在经营中所涉及的知识、政策、法规以及各种常见问题提供咨询和解答；

4）为企业提供项目研判服务，指导开展项目市场调研、可行性分析、风险预估、投资收益等各环节的预测服务；

5）根据企业资金需求，协助完成其融资商业计划书，提供融资和引资方面的洽谈和对接服务；

6）通过定期回访调查、专业导师顾问等方式，积极协助解决企业实践中不断出现的新问题，帮助企业改善经营管理。

（2）企业文化交流服务。

为推进园区内部的企业文化氛围建设，搭建专业平台，一是协助举办各类企业互动交流活动，形成园区内企业群体互动平台，促进企业间的技术合作、联合创新及产业链合作；二是搭建园区外的行业交流平台，建立投资、项目路演、企业家协会、行业论坛、技术联盟等平台互动交流。

5. 智慧园区服务

将利用技术创造与革新，运用到传统的服务业当中，通过延伸智慧应用服务，来满足客户的特定需求，拓展了服务范围，为物业管理者、企业、住户提供更高效便捷的服务，促使园区生态环境得到智慧化、流程化管理，主要包括智慧楼宇管理、智能微网、智慧停车、智能充电桩、在线缴费、园区数据库等服务内容。

五、开放园区

园区的发展受到空间边界、人才边界、创新系统边界乃至职能边界的多重制约。因此，通过空间开放、政策开放、合作开放、资源开放，克服园区"边界"困境，是园区发展的必由之路（见图3－25）。

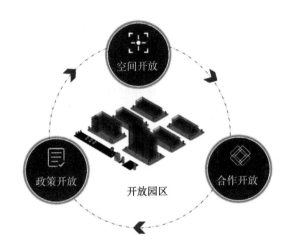

图3－25　开放园区示意

（一）空间开放

在园区空间环境打造中，产业园区应注重空间资源的精细开发，做足生态底色，持续提升园区环境功能品位。因此，园区在建设中应主要完成建筑空间布局、街道开放性、道路通达性、设施精细化设计等方面的建设。

1. 组件式开放空间

传统的工业园区多采用"兵营式"布局［如图3－26（a）所示］，将建筑厂房按顺序均质排列，模式单一，布局单调，缺乏个性，同时建筑间又难以围合出公共活动空间。基于此，园区应采取"人性化组建式"布局［如图3－26（b）所示］，除建筑形式更加丰富外，还形成了大面积室外活动空间。在这种"组件式"的布局下，围绕园区可形成多个半围合式中庭，可充分将产业功能和园区景观、设施融合，美化形成了大片公共活动空间，兼具观赏性与功能性。

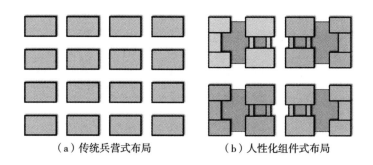

（a）传统兵营式布局　　　　　（b）人性化组件式布局

图 3 - 26　园区传统兵营式布局与人性化组件式布局

2. 开放共享式街道

园区的街区道路功能，已不是简单满足园区的交通需求，而应更加注重以人的需求为根本导向的文化、服务、信息交流共享等功能。可将"活力街区""街道共享"等有关城市规划的理论在园区道路设计中加以实践。在园区道路的传统绿化景观设计的基础上，进一步提升为具备一定功能，形成"活力、互动和生态"的带状开放共享空间。

同时，以"窄路密网、小尺度街区"为特征的"开放街区"是促进城市紧凑、高效、低碳发展的重要空间模式，其中提升路网的连接性、提高地块建筑密度及将附属绿地转换为公园绿地等是"开放街区"理念的重要设计思路。在产城一体化的背景下，"开放街区"的规划思路也可用于产业园的街区设计。主要解决目前封闭园区发展模式所产生的内部交通不畅、土地低效利用和绿化覆盖不足等方面的问题，对于提高园区空间紧凑性、促进园区企业开放交往和弱化企业社会隔离将具有重要意义。图 3 - 27 展示了上海张江科技园道路设计规划。

3. 园区内外部道路连通

园区内外道路网络的通达性是体现园区空间开放的关键一环。园区交通布局时应有全局观念，园区路网在规划与建设时应优先考虑利用现状路段，做到能够与外部规划道路合理衔接，保持与外部的联通性。内部路网结构要力求均衡，在内部根据主要交通流向确定主干路走向，之后确定次干路走向，形成干道网。合理的各级道路间比例关系呈正金字塔结构，即按主干路、次干路、支路逐级递增。

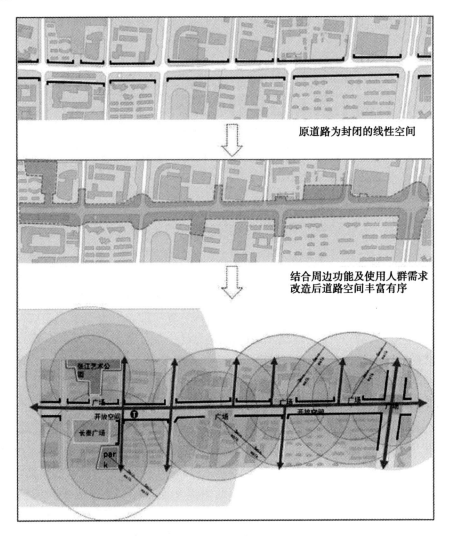

图 3 - 27　上海张江科技园道路设计规划

资料来源：上海城市规划杂志公众号。

　　开放园区的道路交通空间应进行人性化改造，提供多种交通方式满足多样化的交通需求，城市的道路空间不仅要服务于机动车驾驶者，培育机动车与步行、非机动车不同交通方式之间的相互促进，在保持园区道路开放性和通达性的基础上，同时注重规划园区的"慢行"道路网络，提升园区的空间环境品质。

　　4. 精细化园区设施

　　通过园区道路、绿化种植和场地设施等精细化空间设计，高效精确利用园区公共空间，打造适合多种活动的人性化生活型空间。在道路照明、卫生设施、道路座椅、道路绿化和地面铺装等细节处理上，避免工程式的标准化设计，突出园区主题特色、所属地区特色。

案例：航田·智能终端（手机）产业园

2018 年 5 月正式开园的航田·智能终端（手机）产业园 BCDE 区除了以全球重要的电子信息生产基地为人所知外，又因高品质厂房获批"河南省工业旅游示范基地"，成为园区又一特色。产业园在规划设计之初，便充分考虑了城市性格和产业属性，采取"人性化组团式"建筑布局，通过"C 字形""回字形""倒 V 形"将园区建筑"围合"出多个"庭院式室外空间"，让员工可以在工作间隙走出室外，享受片刻的休闲与放松，从而碰撞工作想法，舒缓工作压力，让园区不再是冰冷的建筑群，而是有温度的有机体。

（二）政策开放

面对经济全球化的发展新形势，构建互利共赢、多元平衡、安全高效的开放型经济新体制是我国政府面对市场化竞争的重要政策手段。构建全面开放先行区、统筹对内对外开放、建设改革开放新高地，以开放创新综合试验为抓手不断深化改革，深化园区开放政策，积极构建开放型园区经济新体制，激发园区开放的软实力，为地方创造更加开放共享的营商环境。

1. 政策制定开放

（1）增强政策制定者参与。

提高园区企业对政策制定的参与度，拓宽群体征求意见的渠道，提高政策的可执行性和可操作性。在出台相关政策时加强与市场沟通，提升政策制定的透明度和政府公信力。因此，在园区政策制定时应将园区运营者、地方政府、园区企业等园区政策的各利益相关方共同纳入。

园区运营者：园区运营企业是园区政策的主要管理者，园区政策宣传是园区运营方的主要招商手段，园区运营服务已不再是早期的物业和出租服务，而是围绕园区企业的 360 度全方位服务。对于园区政策方面，园区运营企业不但要积极配合政府制定，同时还要采用多种形式进行有效的宣传，服务园区企业申报，成为园区政策开放的重要中间环节。

地方政府：地方政府组织走入企业已成为各地政府、党建组织营造良好营商环境的重要手段。作为园区政策的主要制定者，政府涉及土地、人才、税收、财政多个方面政策，因此，应切实地将服务的触角延伸到企业身边，解决企业发展过程中需要协调、搭桥和引导的问题，通过政策解读讲座、现场答疑和发放政策汇编资料相结合方式，切实地将企业相关政策真正传达到企业，高质量打通服务企业和政策落地的"最后一公里"。实现基层政务公开标准化规范化，推行阳光政务。

园区企业：园区企业是园区政策最直接的受益人，行业领先企业在进入园区前都会认真评估当地的政策是否有利于本企业发展，同时政策的执行落实情况，也会影响企业的后续投资和发展。在这样的情况下，在政策制定和执行的各个阶段都应注重企业方的参与，重视企业的意见，进而激发园区企业的参与度和活跃度，提升企业对区域的信任感。此外，从未来服务方式的社会化和多元化，还应适时将中介服务机构、商业协会等作为政策服务的参与者。

（2）建立有效的政策推广。

线下场所：一般在园区的招商运营部门或物业管理部门中设立园区政策服务场所（中心）、政策宣导公示栏，用于为园区企业提供查阅、政策咨询和办理审批等便民服务事项的公开场所。在这里展示园区政策内容、政策申报流程等。这种基于线下的园区政策公开的实体空间是园区运营方所使用的基础推广渠道。

活动组织：通过举办主题沙龙、企业邻里活动、宣传培训等，一方面可向园区企业进一步传递园区政策，宣传园区运营服务；另一方面园区入驻企业之间通过产业园运营服务增进企业的交流，相互间加深了解，更好地团结，凝聚企业，甚至促成相互的业务合作，从而营造园区政策开放的良好氛围。

线上平台：相较于传统的线下场所展示、组织活动的单点宣传模式，利用线上平台将是未来园区政策开放的主要载体。将机构介绍、园区活动、政策服务等信息通过线上展示，便于企业查看、检索、申请等。特别是在今后相当长时间疫情常态化的状况下，线下活动将会受到一定的限制，线上平台如直播将摆脱空间限制，同时提升对接交流的效率。

2. 政策服务开放

拥有一个开放的支撑和服务体系，对改善园区环境和促进产业发展意义重大。通过线下的政策服务的团队、组织机构和线上政策服务平台运作，提供系统、全面、方便、高效的开发性政策服务，从而为园区企业发展提供有力支撑。在未来园区政策与服务的开放程度，将在很大程度上预示着产业园区发展的后劲和前景。

（1）政策服务内容。

园区的政策服务是园区招商引资的重要手段，每个产业园区都会通过线上或线下途径，在其各种推广的文案中推出"产业政策"内容，从行政级别上看，可包括国家级、市级、区级。从服务内容来看，可包括税收优惠类、房租补贴类、人才引进类、专项拨款类、免征税款类、贴息贷款类等（见表3-4）。

表3-4　产业园服务政策内容

类型	主要内容
税收优惠类	对于入驻园区的企业，只要满足一些特定的条件，便可享受一定额度的税收补贴或税收减免
房屋补贴类	园区为帮助入园的企业更好地发展，在企业刚入园的一段时间内，给予一定面积的房租补贴或者减免
人才引进类	为帮助企业引进人才和保留人才，园区对符合特定条件的人才给予户口、住房、津贴等方面的优惠
专项拨款类	园区设立专项资金，对一些符合特定条件的企业，进行一次性无偿资助
免征税款类	园区为更好地服务入驻企业，免除包括管理类、登记类、证照类等在内的多项行政事业性收费
贴息贷款类	为鼓励企业引进新项目、研发新技术，对新增投资超过一定金额的企业，进行贷款贴息奖励

（2）完善政策服务组织。

为提高服务的务实性和针对性，地方政府、园区运营方均有成立相应的政府服务组织，这种切实的、面对面服务的政策服务组织也是体现园区政策服务开放的重要载体。通过政策服务组织进入园区，深入企业开展实地调研、走访，与企业主要领导和相关人员面对面座谈，沟通协商建立完善的政策制定、政策服务等工作事宜，切实了解企业的真实需求，搭建起园区、地方政府与入园企业的开放沟通、对接渠道，使政策宣传和活动组织等工作可以充分渗透，进而真正发挥服务企业的作用。

案例：北京经济技术开发区亦企服务港

亦企服务港是经开区工委、管委会于2019年成立的党建引领、服务企业的实体化运行组织，在2019年走访了260余家企业，解决各类诉求500余件，至2020年已建立13个站点，形成覆盖经开区全域的服务网络，用于就近为开发区园区企业提供政策解读、办事部门及流程介绍、企业党（团）服务、职工心理帮扶、企业公益服务及协调解决企业发展中遇到的困难问题等服务，特别是疫情期间通过防疫宣传、协调物资，为企业打通绿色通道减少巨额损失。作为政府性质服务组织通过将服务的触角延伸到企业身边，切实解决企业发展过程中需要协调、搭桥和引导的问题，切实打通政府服务企业的"最后一公里"。

（3）搭建政策服务平台。

随着园区规模体量的增大，为了更高效地管理、更便捷地宣传推广园区政策、服务，园区开始结合智慧化手段，搭建园区政策宣传的专业化门户和服务平台，基于园区企业的共性需求，通过整合资源，为园区提供"一站式"的开放性政策服务，利用科技手段提高办事效率。本书认为，园区在搭建政策服务平台时主要注重以下三方面的建设：

政策宣传服务系统。通过建设政策宣传服务门户网站，可为园区企业提供政策智能查询、政策标签分类、政策智能匹配、政策分布解读、政策受理状态咨询等一系列服务。通过智能化的政策查询和自动匹配、分步解读等人性化的功能，引导园区企业快速定位自己所能享受的政策。

政策申报受理系统。建设政策在线申请受理系统，通过该系统方便园区企业利用网络平台进行政策申请、政策申报代办、了解申请审批状态等。并为园区管理人员提供业务受理、与企业的信息交互、项目信息自动分发到操作部门能功能。

政策信息处理系统。建设政策综合信息数据库，用以储存各类政策原文、申报项目、项目信息状态等，为政策查询系统以及政策项目管理提供数据支撑。实现数据的分类、可受理项目的统计分析、维护及管理，并可实现按月份、季度、年份对受理项目状态和执行情况汇总分析。

案例1：北京市海淀区创新服务"扫码即办"

中关村创业大街通过"码上办"实现了政策咨询交流、社会化服务产品购买、业务办理等便捷化；企业档案"容e查"服务，率先将人脸识别技术与排队取号系统相结合；"海淀工商企航直通中心"，通过微信小程序接入实时音视频技术，打通政府单位、企业、跨部门沟通办事的全流程。为助力创业人群和企业，海淀区还率先设立了"创业会客厅"，打造一站式全要素创新创业服务平台。

案例2：杭州未来科技城

结合电子商务"在互联网上做生意"的特点，杭州未来科技城进行"互联网+政务"创新，通过打造线上的"电商园"为全国的电商提供无界服务。联合市场监督管理局开发电子商务个人网店在线登记系统，实现在线注册、一键领取工商电子营业执照，真正实现"一次也不用跑"，充分体现了"以网管网""最多跑一次"的改革思维。

（三）合作开放

通过园区间的开放合作，充分发挥各园区的特色优势，通过建立产业园区联盟、跨区域合作、与外部机构合作等方式，联合制订招商方案，共同举办招商活动，加快引进重大项目，完善产业链补链成群、扩大区域配套能力，带动周边地区经济社会发展。

1. 跨区域合作产业园

当前我国园区发展已经进入深化创新合作、跨区域构建创新链条、辐射带动更大区域的创新发展新阶段。产业园区通过跨区域合作，实现更大范围的优化创新资源配置，降低园区创新成本，增强园区创新能力。目前的跨区域的异地共建园区有多种模式，按照参与程度可分为3类，包括飞地经济模式、股份合作模式、委托第三方开发运营管理模式（见表3-5）。

2. 产业园区联盟

作为企业间自愿结成的，用于进行资源共享整合、互相协作的一种合作模式，产业联盟同样已成为园区重要产业生态载体。产业联盟中的成员为某一行业中的企业，或是同一产业链各部分的企业。通过搭建产业平台，将相关企业集聚在一起,通过活动、沙龙等形式推介项目信息,将上下游产业链上的企业维系起来,共同参与,为联盟企业的发展提供智力支持,倡导园区内企业优势互补、产业互补、优先选用。

表3-5 跨区域合作产业园模式

合作模式	模式特点	模式适用地区	案例
飞地经济	由外地政府在其区域范围内划出一定的可开发面积交给开发商独立开发运营,双方共同约定产业发展方向、经营管理期限、权利义务等,园区经营期限内开发商行使相关经济管理权,享有园区开发经营收益,到期后园区转交当地政府经营	适合于援建地区,或者发展有一定的经济落差的地区	"江阴—靖江"工业园,飞出地为江阴市,飞入地为靖江市
股份合作	开发商与合作地区双方共同出资成立股份公司,负责园区规划、投资开发、招商引资、经营管理、利益协调等工作,收益按照双方股本比例分成	适合资金实力较强、园区开发经验丰富、具有一定产业基础的发达地区,如长三角、珠三角、环渤海地区	上海外高桥集团(启东)产业园,上海、启东各占股本60%、40%
委托第三方开发运营	园区经验输出方与当地政府双方共同商定在外地开发区中划出一定区域,交给有实力和能力的受托方,全权委托其园区的经营管理和发展,园区经验输出方以品牌合作、技术支持等方式参与	适合于园区品牌方影响力较大,且发展有一定的经济落差的地区	河北沧州鑫茂园,园区由山西商人出资支撑,地方政府供给招商引资优惠政策,鑫茂集团经过输出管理效劳获取项目30%的股权,输出鑫茂形式

案例:长三角G60科创走廊产业园区联盟

2019年6月28日,长三角G60科创走廊产业园区联盟在园区成立,九城74个产业园"抱团"筑造长三角一体化发展新平台。通过开展多样化、常态化的合作交流,搭建联盟成员单位与政府机关、科研机构、投融资机构的桥梁,并聚焦促进行业上下游协同发展、园区人才交流、产业政策支持等重点工作。

---

3. 园区外部机构合作

通过协会、研究院等形式促进相关企业与大学、研究机构、政府、中介组织之间在长期正式或非正式的合作与交往过程中形成相对稳定的创新联系，促进园区中知识的产生、传播、渗透，并在各个主体间发生作用，构建开放度高、互动性强的创新生态。与各行业主管部门单位建立联系，建立机构服务信息共享、优质机构互推机制，持续推进"政府＋社会"化服务的资源整合工作，针对企业发展过程中的法律、财务、知识产权、质量管理等需求，不断整合内外部资源，致力于为企业提供最完善、最优质的服务功能。

案例：德国弗劳恩霍夫应用研究促进协会

弗劳恩霍夫协会是一个非营利社团，根据协会章程，各个研究所不得生产商品，并且不得将技术独占性转让给某家企业，而是通过与多家企业合作，推动整个行业的技术进步。研究所进行绩效考核时，如果一个研究所的横向课题经费占比低于10%，就会遭到质疑，因为这代表着没有很好地与企业合作。

第四章

园区经济保障措施

理想中的园区是什么样子？既要有良性的产业生态链生态圈，又要达到生产、生活、生态"三生融合"的状态，那么如何建设理想园区呢？本章将从顶层设计、政策、金融、人才、招商、资产、合作、党建等多个角度，全方位剖析发展园区经济的重要保障措施。

一、顶层设计

产业集聚、绿色环保的园区离不开科学的规划布局、科学合理的园区统计指标体系。

（一）科学规划布局

1. 园区规划体系要与城市规划体系协调统一

随着园区承载的功能逐渐完善和丰富，大量城市要素和生产活动在园区内聚集融合，推动了区域城市化水平提升，园区经济与城区经济逐渐走向融合。园区的规划绝不能脱离城市规划体系，园区规划应当在城市规划和上位规划的框架下进行编制。园区规划体系应当包含具备区域、空间、经济、社会等诸多功能的综合性园区发展规划，与城市规划体系一脉相承，作为园区发展的纲领性文件。

2. 积极落实"多规合一"，开展专业、专项规划

专项规划要同时考虑教育、医疗、文化、体育等公共服务设施和特色风貌、生态绿化等专项规划编制工作，衔接和协调好园区生产生活资源配置。

3. 注重园区土地利用的动态性规划研究

园区的产业发展和城市规划对园区土地利用都有重要影响，在园区土地利用规划研究中，要综合考虑城市规划、区域产业版图、园区产业规划等关键问题，土地利用规划要充分实现近远期融合，努力提升园区土地的长效使用效益。

4. 开展园区规划实施效果评估

采用定量的指标评估和定性的客户满意度评价相结合的方式，评估园区产业发展、土地开发、园区运营模式，引导优化园区产业结构，打造高质量产业发展生态。

5. 注重构建园区产业生态体系

结合园区产业空间分布和园区所处开发区产业版图位置，合理规划好园区主导产业和产业服务配套，形成纵向供应链和横向服务链的形成和良性互动。通过招商引进专业研发机构与研发公司，促进产学研合作开发，打造和提升园区的核心竞争力。

（二）构建指标体系

发展园区经济要建立科学合理的园区统计指标体系，统计指标体系既是指导和调整园区有序运行的重要基础，也是园区进行宏观决策的支撑数据，园区产业发展和核心能力建设离不开统计工作的优化与升级。

1. 统筹近期远期

统计工作的运行机制要与园区发展阶段相适应，要为统筹园区近期远期发展提供统计数据支撑和服务保障。

2. 兼顾类别差异

统计指标体系的设置，侧重突出园区的重点建设方向，要注意区分相同指标和差异指标。例如，在生态园区统计指标设计上，可以围绕生态经济，重点关注能源循环利用、固废回收处理、土地利用强度等方面，经济发展指标[1]中的资源再生利用产业增加值占园区增加值比例，产业共生指标中的工业固体废物综合利用率、再生资源循环利用率 2 项指标，资源节约指标中的综合能耗弹性系数、工业用水重复利用率、再生水（中水）回用率等指标，以及环境保护指标中的工业园区重点污染物稳定排放达标情况、工业园区国家重点污染物排放总量控制指标及地方特征污染物排放总量控制指标完成情况、工业固体废物（含危险废弃

---

[1]　参考《国家生态工业示范园区标准（HJ 274 – 2015）》2015 年修订。

物）处置利用率、绿化覆盖率等指标。

3. 搭建统计云平台

要搭建智慧化的统计服务云平台，包含企业情报信息、招商管理、园区服务等子平台，利用好大数据工具，提高基础设施运行保障能力，提高服务客户的明确性、高效性、灵活性，通过更优化、更智慧、更标准的统计服务从园区监管、服务升级、产业布局、招商决策四方面助力智慧园区建设。

二、产业政策

近年来，北京、上海、深圳、广州等一线城市出台了一系列资金、土地、技术、人才政策，对新一代信息技术、高端装备制造、生物医药等战略性新兴产业进行大力扶持，推动产业高质量快速发展。

（一）各地政策

1. 上海政策

2017 年 9 月，上海市发布《上海市战略性新兴产业发展专项资金管理办法》用于支持战略性新兴产业发展。同年 7 月，发布《浦东新区"十三五"期间促进战略性新兴产业发展财政扶持办法》①，对战略性新兴产业符合条件的企业，按综合考核评定的企业对新区的增量贡献程度，五年内每年给予一定的奖励。

表 4 - 1　上海市部分产业扶持政策

序号	扶持产业	时间	政策名称	备注
1	战略性新兴产业	2017 年	上海市战略性新兴产业发展专项资金管理办法	投资补助、资本金注入、贷款贴息和无息委贷四种支持方式
2	人工智能	2017 年	上海市人工智能创新发展专项支持实施细则	

---

①　战略性新兴产业是指符合《"十三五"国家战略性新兴产业发展规划》，以及《浦东新区产业发展"十三五"规划》要求的产业领域，具体包括新一代信息技术、高端装备、新材料、生物、新能源汽车、新能源、节能环保、数字创意等战略性新兴产业，以及汽车、船舶等浦东传统优势产业。

序号	扶持产业	时间	政策名称	备注
3	软件和集成电路	2018 年	上海市软件和集成电路企业设计人员、核心团队专项奖励办法	人才政策
4	含战略性新兴产业	2015 年	上海市产业转型升级发展专项资金管理办法	有效期延长至 2020 年 8 月
5	美丽健康产业（含生物保健、医疗器械）	2017 年	关于推进上海美丽健康产业发展的若干意见	含人才、土地、税收等政策
6	应急产业	2017 年	上海市人民政府办公厅关于加快本市应急产业发展的实施意见	含应急智能机器人
7	软件和集成电路	2017 年	关于本市进一步鼓励软件产业和集成电路产业发展的若干政策	含企业、研发、人才、知识产权等政策

2020 年 1 月，上海市虹口区发布了"加强投资促进工作"26 条措施以及最新修订的"1 + 4"产业扶持政策，大力发展现代商贸、文化创意、专业服务、信息服务四大重点产业，加快培育 5G 产业。2020 年 3 月，浦东新区正式发布《浦东新区促进重点优势产业高质量发展若干政策》，围绕产业能级倍增和科技创新中心核心承载区功能优势倍增的总体目标，从推动产业能级提升、空间优化利用两方面，提出 9 大专项政策，旨在实现科技创新功能优势倍增和产业能级倍增，全力推动浦东科技和产业高质量发展。

专栏：浦东新区促进重点优势产业高质量发展 9 大政策

集聚优质产业创新资源	鼓励企业加大投资力度
支持创新成果产业化	鼓励产业链协同联动
支持示范推广应用	保障产业用地供给
提升存量空间绩效	支持盘活存量空间
配套支持市级项目	

资料来源：上海张江科学城官方微信公众号"张江发布"。

2. 深圳政策

2018 年 11 月，深圳实施《深圳市战略性新兴产业发展专项资金扶持政策》①，采用资金资助、股权投资、贷款贴息、风险补偿等多种扶持方式，对新一代信息技术、高端装备制造、生物医药在内的战略性新兴产业，开展创新能力建设、产业化、应用示范推广、产业配套服务体系建设。2019 年 7 月，深圳发布了《深圳市科技计划管理改革方案》，推出科技计划管理改革 22 条举措，进一步放开科研机构的自主权，重点支持基础研究与核心技术攻关等领域，打造更加宽松的科技创新环境。

表 4-2 深圳市部分产业扶持政策

序号	扶持产业	时间	政策名称
1	实体经济	2019 年	深圳市扶持实体经济发展促进产业用地节约集约利用的管理规定
2	集成电路	2019 年	关于加快集成电路产业发展的若干措施
3	战略性新兴产业	2019 年	深圳市工业和信息化局战略性新兴产业发展专项资金扶持计划操作规程
4	电子信息	2019 年	深圳市推动超高清视频应用和产业发展若干措施（2019～2021 年）
5	电子信息	2017 年	开展新数字家庭行动推动 4K 电视网络应用与产业发展若干扶持政策（2017～2020 年）
6	战略性新兴产业	2018 年	深圳市战略性新兴产业发展专项资金扶持政策
7	产业转型升级（含特色产业园改造提升）	2016 年	深圳市产业转型升级专项资金管理办法
8	人才	2016 年	深圳市产业发展与创新人才奖实施办法
9	含战略性新兴产业	2018 年	深圳前海深港现代服务业合作区产业投资引导基金管理办法
10	特色工业园（含战略性新兴产业）	2017 年	深圳市产业转型升级专项资金特色工业园资助资金操作规程

---

① 深圳七大战略性新兴产业包括新一代信息技术、高端装备制造、绿色低碳、生物医药、数字经济、新材料、海洋经济。

3. 广州政策

近年来，广州市人才集聚效应、科技创新产业发展与北京、上海相比还有差距，又面临深圳、苏州等城市的挑战。广州市政府致力于建设国家重要中心城市、国际商贸中心和综合交通枢纽，推动营商环境改革，明确重点发展产业，提出"一产业一部门一政策"原则，即一个产业由一个部门牵头并配套出台一套产业促进政策，从扶持科技初创企业、人才创新创业、科技企业孵化和创新园区等方面陆续出台产业扶持政策。

表 4 - 3 广州市海珠区产业扶持政策

序号	扶持方向	时间	政策
1	科技创新	2016 年	广州市海珠区科技企业孵化器和创新园区认定与扶持办法
2		2016 年	广州市海珠区企业创新奖励办法
3		2016 年	广州市海珠区科技企业孵化器和创新园区认定与扶持办法
4		2016 年	广州市海珠区专利扶持办法
5		2018 年	广州市海珠区科技型初创企业集中性投资后补助资金池管理办法（试行）
6	人才	2017 年	海珠区人民政府关于扶持人才创新创业的实施意见
7		2017 年	海珠区就业专项资金使用管理办法
8		2017 年	海珠区创新创业（孵化）示范基地认定管理办法
9		2018 年	广州市产业领军人才奖励制度
10	先进制造业	2017 年	广州市先进制造业创新发展资金管理暂行办法
11	智能装备及机器人、新一代信息技术、生物医药与健康医疗、智能与新能源汽车等重点产业	2018 年	广州市《中国制造 2025》产业发展资金管理办法

（二）政策内容

产业园区伴随我国的改革开放而诞生、成长与发展，已经成为我国经济发展的重要引擎，因此园区的运营与管理得到国家和地方政府的大力支持，其中包括金融、招商、园区资产更新优化等方面的政策。

1. 金融政策保障

产业园区的发展离不开资金的支持，地方政府应落实好惠企政策，缓解融资难问题，确保企业稳定可持续发展，强化金融支持产业园区发展、服务实体经济的能力和水平。产业园及入园企业夯实大中小融通特色载体，用好"资金池""园保贷""专利权、商标权质押融资"等金融手段与政策，以政策为导向，采取控股、参股等方式，广泛吸引国内外大企业集团、民间资本参与开发建设，推动园区运营市场化；探索对优质园区资产统一包装打捆，通过发行债券和上市实现直接融资。总之，要打破"一靠银行，二靠财政"的传统融资方式，多渠道为园区基础设施建设、产业经营发展提供金融资金支持。作为园区发展，对政府的金融政策保障主要有以下三方面工作：

一是完善园区金融服务平台。支持银行业金融机构、保险机构、社会资本在产业园区设立分支机构和服务网点、小额贷款公司，为园区引进融资租赁公司、产业投资基金、风险投资基金、天使投资基金，为园区内中小微企业提供相应的金融投资。

二是充分利用多层次资本市场直接融资。推动符合条件的产业园区企业在国内主板、创业板、科创板、区域性股权交易市场以及海外资本市场上市融资和再融资。加强产业园区拟上市企业的培育和辅导，建立由政府部门、园区管委会、证券公司和中介服务机构联合参与的企业上市工作联动机制，积极推进企业上市进程，协调处理上市过程中的难点和相关问题。支持园区企业充分运用企业债、公司债、短期融资券、中期票据等融资工具进行直接融资；支持产业园区企业引进战略投资者，利用资本市场实现并购重组，延伸产业链条。

三是维护园区良好金融生态环境。引入第三方信用评级机构对产业园区内中小微企业进行信用增级，提高产业园区内中小微企业信用评级参与率。支持银行业金融机构通过司法等手段追索债权，严厉打击非法集资等违法犯罪行为，加大对恶意逃废金融机构债务的打击力度和失信行为惩戒力度，定期开展金融债权案件清理执行专项活动，加大金融积案执结力度，切实维护金融安全。

> ## 案例：北京石景山区《关于加快推动北京银行保险产业园创新发展的若干措施》
>
> **强化对金融机构成立初期的培育扶持**
>
> 对新设或新迁入的法人金融机构根据其综合贡献给予一次性开办费用补助。按实收资本规模，1亿（含）~5亿元以内的补助500万元，5亿（含）~

10亿元以内的补助1000万元，10亿（含）～30亿元以内的补助2000万元，30亿元（含）以上的补助5000万元。金融机构增资，实收资本增资10亿元（含）以上的，根据其综合贡献给予一次性补助1000万元。

引导天使投资、创业投资和股权投资参与构建"高精尖"经济结构

对基金管理人和所管理基金在京新备案的天使投资、创业投资、股权投资机构，在支持科技、金融、文化创意等产业过程中，成功实现退出并支持本地机构挂牌上市的，根据其在京实际投资规模对基金管理人给予激励，实际投资累计规模达到30亿（含）～50亿元以内的，给予一次性资金支持1000万元；50亿元（含）以上的，给予一次性资金支持1500万元。

加强对企业上市的培育服务

鼓励驻区企业利用资本市场开展直接融资，不断扩大经营规模，提高竞争力。对在境内主板、中小板、创业板首发上市的企业分阶段给予补贴，市级财政给予每家拟上市企业总额不超过300万元的资金补贴，区级财政给予不超过300万元的配套资金补贴。境外直接上市企业的上市资金补贴参照上述规定执行。

加强对重大贡献金融机构高级管理人员的激励

对促进我区现代金融产业创新发展具有重大贡献和重要战略意义的机构，根据其对区级综合经济贡献，对高级管理人员及核心业务骨干给予一定比例的资金激励。

2. 招商政策保障

无论是对于政府还是产业园区而言，做好产业导入和企业引进工作始终都是所有工作的关键。随着地域竞争的不断升级，招商引资工作已由相关部门及单位承担，转变为特色园区、协会商会、产业联盟、龙头企业等全民参与，如北京经开区就已经明确提出，无论是特色园区运营商，还是协会商会、企业甚至是个人，引荐促成高精尖制造业项目、企业总部项目、"白菜心"工程等高精尖产业项目到亦庄落地运营，都可申报获得经开区招商引资奖励。因此，作为园区应充分发挥主动性，通过主动地对接政府招商部门、搭建"互联网＋政务"平台等新技术手段，积极拥抱和利用招商政策。

招商中的重点优惠政策包括财税政策、用地政策、收费政策、人事政策等。

一是普遍推广财税政策。涉及园区注册税收返还、招商项目税收优惠等，对于入驻园区的企业，只要满足一些特定的条件，就应享受有关增值税、企业

所得税、个人所得税的地方留成（一般按 30%～70%）扶持和税收减免等优惠政策。

二是灵活处理用地政策。园区招商用地政策涉及对项目的出让金减免、奖励用地指标、长期租赁、先租后让、租让结合使用土地方式等。在用地政策上，要增强以地招商的灵活性，以更灵活的方式处理土地预售许可、工业用地产权分割，增加园区的商住用地配套等问题。

三是加大收费补贴政策。收费补贴政策涉及对园区企业给予装修、物业、租金减免与补贴，科技、人才等专项奖励、"一事一议"等特殊项目支持以及各类财政补贴，园区可考虑设立专项资金，加大园区企业所享受的补贴优惠力度。

四是注重地方人才政策。为帮助企业引进人才和保留人才，对先导产业、高新产业及高端人才、创新团体加大扶持力度，园区对符合特定条件的人才应给予户口、住房、津贴等方面的优惠，同时对引入关键人才的企业也给予相应的政策鼓励，保障企业积极引入人才。

案例：青海朝阳物流园区招商引资支持政策（部分）

支持文件

《青海省人民政府关于鼓励支持和引导个体私营等非公有制经济加快发展的若干政策措施》（青政〔2005〕47号）、《青海省实施西部大开发战略若干政策措施》（青政〔2003〕35号）、《青海省发展现代物流业若干政策意见》（青经运〔2005〕77号）

税收政策

（一）园区内物流企业，自生产经营之日起两年内，由园区财政按照年度企业实际上缴增值税地方留成部分的 50% 作为园区财政扶持资金，用于扶持企业发展；新办物流企业自生产经营之日起，前5年免征企业所得税，期满后5年内减按15%征收企业所得税。

（二）对新办独立核算的咨询业（包括科技、法律、审计、会计、税务等咨询业）、信息业、技术服务业以及物业管理、社区服务的企业或经营单位，自经营之日起，2年内免征企业所得税，期满后减半征收企业所得税3年。

土地政策

（一）入园企业可通过出让、转让、联营、联建、入股、租赁、置换等多种方式取得土地使用权。

（二）投资者在园区兴办符合国家《划拨用地目录》的项目，土地使用权可以以划拨方式取得。

收费

（一）入园企业，其物流开发建设项目的市政工程配套费按三类地区的收取标准减半收取。

（二）入园企业，自来水增容费减半收取。

3. 园区资产更新政策保障

园区工业用地是发展高精尖产业的关键性资源之一。政府除了要根据地区产业的发展优势，积极规划布局增量工业用地，同时在现阶段也应合理高效地利用存量用地，实现存量工业用地能够高起点、高标准循环利用，释放空间资源。在不改变工业用途前提下盘活利用园区资源，以促进城市更新、产业升级，激发土地资源潜力，优化主导产业布局，促进产业结构的改善效率提升。重点完成以下三方面保障措施：

一是提高土地集约利用水平。通过提容增效对园区工业厂房进行升级改造，增加园区容积率，鼓励批准园区利用地下空间、闲置空间配建政办公及生活服务设施用房，以满足企业自主产业升级需求。

二是申请低效停产工业园转型。对于自身不具备持续经营能力的老旧园区，可与国有平台公司、具备园区经营能力的社会企业开展合作合资经营。或根据地方产业发展需求，更新园区产业，优先引进地方先导产业。

三是收储回购废弃无项目园区。对于经专业评估无废继续实施项目，已进入废弃状态的园区，政府应及时建立收储回购目录，对经批准取消资格的产业园区项目，按原出让地价折算剩余使用年限实施收储回购，实施保障托底。

案例：北京经济技术开发区园区更新政策实施情况

北京经济技术开发区关于园区更新的政策值得借鉴，为提高工业用地集约利用水平，盘活存量低效及空闲工业用地，经开区管委会于2020年3月印发了《北京经济技术开发区关于城市更新产业升级的若干措施（试行）》，推出产业升级、转型产业园区、政府收储、回购等工业项目更新政策，提供金融、公共设施、公共服务平台等支持，例如按照园区区域经济贡献超出《园区转型方案批复意见书》规定部分的 50% 给予园区经营单位支持资金；按照园区整体经济指标测算园区公租房配租指标，由园区经营单位配租给入园企业员工使用。截至目前，已累计超过 70 个意向项目，首批 31 个项目已进入分批审批实施阶段。预计到 2025 年，31 个项目总体可实现纳税 50 多亿元，平均每平方千米税收增收 20 亿元。考虑到我国地产整体逐步进入存量时代和资源的集约利用，未来老旧工业园区的更新政策将不断推陈出新，地方政府与园区运营者应持续保持高度关注。

三、创新金融

（一）融资渠道创新

1. 开展多元化融资方式

在经营活动中，除采用银行贷款这类渐渐融资外，也可以开展以资产证券化为主的多种直接融资方式，相比银行信贷，资产证券化兼具了融资和出售两个特点，同时资产证券化具备"破产隔离"机制，有效地降低发起人的整体信用风险，证券投资者可以不必担心发起人的整体信用风险，而是集中关注基础资产的质量和风险。

而当下，资产证券化是直接融资的主要方式。它的出现一方面丰富了企业与金融机构的融资手段，减少有关主体对商业银行间接融资的依赖程度，可以多样化的投融资需求；另一方面也能更好地匹配相关方的收益与风险。同时，资产证券化符合宏观经济政策导向，帮助我国经济结构的转型，帮助房地产市场去库存、去杠杆、降成本，控制行业风险，推动不动产行业产业升级和盈利模式的转变。

在实体经营中，园区运营所涉及的资产证券化多属于实体资产证券化和信贷资产证券化。实体资产证券化主要为公募 REITs，信贷资产证券化的主要方式有 ABS、ABN、类 REITs、CMBS、CMBN。

2. 探索资产证券化有效路径

探索对优质园区资产统一打包，通过发行债券和上市实现直接融资。积极关注金融市场动态，优化融资组合结构，积极拓展基金、信托、券商等直接融资渠道，构建以直接融资为主的多元化融资平台，加强融资风险管理，多渠道为园区基础设施建设提供资金支持。

（1）公募 REITs 探索。

公募 REITs 是一种以发行预期年化收益凭证的方式汇集特定投资者的资金，由专门投资机构进行房地产投资经营管理，并将投资综合预期年化收益按比例分配给投资者的信托基金。

2020 年 4 月 30 日，中国证监会、国家发改委联合发布《关于推进基础设施领域不动产投资信托基金（REITs）试点相关工作的通知》；同日，证监会发布《公开募集基础设施证券投资基金指引（试行）》（征求意见稿），向社会公开征求意见，启动基础设施领域的公募 REITs 试点工作。8 月 3 日，国家发改委发布《关于做好基础设施领域不动产投资信托基金（REITs）试点项目申报工作的通知》，明确基础设施领域的公募 REITs 试点项目申报相关要求，接受项目申报。8 月 7 日，中国证监会发布《公开募集基础设施证券投资基金指引（试行）》，明确了金融操作层面的框架。相关通知和文件的发布是中国 REITs 市场建设的一个里程碑式的事件，公募 REITs 试点对于中国不动产投融资体制改革具有重大意义。

公募 REITs 既是融资工具，也是管理工具，同时还具备调节财务报表降低负债的功能，是未来园区资产盘活的最佳方式。它有三个特点：①投资人群体大，普通投资人可以通过购买公募基金的方式参与；②投资回报率高，公募 RETIs 要求将 90% 的收益由投资人分享，投资收益一般高于债券，是一种介入股票和债券之间的金融产品；③市场巨大，全国各地深化推进住房资产证券化相关政策，根据 CNABS 中国证券化分析网，截至 2020 年底资产证券化市场发行总规模超过 2 万亿元。

（2）物业费 ABS 研究。

房地产企业旗下物业管理公司通过与业主签订物业服务合同，对小区、商铺、写字楼内的房屋建筑及其设备、公用设施等项目进行日常维护、修缮以及提供其他与业主生活相关的服务，并收取物业管理费，现金流具有稳定、持续的特点。物业管理公司作为轻资产企业，资产规模很小，较难获得传统的银行融资，但其物业服务合同期限较长，且未来现金流较稳定，通过发行 ABS 可获得较大规模、期限较长的融资。物业费成为房企进行资产证券化最合适的基础资产之一。

物业费 ABS 可续性高、现金流稳定的优质物业项目，其合同期限内形成的债权及应收账款可纳入物业费 ABS 的底层资产池，通过发行物业费专项资产支持计划拓宽公司融资渠道。①研究物业费 ABS 代表性案例及运营模式；②外联中介机构研讨物业费 ABS 发行计划；③筛选具备长期服务、金额较高的物业合同形成资产池；④以原始权益人施行物业费 ABS 融资计划。

（3）探索 CMBS/CMBN 等类 REITs 产品应用。

类 REITs 同样具有融资、调节财务报表降低负债的功能，但由于公募 REITs 的准入条件，商业性质项目不具备发行公募 REITs 的条件。积极研究并推动相关写字楼项目发行类 REITs 产品，盘活商业资产。

（二）金融服务供给创新

聚焦科技金融、文化金融，紧密围绕产业特点，在金融服务供给模式上不断创新。

1. 创新金融服务整合

金融服务通过提供融资投资、信贷、基金、结算、证券买卖、信托、融资租赁、资产管理和金融信息咨询等多方面的服务，使金融活动参与者和客户共同受益。

在当前创新驱动战略的大背景下，金融服务模式不断向产融结合的方向发展，金融服务与产业的结合更加紧密，有利于加快区域经济发展速度，使金融服务在各领域不断创新发展。例如，科技金融、文化金融等产融结合的金融服务模式，实现了加速企业规模扩张及产业结构的多元化发展，为产业园区发展提供了金融支撑和可持续发展的能力，成为当前金融服务创新的新趋势。

2. 精细化、差别化服务

（1）提供孵化资金服务。

为了更好地向中小企业提供金融服务，破解融资难的问题，一方面通过公共服务平台聚集资源，降低企业创业成本；另一方面协助企业申请各级政府支持政策及资助奖励，为企业提供孵化资金。

（2）开展商业担保等服务。

依托银行、保险公司、企业等多方参与的交流平台，促进信息沟通，改善信息不对称的合作现状，并通过抵押反担保、质押反担保等多种反担保措施的灵活组合，降低园区企业融资门槛，有效解决园区企业短期的流动资金融资问题。

（3）开展知识产权、股权质押融资、小微贷款。

在企业进入实际产品销售阶段，针对流动资金匮乏等融资需求，与金融机构合作推出知识产权、股权质押、小微贷款等融资方式，解决企业短期融资问题。

（4）与风险投资机构合作。

风险资本带来的不仅是资金支持的价值，更重要的是领域内的专业经验和各类资源，风投已经成为产业发展中重要的推手之一。与风险投资机构开展合作，定期或不定期向风投推送项目、举办路演、融资会议等，协助企业进行股权融资，解决企业长期融资问题。

四、人才吸引

目前，全国各地掀起了人才吸引大战，部分城市施行的人才政策效果显著。例如，上海在加快科技创新中心建设的过程中，注重提升国际科技创新中心策源能力。创新策源能力①是一种原创能力，建设的本质是集聚和培育顶尖创新人才。上海在人才政策方面坚持全球视野、国际标准，先后制定上海"人才20条""人才30条"和人才高峰工程行动方案，建立与国际接轨的人才引进政策，率先探索海外人才永久居留的市场化认定标准和便利服务措施，吸引更多高级人才加入本土创新企业。同时，坚持"放权松绑"的核心理念，大力推进人才发展体制机制改革，把权和利真正放到市场主休手中，为用人主体和人才增动力、添活力。以立法形式出台《上海市促进科技成果转化条例》，将科技成果的使用权、处置权、收益权下放科研团队，明确科技成果转移转化扣除直接费用后净收入的70%以上可用于奖励个人和团队，这些举措极大地激发了科技人员的活力，涌现出一大批科技成果转化的成功案例。

吸取行业优秀经验，园区在人才吸引方面建议做好以下两点：

（一）创新人才机制

在园区建立起选优、用优、效率优先、能上能下能进能出的竞争性用人机

---

① 创新策源能力至少有四个方面：学术新思想、科学新发现、技术新发明和产业新方向。这是一种广义的科技创新内涵理解。——陈超．走进科技情报新时代［J］．竞争情报，2018，14（6）：3.

制，采用公开选拔、竞争上岗、动态监督、目标考核等形式促进人力资源的合理流动。同时营造人尽其才的管理环境，针对各类人才创新用人机制，扩大市场化配置人力资源，开展专业化的人才培训和职业道路规划，为员工建立柔性、畅通的流动渠道、上升路径，激发员工的工作热情，从而实现园区管理效率的有效提升。

1. 高层次领军人才

在我国的社会经济与科技发展中，人才的地位日益显现，特别是高层次人才对推动经济发展、提升区域竞争力起到非常关键的作用。社会的资本、人才、管理经验以及政策都会倾向高层次人才领衔的企业或园区，其不仅可获得较高的经济效益，而且还可以形成品牌资本使企业不断发展壮大，获得社会的认可。

高层次人才对园区发展至关重要。需根据园区的自身情况出台人才待遇与政策，为海外、国家和省级重点工程、国内外大院大所等各类高层次人才引来园区创新创业、合作发展，打通"绿色通道"。而在人才引进的具体工作中，园区企业应建立引进高层次人才综合评价考评体系，针对高精尖产业人才应结合产业不同的特点进行合理细化，更不能完全按照发布论文、科研项目进行量化。同时应严格按照国家政策、规范流程，避免人事纠纷。

案例：北京经济技术开发区引进海外高层次享受政策（部分）

（1）海外高层次人才独立研发或作为主要研发人员的技术在国内申请专利或通过 PTC（专利合作条约）途径申请国外专利并进入国家阶段的，按申请项数，每项给予单位或个人申请费用 50% 的资助；对于获得授权的专利，每项给予单位或个人申请费用 50% 的资助和每年维持费用 60% 的资助。

（2）来开发区创办企业的海外高层次人才，给予 10 万元的创业资助。

（3）对投资于海外高层次人才创办的企业的风险投资机构，可以风险投资引导资金方式投资入股，入股比例为投资总额的 10%～30%，单笔投资最高为 1000 万元。

（4）海外高层次人才创办的企业在认定的孵化区域租赁办公场所和生产场地，可享受房租补贴，补贴额度相当于企业从起租日起一年实际支付租金的 50%；单个企业补贴时间为两年，总额度不超过 200 万元。

（5）海外高层次人才创办的企业可获贷款贴息支持，贴息额度为以基准

利率计算的贷款年利率的50%，每年最高贴息额度不超过200万元，贴息期限最长为3年。

（6）海外高层次人才创办的企业加入"开发区生物医药产业专业技术平台和公平服务平台"，可以享受相关的优惠政策。

（7）进入开发区博士后科研工作站开展博士后研究的海外高层次人才，给予5万元的课题经费资助。

（8）海外高层次人才入住开发区博士后公寓，可享受博士后入住待遇；租赁房屋居住的，一次性给予5万元的房租补贴；在开发区购买由政府或经开区投资总公司（亦庄控股）投资兴建的住房，给予总房款20%~40%的购房补贴。

（9）推荐海外高层次人才配偶就业。帮助联系海外高层次人才的子女在北京地区入托、入学，或一次性给予其每个子女入托、入学不超过5万元的资助。

（10）因公在首都国际机场乘坐飞机，可享受贵宾通道服务，出国参加国际会议，一年可报销一次本人往返旅费。

2. 重点产业技术人才

随着我国经济的发展，目前很多地方和园区并不是苦于没资金，关键是苦于没有形成聚集重点产业，没有关键技术和人才。而通过引进几个重点产业的优质人才，带进关键新技术与新企业，带动园区重点产业，形成人才引进带来的聚合效应。因此，应根据地方和园区重点产业发展领域和方向，对地方和园区重点主导产业相关的关键技术人才、紧缺岗位人才有一定的倾向性和关注度。

对重点产业人才的关键在于渠道，园区应建立重点产业关键技术与岗位紧缺人才名录，并通过政府、市场多渠道吸收人才。通过引进专业技术人才，可以达到人才与技术、技术与资金、研发与产业化的有机结合，实现重点产业项目与人才的"嫁接"。

3. 创新创业人才

在我国"大众创新，万众创业"的背景下，作为产业创新集聚的重要推手，产业园以孵化器、众创空间为载体，可有效吸引大量创新创业人才聚集，从而带动园区创新发展形成良性循环，中关村就是典型的模式。

对于创新创业人才及初创团队紧迫需要的是创业场所与初创资金，作为园区应完善办公空间、孵化基地的规划与生产生活配套服务，给予创新人才适当的租金减免、奖励，进而可探索产业基金与创投基金等新业务。同时，对接政府帮助创新人才争取给予创业启动、产业化奖励、金融配套等多项资金资助以及人才安居、公租房等配套优惠等鼓励政策，争取为园区留住更多创新人才。

4. 青年人才

青年是创新发展的生力军，园区应为青年人才，特别是大学毕业生提供就业创业机会，同时为地方留人、吸入本地大学生"回巢"提供就业支持，展现社会责任。一方面，为青年人才开放、预留岗位，给予吸引补助政策，如苏锡通科技产业园在针对基础人才的八项政策中，就明确指出全日制本科生初次到园区企业就业或自主创业，参加企业职工养老保险，缴费满 6 个月，可申请享受 1000 元/月的综合补贴。另一方面，建立清晰的青年人才培育方案，为青年人才谋划发展职业生涯发展路径，帮助青年成才，实现企业效益与社会效益"双赢"。

5. 园区基层服务人才

因保障大规模生产的需要，园区同样需要吸收大量基础工作人员，而对于基层工作人员，应更注重基本生活保障，园区应有基本薪酬与福利体系，完善园区餐厅、蓝领公寓等配套设施。同时对基层人员可放宽学历要求，可向专科、职高学历放宽，加大招聘渠道，可与本地专科学校、职业院校形成招聘协议，不拘一格地吸引人才。同样是苏锡通科技产业园的基础人才政策中也明确强调，中职类院校毕业生初次到园区企业就业或自主创业，参加企业职工养老保险，缴费满 6 个月，给予该学校 1000 元/人推荐奖励。

（二）创新激励机制

近年来，各地政府的人才建设工作稳步推进，人才政策不断完善。主要包括经济激励政策、住房激励政策、医疗政策、下一代教育及家属安置政策等。

1. 经济激励

个体经济激励是人才激励政策中最直接有效的措施，在各地园区的政策中，对人才创新创业大体上都给予不用模式和金额的资助。除了对于人才给予一次性奖励以外，还采用了一些创新做法，以股权激励为例，有以下五种做法：

（1）科技成果入股/折股：将科技成果本身或其实施转化后的利润变为为公司股权。

（2）股权奖励和股权出售：将一部分净资产增值额以股权方式奖励有关人员，或按一定的价格系数将企业股权（份）出售给有关人员。

（3）股份期权方式：设置经营难度系数，科学设置业绩指标和目标水平，将股权的授予、行使与激励对象业绩考核结果挂钩，根据业绩考核结果分档确定不同的股权行使比例，对有关人员实施股份期权激励。

（4）科技成果收益分成：从转让科技成果所取得的净收入中，提取部分比例，或者从连续3~5年实施科技成果新增留利中提取一定的比例，对有关人员给予奖励。

（5）分工权激励：根据科技成果对企业净利润的贡献程度，从企业税后利润中提取一定比例对有关人员进行奖励。

2. 住房激励

住房激励政策包括购房补贴、租房补贴、售房税收减免等。以"留厦六条"为例，在人才安居方面，在厦门创业就业的高层次人才，可以市场价45%的价格申购100~200平方米人才住房。人才住房交房入住满5年且在厦工作满5年后，政府拥有的人才房产权按比例逐渐赠送给人才，人才住房满10年后上市交易可免缴土地收益等费用。

3. 医疗政策

对于高层次人才，医疗政策包括以下三个方面：

（1）配备保健医生：保健医生主要职责包括提供日常的健康咨询、健康教育和健康指导等服务。

（2）配备健康管理师：健康管理师负责与高端人才的预约、协调和跟踪，为其建立电子健康档案，记录健康信息，提供健康状况查询服务。

（3）提供VIP服务：包括门诊服务护士代挂号，高年资专科医师诊治。

各类辅助检查由专人引领、全程陪同，无须排队等候，护士代为取药结账。急诊服务享受全程陪同、无等候就诊、先治疗后收费、VIP输液室等。住院入住VIP病房，由病区主任负责医疗。其家属也可享受VIP服务。

4. 子女教育

苏州工业园区提出，对于符合要求的高层次人才子女，可结合本人意愿，在市、区教育部门推荐的同类优质公办学校就读。大连甘井子区对高层次人才提供子女初升高自主择校一次，享受"指标到校"政策。

五、招商引资

招商引资长久以来一直被视为产业园区运营的核心，面临产业转型升级、新旧动能转换、新兴产业蓬勃发展等趋势。在创新主导的经济环境下，产业招商形势、招商模式、招商组织和招商人员正呈现新的特征，传统的招商模式将无法适应新形势，导致招商工作收效甚微。

（一）认清招商引资的痛点

招商引资是产业园区发展的重点也是难点，宏观经济大环境、产业园区政策支持、周边配套设施环境、园区自身知名度、企业投资意向等，都影响产业园区招商引资的成败，为保障园区招商引资顺利开展，需认清目前招商引资的主要痛点。

1. 避免无序竞争及同质竞争

同区域的产业园在招商时可能会出现强烈的竞争现象，导致公共资源浪费，资源配置不合理。园区间在招商竞争中相互抢优惠政策、拼资源要素价格，导致有限的资源和土地利用率下降，甚至引进的企业并不符合园区的定位。应避免园区投资项目出现"征而不用"、"征多少用"现象，避免地方产业园项目演变成标准厂房的出租者，给园区的管理和产业集聚带来负面影响。

2. 避免招商引资主体错位

政府开展招商引资，主要的职责是制定规划、促进协调、紧抓服务、管理督促，创造"政府搭台、企业唱戏"的良好局面。避免出现地方政府为了政绩，包办代替，盲目组织企业参加各种招商活动，企业疲于应付，反而降低了招商热情，这种主体错位造成政府费力不少，真正项目落地得不多，实际上造成了地方资源的浪费。

3. 避免管理与策划能力不足

园区招商引资中普遍存在的问题是引进的力度大，重引轻管，使入园企业对本地的营商环境印象降低，不愿再加大投入。因此，一方面，应增强管理的力度，避免相互脱节，保持与企业的紧密联系。另一方面，招商引资需要有良好的策划能力，提出的条件要有吸引力，应该事先清楚地了解引入企业的真实期望并有效向企业展示。避免策划过于概念化，抽象描绘多，让企业难以留下、难以确定投资。

（二）优化园区招商的办法

1. 龙头主导，质量高效优先

在"亩均论英雄"时代，产业园从过去追求入区企业数量转变为追求质量，引进项目要符合高科技含量、高附加值、高辐射力、低能耗的要求。健康发展的产业园都有明晰的产业定位和科学的产业结构，以上海张江的电子信息产业园为例，定位于集成电路和软件等产业，围绕芯片设计、硅片制造、光掩膜和封装测试等上下游企业进行吸引投资，构筑了完整的集成电路产业链。又如，美国康宁公司在北京经济技术开发区建造其在中国的首个生产基地，投资在 10 亿美元左右。康宁公司入驻并生产后，吸引了众多的配套厂商进驻，进一步激活行业集群在区域内的产值、税收协同。

2. 注重增值，开拓配套服务

大多数产业园在招商引资过程中目光只向龙头大项目倾斜，服务停留在土地平整、合约证照办理等基础前期工作，高端配套服务发展严重滞后。成熟园区应当为不同发展阶段的企业搭建技术检查、商务会议展览、人才培训、政策支持、资本服务和生活配套等全要素平台，促进产业之间的关联、企业间的合作，有助于企业间知识的溢出效应，避免形成知识的封闭，增强企业乃至整个园区的创新能力，业务协同，将有可能产生在本区域内的效益变现，进而利好企业，政府和区域经济多方共赢。

3. 重视科技，培育创新企业

许多园区企业仍保持着来料加工类传统工业制造为主的格局，对自身技改与开发投入力度不够，园区应当围绕新兴产业的产业链部署创新链，建立和完善科技型中小企业培育体系，注重支持园区孵化器、众创空间，建设一批有竞争力的科技孵化器，培育一批创新活力迸发的创新创业平台载体；加强与研发机构或一流科研院所的产学研合作，鼓励外资企业设立独立研发机构；积极完善科技服务休系，推动科技与金融深度对接，创新科技金融模式、产品和服务等。例如，上海浦东软件园，近年来不断加大"孵化＋投资"的运营理念，着重培育中小型企业，建立一条"创业苗圃＋孵化器＋加速器＋基金"的早期生态链条，为科技成果在区内产业化做好准备。

4. 优化环境，持续吸引外资

对比其他发展中国家，中国稳定的经济社会环境是一个突出的优势，这对于投资者的信心至关重要，同时也是跨国公司进行长期投资的先决条件。由于持有型工业地产的投资周期长，租期一般为 5～10 年，资金投入大，跨国公司在选择一个国家进行大规模工业地产投资之前，首先会评估该国家的政治法律环境，进而确定不同的投资标准，以规避投资风险。对接多元化的企业需要园区招商运营团队创新选人用人和管理运行机制，提高招商人员的综合素质和专业水平，大力深化"放管服"改革，提高审批的效率。

5. 金融赋能，放宽融资渠道

我国早期产业园区融资现金流来源甚少，主要依靠银行贷款、承包商垫款、民间借贷等。故在早期都采取了分期滚动开发，缺乏长久规划，造成土地使用效率低。可以借鉴发达国家的成功经验，运用 REITs、工业地产基金等融资工具，使发展规范化、平稳化，形成可持续发展的良性循环。近年来工业地产被炒得火热，大量的国内民营企业进入或准备进入工业地产开发。民营企业缺乏资金与开发经验，造成"快进快出"，也就是建设并出售，缺乏对园区的长久定位。因为缺乏运营经验，使许多标准化厂房空置，资金链断裂，资源浪费。在园区建设中应当实行"政府引导，市场参与"的政策，相互分担收益和风险，还能减轻财政压力和行政工作强度。政府只在园区经济研究、总体规划、定位、招商、开发策略方面发挥作用，同时加强政策性资金支持，政府通过设立产业发展基金、产业专项资金，优先支持符合园区产业定位的项目或企业。园区开发主体交给有成熟建设运营经验的民营及其国际投资商，唇齿相依，既有利于增加政府透明度及效率，又有利于建设亲商型政府。

6. 推陈出新，激励渠道合作

对于中小型园区或初建园区自有招商团队资源有限，应学会合理借力，运用好政府购买服务，扩充咨询智库、投资机构、行业联盟、专业招商平台、离岸飞地等协同手段，依据委托管理面积、企业落地投、产值、税收等一系列指标，统筹协调招商地与落户地的利益贡献率建立灵活的奖励政策，鼓励人人参与招商，能者多劳，劳者多得，低成本创造高价值，建立协调机制，共享引资成果。

针对目前已有产业定位并形成一定产业聚集度的项目，进行品牌打造，进一步包装提炼主题，增加知名度，同时可考虑剩余空间的提早开发；针对已有产业定位、但是聚集效应不明显的项目，可通过降低门槛引入总部企业或核心产业大客户，根据空间资源情况和区内产业方向调整主题定位，在未来招商过程中逐步向主导产业靠拢。针对早期建成且未明确产业定位的项目，围绕开发区产业定位，选取园区先试先行，重新进行规划设计和功能改造，逐步实现改造升级、腾笼换鸟。

六、资产盘活

通过并购、租赁、整合等方式盘活现有存量土地和厂房资源。对各类资源进行整合，整合的范围包括经济环境资源、政策资源、园区硬件资源、园区服务资源、园区的品牌资源、金融资源等，充分高效整合各类资源，争取通过建立利益共享机制，构建共同发展的新格局。

（一）资产改造

1. 存量园区单体空间改造

不改变原有建筑物主体结构，围绕园区主导产业，对存量楼宇、厂房等建筑物实施升级改造，针对外观进行设计、适量改造、内部装修，打造多元化的、聚焦当下创新需求的空间，搭建了高效、共融、生态的空间载体。优化园区产业环境和重要配套设施，提升园区的产业定位空间承载能力。

2. 存量园区整体转型

从产业上，围绕区域产业定位和产业版图，对产业分布零散、关联度不高、集聚效应不明显的低效园区实施"转型升级"，引导低效产业迁出、导入高质量优质产业资源，提高园区土地节约集约利用水平，加大清理闲置、低效用地力度，促进低效园区向产业优化、功能定位先进转变。

在建筑上，根据主导产业特点，保留建筑主体，对一些有特色的空间建筑实施保护，进行重新规划、拆除和改造，保持建筑风格、形式的统一。

同时，注重以人为本，注重生活功能的配套设施，推动居住生活区与办公区、城市功能区的衔接，各功能之间联系紧密，互为补充。

（二）资产激活

1. 资产运营提升，资产保值增值

聚焦项目发展的限制条件，寻求适宜发展的匹配模式和产业方向，强调模式创新，打造相应的产品线，并通过规模化运营、品牌包装等手段，推动业态的可持续运营。

注重产业链的搭建。在园区内除了生产型企业，更强调产业链上下游产业和

产业生态的形成。例如，积极引入金融、商务配套、人力服务、咨询服务等相关企业，通过完善创新链、人才链、资金链以构建产业生态，充分发挥产业协同效应和聚集效应。

注重园区的内生发展。通过园区产业运营和开展各种增值服务，如发现并培育一批瞪羚企业和独角兽企业，加速孵化企业成长；为入园企业提供项目申报服务，获取政府支持资金等，为园区自身形成"投入产业"的闭环经济回报方式，保障园区业务形成良性循环，构建产业园区的可持续发展模式。

2. 搭建全面的存量资产服务体系

片区统筹是存量盘活的新思路，有效缓解产业分散、操作难度大及区域不协调发展的难点。缩小产业园区与城市的距离，推动与区域融合、与城市融合，促进园区成为区域生态的一部分，以协同效应和全局思维带来区域的整体提升并赋能盘活存量资产。

案例：首钢·郎园 Vintage

郎园 Vintage 位于北京 CBD 核心区，是北京 CBD 唯一一个仅剩的以老厂房改造的文创园。

该园区曾经是万东医疗设备制造厂的所在地，其以修旧如旧为原则，最大限度地保留大院里的旧厂房的古朴原貌，从改造角度来说，整个园区从方方面面也都考虑到了低碳主题。采用太阳能或风力发电，临建使用节能材料；停车场内采用新式材料吸收汽车尾气，采用低碳垃圾处理站、食品垃圾处理箱等进行垃圾处理；同时还推广低碳中水处理。

图 4-1 首钢·郎园 Vintage 改造前后对比

郎园 Vintage 已经转变成了一个各种文化潮流汇聚的文创产业园，是北京首批认定的市级文创园、全国溢价率最高的文创园。园区聚集了诸多创意和内容公司、书屋、小剧场、咖啡店等。通过丰富的文化内容线，打造运营体系闭环，线上线下联动，营造园区的独特的文化氛围，针对不同年龄层打造独特的文化内容。

智慧运营。一是通过引入智能终端，如门禁、空间的线上预定，来进行数据的收集和沉淀；二是通过数据为指导内容运营，需要我们结合访问园区的人群的特质、文化消费的趋势去做定向的调整。

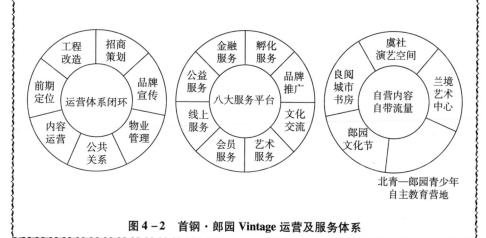

图 4-2　首钢·郎园 Vintage 运营及服务体系

七、政企合作

当前，绝大部分园区都以企业为园区运营主体。从园区运营实际来看，无论是民营性质的运营主体还是国有资本控股运营主体，都需要与政府在园区的发展上建立一种良性合作机制，即园区运营商牺牲短期利益，吸引优质企业入驻培育高质量产业，实现园区经济高质量发展，为城市带来税收、人才、就业贡献，同时园区主管政府从土地、政策、融资、税收等方面反哺园区运营方，使其共享发展红利，提升园区运营积极性，形成一个良性的互动环境，最终实现政府、企业、园区、产业多方共赢。例如，天津泰达经济技术开发区的园区运营方天津泰达投资控股有限公司，非常注重与政府的良性互动。泰达在全国建成首家政府管理、企业运作的泰达呼叫服务中心，协助政府职能向基层下沉，搭建起沟通政府、企业和居民的便捷服务平台；开发区政府机构深化行政审批改革，实现"一站式、便捷化"的行政审批服务，整合政府、社区组织、中介机构、社会团体、企业单位等主体资源，形成管理与服务的"共同体"，深化了园区便民服务功能。在这个过程中，政企相辅相成，通过密切合作支撑对方职能职责的落实。因此，从"泰达模式"的成功经验可以看出，要建立园区与主管政府的良性互动机制，需要在现行机制体制下进行一些合理的探索和突破。

（一）创新政企沟通机制

2020 年 5 月，《中共中央国务院关于新时代加快完善社会主义市场经济体制的意见》指出："完善构建亲清政商关系的政策体系，建立规范化机制化政企沟通渠道，鼓励民营企业参与实施重大国家战略。"政府与企业畅通的沟通协商机制不仅能为推动决策科学化民主化提供有力平台，而且还是促进民营经济高质量发展的重要突破口。

1. 园区运营方的角度

从园区运营方的角度，要主动密切保持与政府相关部门的对接联系，理顺与园区所属地方政府机构的工作关系，转变"要政策"的思维模式，以园区运营成果、运营实力获得与政府沟通的话语权。发挥市场化企业的灵活性与主动性，如定期召开政府和园区运营方、产业共同参与的重点项目联席会、主导产业发展联席会，同时积极为地区产业发展献言献策。

2. 园区所属政府角度

应重视政企协商工作，与园区运营方建立常态化的政企沟通机制，关键在于更好地协调政企关系，促进政府部门与民营企业的良性互动，加强合作、寻求共识，最终实现地区的社会经济健康发展；扩充协商渠道与搭建沟通平台，充分扩大沟通的覆盖面，既要关注区域重点产业园区和大型企业，同时也不能忽略特色产业园与中小型企业；应有政企沟通协商的效果评价，将政府营商工作人员在园区调研、与园区企业的沟通情况纳入考核，公开公众、企业对政府营商情况的评价等。

案例：宁波北仑大碶高端汽配模具园区的"亲清管家"

　　宁波北仑区大碶高端汽配模具园区设立于2012年8月，占地2600亩，园区内集聚了78家压铸模及其上下游配套企业，其中高新技术企业26家、中国压铸模具重点骨干企业11家，2019年园区实现工业总产值200多亿元，形成了分工合理、配套健全、协作紧密的模具产业链。2020年3月，习近平总书记曾亲自赴园区考察调研，了解园区复工复产情况。

　　自2016年起，北仑区纪委、区委统战部开始打造"亲清家园"模式，大碶高端汽配模具园区是第一个建立该模式的试点工业社区。园区建立了每月一次"亲清管家"上门走访、每季度一次企业相关负责人座谈交流等工作机制，除了精准解决企业困难，也担负着收集、举报不良信息的监督责任。有了"亲清家园"，不少企业更敢于说出烦心事、吐露"牢骚话"，收集查纠政商之间的问题线索也更加精准到位。目前大碶高端汽配模具园区有"亲清管家"9人，通过网格式管理，每个"亲清管家"负责一个片区，收集、汇总、解决企业诉求，除了"亲清管家"，园区还有序设立了收集企业意见建议和廉情问题的亲清观察员、企业发展协商理事会，亲清指导队、企业发展顾问团等。

（二）协助政府公共职能向园区延伸

　　政企合作中地方政府扮演着重要支撑者角色。园区主管政府需要从创业、教育、医疗、商务、休闲等层面为园区发展提供配套支持，为新兴产业项目落地、国际顶尖团队引育与发展营造有竞争力的环境，促进产业发展。具体的支撑措施包括：

　　1. 透明化产业政策服务

　　政府与企业间积极对接政策清单、申办流程、补贴标准等，大力宣传推广经验做法，尽量简化企业和重大项目的进驻手续，并且利用公共平台来提高处理办事的速度，实现园区和企业执行高效化，确保政策精准落地。

　　2. 加大金融保障支持

　　政府应用好金融工具，发挥金融对产业的正向作用，引导社会性资金对产业的支持，针对区域主导产业、新兴产业建立多渠道共同参与的产业发展基金，建立支持产业的专项奖补资金，专项用于产业的发展，对于地方投资和建设的重大项目，尤其是国有资产占比超过50%的项目，建立信息监管和预警机制。

3. 完善生活配套需求

政府在对地方产业扶持中应注重将产业配套与生活需求相结合，注重科学的产业功能区规划，以地方龙头企业为牵引吸引产业链配套企业就地布局，以就业人口为服务群体建设个性化、品质化生活设施，聚焦创新人群生活需求，有机植入智慧物业、运动健身等生活服务形态建立"一站式"科技服务和高品质生活服务配套。

（三）企业向区域发展提供动力

随着国际化和市场化进程的加速，区域经济发展和市场化的主要动力将逐渐由各类企业来承担。特别是对于经济开发区、产业新城，企业通过以专业化、精细化、智慧化的运营手段，搭建起产业和城市共融的桥梁，深度推进以产兴城、以城促产，为"产城融合"发展持续赋能。

1. 丰富政企合作模式

企业应发挥自身的市场活力，主动求新求变，从早期的政府服务招标、采购，到 BT、BOT、TOT 等基础设施与市政公共事业投资经营，到政企大型的 PPP 项目合作，在此基础上继续丰富政企合作的模式，形成"企业主体、政府参与"的政企合作新面貌，实现政企资源整合共享。

2. 产业带动区域分工

区域经济合作的主导力量同样也要转向企业。保持企业的活力，通过企业布局的调整和产业转移，可以使区域的区位与资源优势有效地调度，形成以产业为载体的区域内与跨区域的合作，产生规模递增效应，促使区域政府加快改革进程，完善市场机制的同时加强各区域间的政策协调。

3. 减少政府资源浪费

因政府的性质和职能等因素，往往导致地方国有企业的财务管理水平不能适应现代企业发展的需求。国有企业作为政府的融资平台，对政府的依赖性过强，主要服务于政府，缺少自主经营权，不能找准定位，应扩充市场化渠道，加强市场企业参与，地方产业与基础设施建设，避免政府对重点项目的直接投资与非市场化的竞争，带来财税资源、土地资源的大量流失。

八、党建引领

非公党建是党建工作的一个新领域，园区是非公有制企业集中和地方经济发展的主战场。如何夯实非公企业党建基础，把党建优势转化为企业发展优势，推动园区高质量发展，是一个非常重要的课题，加强园区党建工作对于促进园区经济健康发展具有重要意义。

（一）树立"大党建"格局

按照"大党建"理念组织开展园区党建工作，不断扩大组织覆盖。结合园区特色构建共建组织、共享资源、优化功能、衔接机制的区域党建共同体，加强园区内党建工作的系统性和整体性，织就细密的党建工作网络，最终建成园区内外共享共赢、互联互动、条块融合的大党建格局。

（二）推动非公企业党建工作规范化

按照"党建引领、园区统筹、融合发展"的党建思路，成立园区综合党委，并建立相应的区域党建工作联席会议制度，充分依托微信工作群、园区线上服务平台，提升党建工作效率。在园区配套上，优先创建党群活动中心，为园区党员和企业职工提供高标准活动场所。充分发挥党建的引领带动作用，推动园区非公企业党建工作的规范化、标准化，助力园区快速发展。

（三）围绕业务特色打造党建特色品牌

以党建引领促进经济发展，按照"一园一品牌，一企一特色"的工作思路，推进园区和企业特色党建品牌建设，打造一批党建亮点品牌。结合园区具体产业、企业、员工的具体情况，叫以从"党建＋产业""党建＋人才""党建＋服务""党建＋文化"等角度大力探索特色党建品牌。

（四）提升党建活动实效性

结合园区产业分布、企业数量、从业人员特点等具体特征，灵活运用多样形式和载体积极有效地开展活动。创新线上活动形式，不占用企业生产时间开展党员教育活动，做到学习、生产两不误。引导园区非公有制党组织在开展活动当中要注重培育树立典型，以点带面，进一步总结推广非公党建工作先进经验，用典型来指导、带动面上的工作开展。

第五章

产业园区案例

产业园区作为区域经济发展的引擎，是承载产业优化升级、科技创新驱动、对外招商引资、管理体制创新的重要平台。近年来，"以产兴城、以城促产、产城融合、城乡一体"的发展理念受到广泛认可，园区经济与城区经济逐渐走向融合。同时，国内产业园区进入存量运营时代，行业竞争环境更加激烈。在这两个新特征的催化下，园区承载的功能日益多元化，深耕存量的精细化管理成为园区发展的必然选择。本章将结合国内外优秀产业园区案例，深度剖析产业园区的成功运营管理经验。

一、广州经济技术开发区

（一）园区概况

1984年，中国建立了首批14个国家级经济技术开发区，广州经济技术开发区（以下简称广州开发区）就是其中之一。广州开发区地处广东省珠三角中心，面积为484.17平方千米，常住人口89.95万人，是广州市最重要的经济增长极。2020年广州开发区GDP达3663亿元，同比增长4.1%。广州开发区已连续五年在商务部对国家级经开区的综合发展水平考核评价中获得前三，2020年，综合发展水平获得全国第二，实际利用外资位列全国第二，进出口总额位列全国第三。

广州开发区是国家自主创新示范区、国家创新型科技园区、国家知识产权示范园区，我国首个中欧区域政策合作试点地区、中以高技术产业重点合作地区、中小企业先进制造业中外合作区等。

（二）体制机制

1. 行政区与经济功能区融合

广州开发区与黄埔区实行经济功能区与行政区融合发展、各有侧重的体制机制。2014年1月25日，国务院同意撤销广州市黄埔区、萝岗区，设立新的广州市黄埔区。2015年9月1日，新黄埔区正式挂牌成立，目前黄埔区与广州开发区的管理体制深度融合。

在多区合一方面，广州开发区已经与广州高新技术产业开发区、广州出口加工区、广州保税区、中新广州知识城四个功能区合署办公，实行"五区合一"的管理体制，统称为广州开发区，实现了功能区间的政策、体制、资源的共享和互补广州开发区标识如图5-1所示。

图5-1 广州开发区标识

资料来源：广州市黄浦区政府门户网站。

2. 广州开发区制度演变

主要分为四个阶段：

第一阶段是经济技术开发区阶段（1984年至20世纪90年代）。实行精简高效的开发区管理体制，最早期实行政企合一（管委会领导兼任三大总公司老总，企业被授予政府职能），后期过渡到政企分离。

第二阶段是开发区与高新区等四个功能区合署办公阶段（20世纪90年代中后期至2005年）。2002年，实行广州开发区与广州高新技术产业开发区、广州出口加工区、广州保税区合署办公，形成了在国家级开发区中首创的"四区合一"管理模式。

第三阶段是四个功能区与行政区体制交叉阶段（2005～2014年）。实行开发区与行政区体制交叉、优势互补的管理体制，即实行开发区（原四个功能区）与萝岗区合署办公、开发区体制与行政区体制交叉运行的体制，俗称"五块牌子，一套人马"。

第四阶段是新黄埔区合并成立至今（2014 年至今）。该阶段是广州经济技术开发区与广州高新技术产业开发区、广州出口加工区、广州保税区、中新广州知识城合署办公，实行"五区合一"的管理体制。

（三）空间布局

广州开发区成立以来，从一个功能单一的工业园区，逐渐发展为布局合理、功能完善的综合性新城，面积从最初的 9.6 平方千米启动区拓展到 78.92 平方千米（见图 5 - 2）。

1. 北拓、中聚、南优的城市空间发展战略

北拓：北部以知识城为核心，是黄埔、广州乃至广东省的重要战略地区，也是重要的生态涵养地区，以国际合作和创新发展为主要战略。

中聚：中部以科学城为核心，在此基础上整合东区、永和、云埔、长岭居、天鹿湖等片区，提升高新技术产业、新型研发机构、高层次人才等高端要素集聚能力，完善科丰路—丰乐路沿线的公共服务功能，串联黄埔政文中心和黄埔中心，形成新的黄埔中心区。

南优：以临港经济区为重点，重点推进城市更新改造，规划建设城市生活休闲、滨水景观及商务服务岸线，提升滨江活力与空间品质，大幅提升优化临港经济区功能和品质。

2. "三片一心多组团"城市发展格局

三片：中心广州知识城、广州科学城和临港经济区三大板块。

一心：黄埔中心区。依托黄埔政文中心和黄埔中心，通过科丰路—丰乐路串联形成新黄埔中心，服务珠江东岸地区，黄埔中心区主要承载行政办公、总部经济、商贸流通等功能，配套大型公共服务设施，加强信息服务中心建设，推动商务楼宇组团发展，塑造文化认同，支撑区域联动发展。

多组团：中新广州知识城、西区、长岭居、临港经济区、生物岛、云埔、科学城、镇龙、永和、大沙创新组团、广园南综合组团等多个组团。

（1）中新广州知识城。

2010 年启动建设，规划面积 123 平方千米。重点发展新一代信息技术、文化创意、科教服务等产业，加快培育新能源和节能环保、新材料、生命与健康等产业，大力发展总部经济，形成以总部密集型服务业为主导、高附加值先进制造业为支撑的产业结构。根据总体发展规划，将建设具有全球影响力的国家知识中心。

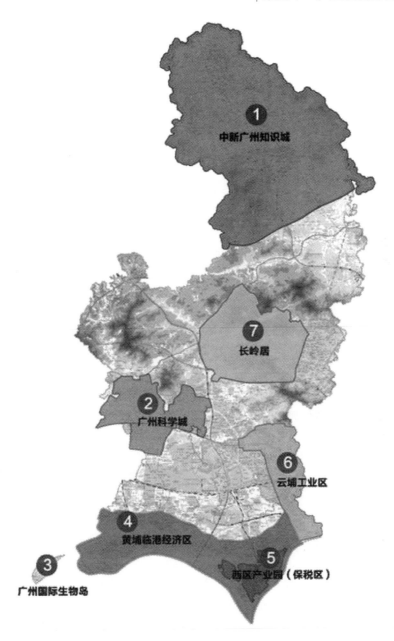

图5-2 广州开发区的主要板块

（2）广州科学城。

1988 年启动建设，规划面积 37.47 平方千米。通过引进国家重大创新成果转化项目和高成长性企业，重点发展战略性新兴产业和现代服务业。

（3）广州国际生物岛（中以合作区）。

2011 年开岛运营，规划面积 1.83 平方千米。重点发展中医药现代化和功能基因研究，建立生物医药研发平台，集聚具有高端技术开发能力的研究机构和产业群。

（4）黄埔临港经济区（长洲生态文化旅游区）。

2012 年启动建设，规划面积 26 平方千米（陆域）。重点发展商贸流通、航运服务、临港总部、商务休闲、文化旅游、邮轮（游艇）经济等现代服务业。

（5）西区产业园（保税区）。

1984 年启动建设，规划面积 11 平方千米（西区 9.6 平方千米，保税区 1.4 平方千米）。重点发展精细化工、食品饮料、跨境电子商务及其他现代服务业。

（6）云埔工业园。

1992 年启动建设，规划面积 4.67 平方千米。重点发展智能装备产业、新材料、食品饮料等制造业及服务业。

（7）长岭居。

2012 年启动建设，规划面积 34.9 平方千米。重点发展旅游业、研发总部、健康产业、商务服务业、休闲娱乐业及先进制造。

（四）产业发展

2020 年，黄埔区第一产业生产总值为 3.14 亿元，同比增加 9.3%，第二产业为 2147.86 亿元，同比增加 4.2%，第三产业为 1511.67 亿元，同比增加 3.8%。

1. 九大支柱产业

广州开发区的九大产业集群包括电子信息、平板显示、汽车及零部件、化工、新材料、电子商务、食品饮料、生物医药、智能装备，其中产业产值超过千亿元的有电子信息、高端化工、汽车及零部件，产值超过 500 亿元的有生物医药、新能源、食品饮料（见图 5-3）。

"十四五"期间，黄浦区将实施"黄埔制造万亿计划"，打造一个 3000 亿级产业（新一代的信息技术产业），打造两个 2000 亿级的产业（汽车制造产业、新材料产业），打造四个千亿级产业集群（绿色能源、生物技术、高端装备和健康食品）。

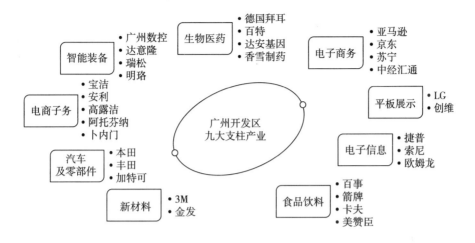

图 5-3 广州开发区九大支柱产业

2. 战略性新兴产业

2020 年，五大战略性新兴产业产值占全市 50% 以上，规模以上高技术产业产值占全市 72.6%。IAB① 战略性新兴产业产值增长 3.2%，高于全区工业产值增速的 1.7 个百分点。

聚焦 IAB 战略性新兴产业，打造若干千亿元级产业集群。广州开发区针对 IAB 的产业政策如图 5-4 所示。

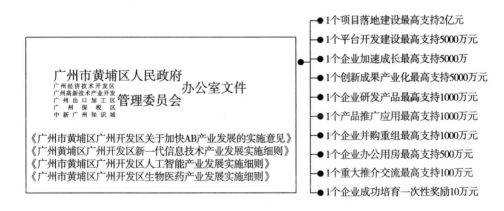

图 5-4 广州开发区针对 IAB 的产业政策

---

① IAB 战略性新兴产业：发展新一代信息技术（information）、人工智能（artifical）、生物科技（biology）等战略性新兴产业。

（1）新一代信息技术。

以新型显示、移动通信、云计算、大数据、下一代互联网核心设备等为发展重点，重点企业有 LG、创维、光宝、三星、捷普、视源电子等。

（2）人工智能。

全球机器人"四大家族"中，已引进发那科华南生产基地、安川机器人华南生产基地，并与库卡公司、ABB 公司签订了投资合作协议及备忘录。以人工智能、机器人研发、关键部件及本体生产等为发展重点。

（3）生物医药。

广州开发区以国内外新药研发、精准医疗、干细胞、医学检验等为发展重点，已形成"两城一岛"（广州科学城、中新知识城、国际生物岛）产业平台，成为国内生物医药产业发展第一梯队。2020 年，生物医药企业营业收入 1485.91 亿元，同比增长 14.8%，获评中国生物医药最佳园区奖、中国生物医药园区创新药物潜力指数十强园区。截至 2021 年第一季度，黄埔区、广州高新区全区聚集超过 3000 家生物医药企业，年产值占广州市六成以上。

疫情期间，生物岛实验室研发新冠肺炎 AI 辅助诊断系统在全国推广；企业达安基因、万孚生物研发首批新冠病毒核酸检测试剂盒，产品供应量超全国四成；金域检测核酸检测量全球第一，全区检测能力占全省 90%。

（五）招商引资

广州开发区将项目设为生命线，将招商引资工作作为全区工作的重中之重，截至 2020 年底，已累计吸引 100 多个国家和地区 3500 多家跨国公司投资创业，世界 500 强企业项目 176 家，超过 1000 家的高端研发机构。

1. 招商模式探索

（1）招商 1.0 阶段（1984 年起）。

从西区出发，主要利用政策优势和毗邻港澳的地域优势开展招商，汇聚宝洁、安利、高露洁等产值大户，迅速打开了发展局面。

开发区招商引资工作主要依靠国家赋予的优惠政策。一是给来投资和提供先进技术的外商提供优惠待遇，其中减征企业所得税就具有较大的吸引力，如"在经济特区（以下简称特区）内开办的中外合资经营、中外合作经营、外资独资经营企业（以下简称特区企业），从事生产、经营所得和其他所得，减按 15% 的税率征收企业所得税。"① 二是各项政策扩大了像广州开发区这样的沿海港口城市、区域的自主权，使其有充分的活力去开展对外经济活动。

（2）招商2.0阶段（1992年起）。

1992年，国务院批准成立广州保税区，重点是发挥广州黄埔新港的优势，积极为拓展转口贸易和加工出口服务。

这一时期国家对于开发区的扶持政策有所减弱，但开发区的招商政策仍具有较强的吸引力。广州开发区采取"五个依托"的方式，即"依托省、市主管部门和行业主管协调招商，依托外商以商招商，依托社会力量、中介机构引荐招商，依托海外咨询机构、驻外使馆招商，依托电子信息网络招商。"

1994年开始，开发区陆续扩展招商引资地域，管委会提出了"跳出港、澳、台地区，走向欧、美、日"的口号。到1995年，开发区招商引资的地域范围拓展到了欧洲、北美洲、大洋洲和东南亚。1998年，开发区外商直接投资地域已达26个国家和地区。

同时，开发区招商的重点转向高、大、新方向，吸引国际著名的财团、企业、跨国企业到区内投资，来自众多国家、投资额大的外商投资企业在这一阶段成为推动全区经济发展的中坚力量。

该阶段主要拓展东区、永和等地，依托土地资源、劳动力等要素投入，引入本田、百事可乐、捷普、联众等行业龙头。

（3）招商3.0阶段（1998年起）。

在"四区合一"的新型管理模式下，广州开发区开辟了招商引资的新思路，即围绕"两城一岛"（科学城、知识城、生物岛）的定位和产业特色，大力引进资金密集型的外资项目（如光宝集团、LG显示系列项目等）和符合园区特点的项目，力求打造精品园区。

同时，构建科技创新体系，从科技型企业的成长规律出发，按创新链的承接关系，构建了一个结构完整的创新政策体系，包括设计科技发展资金、知识产权自主、高新技术项目奖励、吸引科技领军人才等，为创新型企业提供从种子期到成熟期的全过程支持，并提供解决方案，最大限度地降低创新型企业的创新风险。

围绕科学城建设，开发区确立了电子信息、生物、新材料、先进制造、新能源与节能环保、知识密集型服务业六大主导创新产业。

---

① 转引自《国务院关于经济特区和沿海十四个港口城市减征、免征企业所得税和工商统一税的暂行规定》。

该阶段更注重科技创新、产业集聚，建成了科学城、生物岛、知识城等科技园，吸引了 LG 显示灯一批高技术外资项目，并培育了迈普医学、视源电子等创新型项目。

（4）招商 4.0 阶段（2017 年起）。

招商政策强化。广州开发区在 2017 年 3 月初出台了促进先进制造业、现代服务业、总部经济、高新技术产业发展的 4 个"黄金 10 条"，5 月出台了聚集"黄埔人才"、加强知识产权运用和保护的 2 个"美玉 10 条"政策，打造了"金镶玉"政策组合。随后，开发区陆续出台了"风投 10 条""技改 10 条""区块链 10 条"《现代航运服务业发展办法》《绿色低碳发展办法》《IAB 产业发展实施意见》等专项扶持政策，形成了具有全国影响力的政策体系。为推动疫情后的复工复产，率先出台"暖企 8 条""稳企 6 条"，组织全区规上工业企业在 2 月24 日全部复工；全面落实"六稳""六保"任务，政府为企业减税降费达 100 亿元，联系金融机构，为企业争取超过 300 亿元的融资、贷款，开发区市场主体增长 6.3 万户，达 20%。

人才招商。广州开发区聚焦战略科学家、企业家、产业领军人才和团队，依靠处于各产业顶端人才的影响力，强化区域投资的吸引力，吸引核心产业项目的入驻。

全产业链招商。广州开发区以 IAB①、NEM② 为重点，在中新广州知识城启动建设占地面积达 21 平方千米的五大价值创新园区，包括 GE 医疗集团在亚洲的首个生物科技园。在集成电路价值创新园动工建设全国首个大型芯片制造项目——粤芯芯片项目。

全球招商。开发区积极参与达沃斯论坛、博鳌亚洲论坛、中国发展高层论坛、世界经济论坛等高端会议论坛，盯紧省、市领导洽谈的项目线索，获取其中的关键项目信息，并主动嵌入全球网络组织，搭建中新、中欧、中以、中英合作平台，借助达安基金等区内"走出去"的企业力量，绘制"招商地图"，拓展海外渠道。组织专业的招商队伍，前往美国、日本、韩国、瑞士、德国、瑞典等国家开展"点对点"招商。

以资引资。广州开发区在招商工作中引入各类金融工具，充分发挥政府资金与国家资金的引导和助力作用，通过股权投资、债转股、政府直投等方式，放大政府资金的效应，同时搭建企业与商业银行对接的桥梁，引进各类新兴产业的投

---

① IAB：新一代信息技术、人工智能、生物医药。
② NEM：新能源、新材料。

资基金、风投机构，做大做活金融投资的"池子"，丰富企业进驻后可以运用的金融工具。

引资、引智、引技的招商 4.0 模式，打造了"主导产业引领、核心企业带动、产业生态支撑"的发展格局，GE 生物科技园、百济神州、诺诚健华等一大批代表性项目接踵而来。

2. 招商机制创新

（1）创新招商机制。

广州开发区积极推动招商资源的全面整合和政企深度合作，基本构建起"管委会＋园区＋专业招商企业"的"大招商"体系（见图 5-5）。

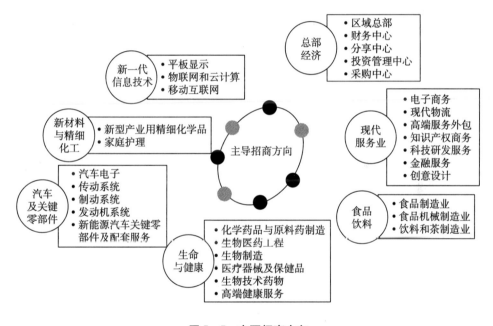

图 5-5　主要招商方向

第一，构筑"1+6+6"政府招商工作体系。成立投资促进领导小组，整合投资促进局、经发局、科信局等 6 个部门的对口资源，发挥知识城、临港经济区、生物岛等 6 个园区的专业力量，实施"1+6+6"的政府联动招商。

第二，充分发挥专业招商企业的作用。目前已引进 20 多家专业招商企业，在招商中发挥了重要作用，11 家获评金牌企业。在创新政企招商机制方面，招商企业有需求的，政府部门第一时间跟进；企业完成招商任务，给予注册资本 2% 的现金奖励；每年开展招商成效评比，金牌企业给予 100 万元以上的奖励。

第三，夯实招商工作"全链条"。围绕"1+6+6"体系，不断推动"前沿设计、一线实施、服务支撑、要素保障、评估监督"等招商功能建设。其中，招商前沿设计主要包括招商产业规划和招商政策的制定；一线实施主要负责挖掘招商线索和项目谈判引进；服务支撑主要负责项目落地筹建；要素保障主要负责用地规划、土地供应和项目审批等；评估监督主要负责招商考核、项目评估和招商政策兑现。

第四，实施靶向招商、精准招商。紧紧围绕工业4.0趋势下的重点产业实施靶向招商，围绕重点产业领域的重点企业、总部经济实施精准招商，为产业发展补链、延链、强链。重点突出对新一代信息技术、智能装备、平板显示、新材料、生物医药等创新型产业集群的培育，积极抢占新兴产业和新业态竞争高地。

（2）构建产业生态圈。

广州开发区将发展总部经济作为招商的重点，尤其关注那些价值创新核心的龙头企业。通过围绕核心产业，寻找龙头企业，匹配关联企业，开发区构建起一系列产业生态圈。

开发区大力打造以LG为龙头的平板显示产业集群，LG已在广州科学城累计投资40亿美元，带动20多家配套厂进驻，年产值达到千亿元。在此产业集群的带动下，开发区打造了创维智能产业基地，基地内的核心项目包括乐金显示、GE生物科技园、广州卡斯马汽车系统等，通过优化整合资源，带动LG系、GE系、广汽系、粤芯系等在内的关联企业形成产业创新集聚，创造出新的价值。

（六）平台运营

广州开发区围绕建设高水平研发机构和重点基础设施进行战略部署，形成以"黄埔实验室"为引领的高水平研发机构、高水平大学、龙头企业等重大科技创新平台。根据《广州城市创新指数报告2020》[①] 中的广州各区创新指数综合得分，广州开发区名列全市第一，重大创新平台建设成效显著。

在2003年，广州开发区的新型研发机构建设工作就已经启动了。由广东省政府、广州市政府与中科院共建的中科院生物医院与健康研究院是第一家新型研发机构。截至2021年6月底，广州市省级新型研发机构共63家[②]，其中广州开

---

① 《广州城市创新指数报告2020》是由中国科学技术发展战略研究院、广州生产力促进中心等联合发布。

② 广州市科学技术局《2021广州市科技政策服务手册》。

发区共 26 家，已经打造了一批高水平创新平台（见表 5 - 1），占广东省的一半，有序推进了产业创新发展，形成了稳定的产学研合作关系。

表 5 - 1 广州开发区重大科技创新平台列举

重大研发机构名称	简介
中国科学院广州生物医药与健康研究院	由中国科学院、广东省和广州市人民政府三方共建的央属事业单位，从事干细胞与再生医学、化学生物学、感染与免疫、公共健康、科研装备研制等研发的科研机构，是中国科学院第一个与地方共建、共管、共有的新型研发机构
广东华南新药创制中心	定位为广东省生物医药行业的核心加速器。经过多年发展，在新药研发、平台建设、孵化服务等方面加速区域医药行业竞争力提升
华南生物医药研究所	军事医学科学院、广东省科学技术厅、广州市人民政府、广州开发区，依据军民深度融合战略共同建立的国家级创新研究基地、技术与产品研发基地、临床转化基地、产业发展基地和高层次人才培养基地
浙江大学华南工业技术研究所	致力于发展成为集科技研发、咨询服务、教育培训、成果转化与技术孵化、产业培育等为一体的协同创新平台
清华珠三角研究院	研究院聚焦新能源新材料、电子信息、生物医药、生态环保四个领域，引进项目和团队 20 余个，其中院士团队 5 个、清华大学团队 11 个，建设研发中心 20 个，建立北美硅谷创新中心等 4 个海外中心
中国（广州）智能装备研究院	由工业和信息化部、广东省人民政府、广州市人民政府三方共建，集研发、设计、检测为一体，是面向智能装备产业链的国家级公共服务机构
广东合一新材料研究院有限公司	在自主创新、军民融合的大背景下，由广东省政府引入的一家新型研发企业，先后被认定为广东省新型研发机构、国家高新技术企业、广东省知识产权示范企业、国家知识产权优势企业，并通过了广州市院士专家工作站、广东省院士专家工作站
中新国际联合研究院	研究院是由中国与新加坡两国间的重大科技合作项目，是由华南理工大学与南洋理工大学、中新广州知识城管理委员会、中新广州知识城投资开发有限公司四方共建，以科研成果转化为目的的独立法人事业单位
中国科学院自动化研究所广州人工智能与先进计算研究院	以粤港澳大湾区建设为契机，围绕人工智能应用技术、处理器设计、先进智能计算架构等关键环节进行研究布局，聚焦人工智能、先进计算架构、芯片设计等领域，聚集原始创新、顶尖人才，打造国家级创新型经济增长极

（七）物业服务

科学城（广州）园区投资运营发展有限公司成立于 1988 年，前身为"广州开发区房地产物业有限公司",拥有国家二级物业管理资质,是广州开发区最早成立的国有独资企业之一,从事公共项目运营和物业管理的专业企业(见图5-6)。依托科学城集团和开发区金控集团两大区属国企在广州开发区区域内的优势资源,物业管理面积达150万平方米,主要有政府办公楼、工业厂区、住宅小区、商业广场及写字楼、展厅运营管理等。

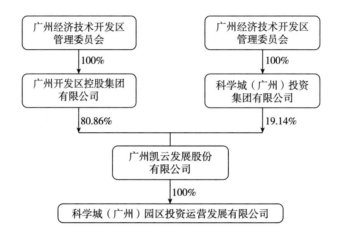

图5-6 公司股权结构

(八)人才发展

截至2019年8月,广州开发区已集聚高层次人才730人,数量居广州市各区首位。绝大部分高层次人才都携项目入驻开发区,如王晓东院士的百济神州、施一公院士的诺诚健华、谢晓亮院士团队的广州赛纳等。顶级人才带来的产业项目增加了开发区的吸引力,促进人才与产业的双向优化,构建起以人才为核心的"引智引技引资"新高地,"人才是第一资源"在这里得到充分实践。

1. 人才政策

广州开发区从"引进、留住、用好"三方面制定人才政策(见表5-2)。

引进人才:综合"人才10条""珠江人才计划"等各项整个,各类人才最高可获得2亿元、1.1亿元、1200万元等各类资助。此外,可采用"一事一议"的方式,为特别重大的人才项目量身定制扶持政策,资助金额最高可达10亿元。

表5-2 广州开发区人才相关政策

序号	政策名称	出台时间
1	广州开发区萝岗区吸引高层次人才实施办法	2013 年
2	广州开发区创新创业骨干人才和紧缺人才薪酬补贴实施办法	2013 年
3	广州开发区萝岗区大学生科技企业扶持办法	2014 年
4	广州开发区加快聚集创业英才实施办法	2015 年
5	广州开发区人才引进奖励办法	2016 年
6	广州开发区创新创业领军人才聚集工程实施办法	2016 年
7	广州开发区高层次人才个人扶持办法	2016 年
8	广州开发区高级管理人才奖励办法	2016 年
9	广州开发区技能人才资助和奖励办法	2016 年
10	广州开发区博士后管理工作实施办法	2016 年
11	广州开发区黄浦区鼓励创业投资基金参股人才创新创业项目办法	2016 年
12	广州市黄浦区 广州开发区聚集黄埔人才实施办法	2017 年
13	广州市黄埔区 广州开发区 广州高新区关于集聚海外尖端人才的若干措施	2019 年
14	广州市黄埔区 广州开发区人才住房建设和使用办法（试行）	2019 年
15	广州市黄埔区 广州开发区支持港澳青年创新创业实施办法	2019 年

留住人才：实行"别墅＋公寓＋补贴"的政策扶持。人才公寓的开发占到了开发区内房地产开发项目的5%以上，2015～2020年共推出公共租赁房、人才租赁房5007套。在3年的补贴期内，为不同层次的人才每月提供10000元、8000元、5000元的住房补贴。

用好人才：设立50亿元人才基金，助推人才创新创业发展。设立总规模50亿元的黄埔人才基金，引导各类基金优先投入高层次人才创办的企业或初创期科技型企业，加速推进科技成果产业化、市场化步伐。

截至2018年5月底，广州开发区共有诺贝尔奖获得者1人，两院院士33人，国家"千人计划""万人计划"等各类高层次人才共计329人。

2. 全链条人才服务模式

2017年12月28日，广州开发区管委会全额出资成立的广州开发区人才工作集团正式挂牌。作为为人才提供全链条服务模式的企业，广州开发区人才工作集团的业务除人才安居、人力资源外，还包括人才创业投资、人才教育与培训等，是全国首创的人才服务模式。

第一，人才的引进与服务。人才工作集团发挥企业灵活的体制优势，面向市场、面向全球，为政府引进各类人才。在不同地方举办各类人才政策发布会、宣讲会，开设人才工作站、人才办事处，通过市场手段为人才企业招聘各类专业人才和特殊人才。同时，组织开展人才测评、认定工作，提高政府引进人才的效率，为人才办理入户手续、企业注册登记手续、政策咨询与兑现、创业投资服务等，让人才在"引进"环节中享受优质服务。

第二，人才创业载体建设。在人才创业初期，政府一般会在孵化器、加速器为人才提供免费的创业场所。随着人才企业成长壮大后，人才工作集团通过租赁土地兴建人才产业园、租赁工业厂房、盘活闲置物业等手段，为高成长性人才企业提供优惠的企业办公场所，弥补人才创新创业中场地需求不足的短板。

第三，人才金融服务。人才工作集团通过开设"人才银行"，为人才评估定价，实现人尽其才、才尽其用。人才集团利用企业优势，弥补知识产权质押贷款、人才信用贷款等融资方式的缺陷，搭建人才融资平台，助力人才创新创业发展。

第四，人才公寓建设运营。政府重视人才公寓建设，并将其视为创新创业的重要设施。人才工作集团作为人才工作的市场化手段，致力于人才公寓的建设与运营。

第五，人才教育与培训。人才工作集团充分贯彻落实政府的指令，为人才子女提供良好的教育环境。此外，人才工作集团针对培训市场的问题，引导和引领人才培训工作，通过培训来活跃创新创业的氛围。

（九）金融模式

在政策上，2019年7月18日出台《广州市黄埔区广州开发区促进金融业发展的政策措施》，对落户广州开发区的金融机构给予多方面服务与资助，包括项目落户、发展壮大、并购重组、场地购置等，最高可获得近亿元区级奖励。此外，根据金融机构对开发区的发展贡献，还将给予包括经营贡献奖、高管人才奖、场地补贴奖励在内的各类奖金。2021年7月发布《广州市黄埔区广州开发区促进金融科技高质量发展十条措施》，旨在推动金融科技健康发展，分别在加快企业集聚、扶持发展、园区运营、产品服务推广应用、供应链金融发展、创新监管试点等方面给予支持。并将建设粤港澳大湾区金融科技创新中心，积极引进持牌金融机构，大力发展科创金融、绿色金融、跨境金融、供应链金融等特色金融。

同时，成立专业的基金投资集团。广州开发区产业基金投资集团有限公司于2017年7月注册成立，注册资金为12亿元，是由广州开发区管委会投资设立、独立经营，由国资局一级监管的竞争性类型企业；是广州开发区党工委、管委会为放大政府投资基金引导效应、吸引金融机构集聚、推动金融创新服务区建设、打造金融控股平台而设立的区属基金化投融资平台，包括城市发展建设基金、重大产业投资基金、政府引导基金、招商引资四大板块。旗下有广州开发区城市发展基金管理有限公司、广州开发区新兴产业投资基金管理有限公司、广州世星投资有限公司、广州开发区投资基金管理有限公司4家控股子公司。

二、苏州工业园区

（一）园区概况

苏州工业园区隶属于苏州市，位于苏州东部，行政区划达278平方千米，其中中新合作区作为核心区域，占地80平方千米。1992年邓小平同志关于学习新加坡经验的讲话，直接推动了中新两国政府合作开发建设苏州工业园区的决策。经过中新双方多次互访和磋商，1994年2月，中新两国领导签署合作开发协议，同年5月实施启动。

2020年，面对新冠肺炎疫情和国内国际形势复杂的变化，园区全年实现地区生产总值2907亿元，进出口总额942亿美元；实际利用外资19.7亿美元，增长100.6%，创下了历史新高。自2016年起，在国家级高新区综合排名中，苏州工业园区已连续五年位列第一。

苏州工业园区的创立源自中新双方共同的需求。新加坡作为岛国，国土面积狭小，在国土以外建立工业园可以扩大新加坡的产业发展。而我国在当时也正处于改革开放的关键时期，正需要向国外借鉴成熟的管理经验。两国的共同需求促使双方最高领导层持续关注苏州工业园区的发展，使园区的定位不仅是为了发展经济，也是为了学习新加坡先进的管理经验。

（二）体制机制

1. 管理架构

一是管理架构层次高，设立的三级合作机制体现了中新两国政府间的合作（见图5-7）：第一级是中新两国政府联合协调理事会，主要协调园区建设与经验借鉴方面的重大问题；第二级是两国部长级工作委员会，由苏州市政府和新加坡贸易及工业部双方领导主持，定期召开会议协商园区建设与经验借鉴等问题，向理事会主席汇报工作；第三级是日常联络机构，由苏州工业园区借鉴新加坡经验办公室和新加坡贸易与工业部软件项目办公室构成。

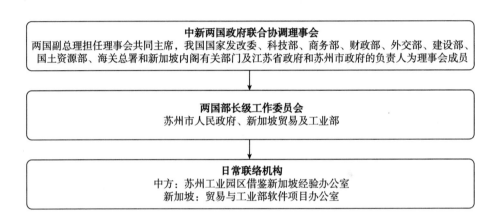

图5-7　苏州工业园区三级合作机制示意图

二是政企分开的管理模式。在开发区的具体管理上，国内很多开发区在建设初期管理主体和开发主体合二为一，以后再逐步政企分开，存在一些问题。而苏州工业园区从建立之初，其行政管理主体和开发主体就是分离的。行政管理的主体是园区管委会，开发主体是中新苏州工业园区开发集团股份有限公司（CSSD）。CSSD由中方财团和新方财团共同组成，2019年12月正式登陆上交所主板，其主营业务包括土地开发、市政公用、房产开发、多元服务等。在园区开发的规划、建设、招商引资、运营服务等阶段，管委会和CSSD通过发挥不同的功能，共同促进园区繁荣。

三是精简高效的政府机构。园区管委会按照"精简、统一、效能"原则和扁平化模式，整合政府职能，减少管理层次，凡可设可不设的机构一律不设，部门职能尽可能综合化，合并相近职能；用非政府性质的公务机构和中介机构承担传统体制下政府职能中较低层次和部门中间层次的职能；为提升政府效率性，对公务员实行全员招聘、技能考核、末位淘汰、动态管理。

2. 政策优势

一是先行先试的特殊政策。苏州工业园区拥有包含两国副总理在内的联合协调理事会，被授予许多特殊政策，形成了"不特有特、特中有特"的政策优势，即"凡是符合改革方向的均可在园区先行，一时看不准的也可在园区试行"。

二是项目审批特权。凡是符合国家产业政策的外资项目，园区均可自行审批，即拥有上不封顶的项目自行审批权。

三是外事管理灵活高效。园区有公务出境任务审批、颁发公务护照、向外国驻华使领馆申办签证、签发境外人员入境签证通知函电等方面的外事管理权。

四是保税物流绿色高效。位于苏州工业园区内的综合保税物流园自 2004 年成立起，经过近 20 年的发展，顺利完成每一次阶段性转型升级。"SVZ"① 虚拟延伸上海空港功能，"虚拟海港"水陆联程实现口岸一体化直通。

（三）空间布局

按照《苏州工业园区总体规划（2012～2030）》，形成了"双核多心十字轴、四片多区异彩呈"的空间结构。"双核"指的是湖西的中央商务区和湖东的中央商业文化区，围绕金鸡湖共同打造园区的核心区。"多心"指结合各类轨道站点与功能区中心形成的多个中心。由城市东西向轨道线和南北向公交走廊形成"十字型"发展轴。"四片多区"指四个街道与多个功能片区。

（四）建筑风貌

苏州工业园区规建委围绕园区的公共空间、地标建筑等开展了一系列规划、导则的编制工作（见图 5-8、5-9、5-10）。

1. 公共空间

早在 2011 年即开始编制以中央商贸区为研究范围的《苏州工业园区中央商贸区公共空间环境设计导则》（以下简称《导则》），该区域功能位置重要，最能代表未来现代化"洋苏州"城市形象，体现了园区内最高的城市建设水平，集中了园区商贸、政治、文化、人居与生态的标志性项目。

---

① SZV：上海—苏州的空运进口快速中转即空陆联程（SZV）模式。

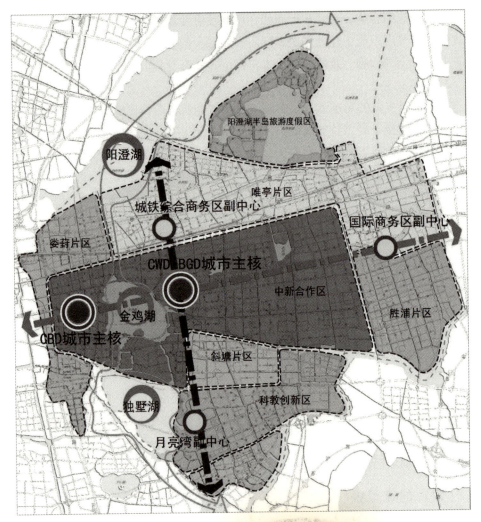

图5-8 苏州工业园区中心体系结构规划图

《导则》主要对已出让地块之间及人行道区域的公共空间进行协调，强化公共空间中广场、绿化、雕塑、标高、驳岸、骑楼等的整体性和统一性，提升商贸区现代、精致、有序的形象。

2. 地标建筑

近年来，苏州中心、国金中心、奥体中心等一批城市地标建成（见图5-11、图5-12、图5-13），不断提升园区的"颜值"，为园区打造现代国际大都市的先行示范区、发展现代服务业、总部经济提供了有力支撑。

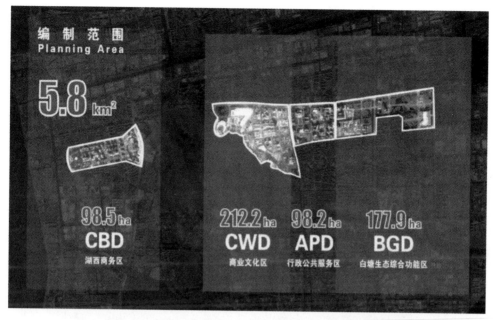

图 5 - 9　苏州工业园区中心商贸区导则编制范围示意图

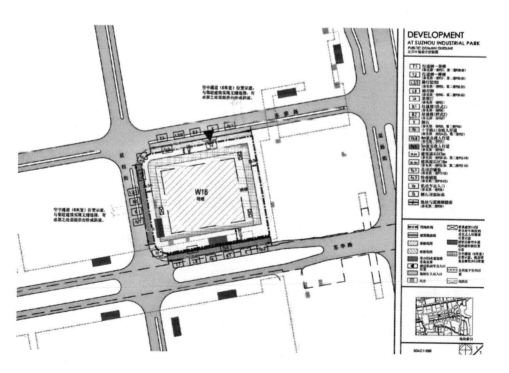

图 5 - 10　公共环境设计控制图

图 5 - 11 苏州东方之门与苏州中心广场

资料来源：苏州工业园区发布公众号。

图 5 - 12 苏州国金中心

资料来源：苏州圆桌企鹅号。

图 5 - 13　苏州奥体中心

资料来源：看点快报。

3. 风貌管控

以园区最有代表性的金鸡湖地区为例，金鸡湖地区于 2012 年被评为国家 5A 级旅游景区。金鸡湖是一个开放式景区，景区总面积 11.5 平方千米。作为全国唯一"国家商务旅游示范区"的集中展示和核心区，金鸡湖商务旅游与园林古城交相辉映，共同构成苏州"古韵今风"的双面绣。据统计，2020 年金鸡湖景区接待市民游客 1116.93 万人次。

在苏州工业园区总体规划的框架下，环金鸡湖地区通过不断编制和调整自上而下的规划体系，引导该区域的开发建设，具有前瞻性的规划体系保证了环金鸡湖区域与园区整体的空间结构相契合（见表 5 - 3）。

通过南北分区，金鸡湖地区实现了动静结合，形成具有不同功能特色的景观片区，构成了完整的滨水空间结构。

表 5 - 3　金鸡湖地区相关规划

编制时间	编制单位	规划名称
1998	美国易道公司（EDAW）	金鸡湖景观设计总体规划
2002	苏州工业园区规划建设局 江苏省城乡规划设计研究院	苏州工业园区二、三区控制性详细规划
2004	美国捷得公司（JERDE）	苏州金鸡湖地区概念规划调整设计
2004	杭州市园林设计院	苏州工业园区金鸡湖岛屿景观规划设计
2005	荷兰游艇及游艇码头开发集团	金鸡湖游艇发展总体规划
2017	AECOM 公司	金鸡湖水岸慢行绿道规划及景观设计

（五）产业发展

2020 年，苏州工业园区的产业体系可以概括为"2 + 3"，其中"2"代表新一代信息技术和高端装备制造两个千亿级主导产业，"3"指的是生物医药、纳米技术应用、人工智能三大特色产业（见图 5 - 14）。园区拥有 45 家经省级认定的跨国公司地区总部及功能性机构，约占江苏省的 17%，高新技术产业产值占规上工业产值比重达到 70% 以上，基本形成与全球产业创新园区和国际宜居商务新城相适应的现代产业结构体系和以创新驱动为核心、以服务经济为主体、以高端制造为基础、以优秀人才为支撑的服务经济形态。

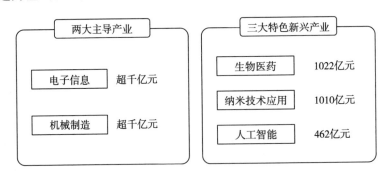

图 5 - 14　苏州工业园区现代产业体系示意图

资料来源：园区亮出科技创新成绩单三大新兴产业总产值达 2494 亿元，http：// www. sipac. gov. cn/sz-gyyq/jsdt/202105/dfbc265467ed48e3b65fb0ef25850f8c. shtml，苏州工业园区管理委员会，2021 - 5 - 6。

（六）招商引资

通过助力企业成长、优化营商环境等手段，全力营造招商引资的良好氛围，园区树立了"大招商"的开放格局和"招大商"的精准思路，近1/3的世界500强企业、5000多个跨国项目入驻了园区，并培育了大量本土企业。

1. 招商成果

2020年园区新增科技项目超1000个，同比增长30%以上，其中80%是生物医药、人工智能、纳米技术应用项目。设立"金鸡湖创新合作中心（北京、大湾区）""斯派克创业学院"等国内招商窗口并有效运转。赋能全区14个科技项目在港交所、上交所获重大上市进展。

2. 政策举措

2020年，园区发布《优化营商环境创新行动2020》，方案从聚焦企业发展需求和优化政府服务供给两个维度，以制度创新为核心，突出"五个更加"：提升一次性事项的办理实效，"减手续、降成本、优服务"；强化经常性事项的服务质效，"搭平台、创模式、设场景"；优化集成便利的政务服务，实现"一张网、一件事、一扇窗"；建立诚信公平的法治环境，"建机制、提效能、优监管"；打造接轨国际的创新生态，"重研发、聚人才、优环境"。其中，有21项具体举措全国首创、81项全国领先（见表5－4）。

表5－4 新30条中的全国首创及领先举措

"五个更加"改进方向	全国首创举措	全国领先举措
一次性事项的办事实效	·实现内外资企业设立登记无差异"一窗办理"，1个工作日内完成 ·针对生物医药研发载体升展综合环境影响评价 ·实现不动产登记2个工作日内办结，15类不动产登记服务"不见面审批"	·实现申领营业执照、公章刻制、银行开户、税务开户、社保登记"一窗办理"，1个工作口完成 ·推行"新（新加坡）苏（苏州）迪"外资登记模式 ·制定"建设工程规划许可证"豁免清单
经常性事项的服务质效	·建立风险缓释机制，助力"关助融"项目扩面增效 ·深化实施进口研发（测试）用未注册医疗器械分级管理 ·开展高端制造业全产业链保税模式改革 ·深化"空运直通港"模式、推出中欧卡车航班、国际物流货运包机服务，完成园区港海关监管场所建设 ·实行产业用地分段弹性年期（10＋N）挂牌出让	·设立苏州国际商事法庭 ·率先开展电子营业执照在公共资源交易领域的运用

"五个更加"改进方向	全国首创举措	全国领先举措
集成便利的政务服务	·制定实施《苏州工业园区制度创新容错纠错免责暂行办法》 ·开展政务服务电子档案单套制归档改革试点 ·实现园区本级业务系统全部对接"一网通办"平台	·实现大数据精准服务，自动推送政策信息和服务事项，自动提醒证照到期、办件进度等事项 ·推进电子证照和政务信息共享核验，大幅减少材料提交 ·实现单事项"三减一优"时限压缩50%目标全覆盖，总体压缩率达到65%以上
诚信公平的法治环境	·制定电子劳动合同标准，助推企业提高管理效率 ·优化劳动关系运行管理平台，实现劳动管理向智能化转变 ·推行知识产权刑事案件被害人（权利人）诉讼权利保护制度 ·开展"环境管理合作伙伴计划"，助推企业提升环境管理能力	·深化包容审慎监管，对轻微违法行为清单内案件免予处罚 ·推进长三角地区信用标准互认，实现跨地区信用信息交换共享和联动奖惩
打造接轨国际的创新生态	·研究药品专利保护期补偿制度，做好重点药品专利保护 ·深化高层次和国际人才服务中心建设 ·推行人才优先购房、实体优租房、虚拟优租房政策，建立多层次的人才安居保障体系 ·开展生物医药等产业国际置业资格比照认定职称，支持领军人才直接参评高级职称	·设立天使母基金和产业投资基金，探索设立跨境股权投资基金 ·急需高端外国人才一次性给予5年工作许可 ·推动境外人士跨境电子支付试点

（七）平台运营

1. 企业服务枢纽平台

园区企业服务中心持续推进惠企政策兑现落地全链服务的数字化，近10个部委办局将300多项涉企政策业务授权到中心，依托多年积累的政策服务经验及数据，聚力打造了"SIP政策总入口"。平台将政策文件经过梳理分析，成为可定制的产品，基于多维度的客户画像，企业可以实时接收精准的服务信息推送，并通过该入口了解最新政策，计算并匹配个性化政策产品，获取申报通知、办理申报和兑现业务，获得与政策相关的全流程服务。

2. 园易融综合金融服务平台

2020 年，园区企业发展服务中心响应园区"惠企十五条"，上线了园区一站式综合金融服务平台"园易融"，服务领域从"科技金融"全面拓展到了"普惠金融"，服务对象覆盖了全园区工商注册企业，服务供给从以银行为主的机构拓展到了银行及科贷、租赁、股权机构、担保、金融租赁、融资租赁等 8 个金融领域。提供"债权"＋"股权""线上"＋"线下"的一站式综合金融服务。通过连接资金需求侧和供给侧，平台为企业提供更多更便捷的线上金融服务选项，实现企业需求与金融机构服务在线高效精准对接。

3. 园易联产教融合平台

园易联产教融合平台由苏州工业园区科教创新区管委会与园区企业发展服务中心合作共建，集成了政策资源、院校平台、企业需求为一体，通过校园开放日、企业开放日、校园招聘会、企业需求发布会、院校科技成果路演及大赛等品牌活动及院校技术平台、企业研发中心、区域共享空间等共享平台，结合联合人才培养、校企合作培训等实际项目，为园区院校和企业间的合作提供服务。

（八）物业服务

按照智慧物业的理念，园区规划建设委员会打造了线上物业管理服务的政府公共软件，于 2020 年发布了"苏州工业园区物业公共管理平台"及"家园区"App（见图 5 - 15）。软件采用实名制认证＋人脸识别技术，可提高业主对小区管理的知晓度和参与度，为业主决策、规范使用维修资金等提供便利，减少上门征求意见所投入的人力物力，也有利于减少疫情防控常态化期间人员聚集。

（九）人才发展

打造与国际接轨的引才、育才、用才机制，以国际一流人才集聚引领国际一流技术、项目、资本和产业集聚，园区近年来发布了一系列人才政策（见表 5 - 5）。

1. 重点政策

（1）人才安居。

在人才安居方面，政策内容主要从购房补贴、人才租屋、人才优购房、人才优租房、住房公积金贷款优惠几个方面开展（见表 5 - 6）。

图 5 - 15　家园区 App 应用界面

表 5 - 5　苏州工业园区近年来人才政策

序号	政策文件名	实施时间
1	《关于实施苏州工业园区"金鸡湖双百人才计划"的若干意见》	2010 年 8 月
2	《苏州工业园区新兴产业企业猎头服务补贴操作办法》	2011 年 5 月
3	《关于进一步推进科技领军人才创业工程的实施意见》	2012 年 1 月
4	《苏州市关于加快实施海外高层次人才引进工程（"1010 工程"）的意见》	2012 年 9 月
5	《园区工委、管委会关于授予苏州工业园区第二届纳米专项科技领军人才称号的决定》	2012 年 9 月
6	《园区工委、管委会关于苏州工业园区吸引高层次和紧缺人才的优惠政策意见》	2013 年 6 月
7	《园区工委管委会关于深入推进苏州工业园区"金鸡湖双百人才计划"的意见》	2015 年 8 月

序号	政策文件名	实施时间
8	《园区工委、管委会关于苏州工业园区吸引高层次和紧缺人才优惠政策的意见（2016～2019）》	2016 年 9 月
9	《园区党工委管委会关于苏州工业园区实施人才安居工程的若干意见（试行）》	2017 年 3 月
10	《苏州工业园区关于深入实施金鸡湖科技领军人才创新创业工程的实施办法》	2018 年 5 月
11	《园区党工委关于深化实施苏州工业园区"金鸡湖人才计划"的意见》	2018 年 5 月

表 5－6　　《关于加快集聚高端和急需人才的若干意见》的人才安居政策内容

政策内容	具体内容
购房补贴	对在园区全职工作的顶尖人才，可按"一事一议"方式最高给予 500 万元购房补贴。对园区自主申报入选的国家级和省市区级领军人才以及经认定相当该层次的人才，最高给予 200 万元购房补贴。对生物医药、纳米技术应用、人工智能等重点新兴产业新引进的国家级领军人才，参照享受最高 200 万元购房补贴。对园区博士后工作站出站留在园区工作的博士后，最高给予 30 万元购房补贴。购房补贴原则上分三年兑现
人才租屋	对符合条件的重点科技领军人才和重大招商项目引进人才，优先提供定向定价方式销售的人才组屋
人才优购房	园区范围内新取得预（销）售许可的商品住房，按有关政策优先销售给在园区就业创业并连续缴纳社保或个税 12 个月及以上，且个人及家庭（含未成年子女）在本市无自有住房的本科及以上人才，或园区人才办认定的其他高层次人才
人才优租房	本科学历以上人才，可申请租住政府优租房 3 年。通过市场途径租房居住的，可按政策申请虚拟优租房补贴，补贴时间最长不超过 3 年。生物医药、人工智能、纳米技术应用等重点新兴产业人才，优先安排优租房，并全区域常年开放虚拟优租房补贴申请通道
住房公积金贷款优惠	对在园区工作且缴存住房公积金的顶尖人才、领军人才、高层次人才和姑苏重点产业紧缺人才，可享受住房公积金贷款优惠。领军人才可按不超过普通公积金贷款最高额度的 6 倍享受，高层次和紧缺人才可按不超过 3 倍享受

（2）金鸡湖双百人才计划。

自 2010 年起，园区开始实行"金鸡湖双百人才计划"，以"建设高层次人才创新创业的首选地、智力经济特征明显的国际化人才高地"为目标，发布了一系列推进政策（见表 5－7）。

表5-7　《关于深入推进苏州工业园区"金鸡湖双百人才计划"的意见》政策内容

重点工程	目标	奖励
园区科技领军人才创新创业工程	每年评选、引进科技领军人才100名以上（纳米领军人才不少于40名）	最高资助金额1000万元以上
园区高层次领军人才创新创业工程	每年引进领军人才30名，引进各类海外归国人才600名	最高每人给予300万元补贴
园区科教领军人才创新工程	科教创新区内高校、科研院所每年引进20名国际型学科领军人才，选聘20名园区企业家任兼职教授	最高给予每人每年40万元补贴，最高连续补贴三年
园区高端服务业领军人才创新创业工程	每年引进高端服务业领军人才30名	每人给予30万~100万元补贴
园区高技能领军人才队伍建设工程	建成公共实训基地，引进国际职业资格认证体系，每年重点培养200名高技能领军人才，培训认证3000名高级技工	对入选园区高技能领军人才者按1000元每月标准连续补贴12个月

（3）高层次和紧缺人才。

针对高端和急需人才，园区相继发布了《关于苏州工业园区吸引高层次和紧缺人才优惠政策的意见（2016~2019）》《关于加快集聚高端和急需人才的若干意见》，从创业扶持、人才住房、人才补贴、企业引才、人才培训和培养、外国人才引进、人才服务等角度发布了一系列优惠政策（见表5-8）。

表5-8　《关于苏州工业园区吸引高层次和紧缺人才优惠政策
的意见（2016~2019）》政策内容

政策内容	具体内容
创业扶持	创新创业资助
人才住房	购房补贴、人才租屋、人才优购房、人才优租房、住房公积金贷款优惠
人才补贴	高端和急需人才奖励、薪酬补贴、博士后补贴
企业引才	奖学金、实习补贴、猎头补贴、柔性引才补贴、金鸡湖伙伴计划补贴、人力资源服务机构引进
人才培训和培养	培训机构引进、培训平台建设、培训项目补贴、高端技能人才赛事补贴、中高级职称评审
外国人才引进	高端外国人才5年工作许可、放宽专业外国人才引进条件、鼓励外国人才创新创业、信用管理制度、永久居留受理窗口
人才服务	子女入学便利、社保医保优惠、医疗保健政策、人才引进落户、营造学术氛围

2. 保障措施

调整优化，加大人才政策的吸引力度：在"购房补贴、优惠租房、薪酬补贴、培训补贴、博士后补贴、专项补贴、落户入学、出入境便利、人民币汇兑、后勤服务"十个方面给予重点政策支持。

整合资源，提升人才服务的整体水平。进一步整合组织人事局、科技局、中小企业服务中心、人力资源管理服务中心、一站式服务中心等机构的人才服务职能，整合区内领军人才的政策资源、服务资源和信息资源，发放智慧人才服务卡，形成"信息系统＋人才专员"线上线下相结合、点面兼顾的立体服务模式。

统筹兼顾，注重各类人才发展。重点抓好创业领军人才、科教研究人才、企业创新人才、高技能人才四支具有园区特色的人才队伍建设；继续高水平对接苏州国际精英周和千人计划创业大赛，重点吸引各类高层次人才的快速聚集；尝试引进国内外高端人力资源服务机构，改进招聘模式，提升"海外招聘、异地招聘、校园招聘、市场招聘"四大招聘品牌的内涵，进一步拓宽国内外人才引进渠道。

创新理念，优化人才发展环境。积极保障高层次人才子女入学需求；灵活、科学的优租房社会资源体系；撬动社会组织行为来优化人才发展环境。

3. 创新措施

2021 年，园区发布"人才政策计算器"，实现人才"项目申报、待遇落实、公共服务、企业发展"4 大类人才政策的"一端通查、一键匹配、一网通办"，形成人才、企业数据画像，实现数据与政策的自动匹配，可以"一键直达"办理专区，在线"测一策"自行评估政策契合度与适用性。同时，平台还具有政策申报信息精准推送功能，主动提示适配用户进行申报工作，变"人才找政策"为"政策找人才"。

（十）金融模式

1. 务实的政务服务环境

园区设立企业发展服务中心提供全过程的一站式企业服务，管委会科技、财政等局办授权业务近 200 项。通过整合资源，园区推出了"战役贷、苏科贷、科技贷、园科贷、知识贷、扎根贷、绿色智造贷、苗圃贷、关助融"等创新金融产品（见图 5 - 16 至图 5 - 19），并打造苏南股权路演中心、科技金融超市平台、科技服务超市、科技载体网等。

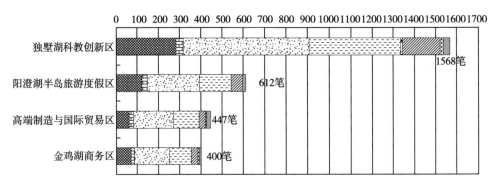

图 5 - 16 2011～2021 年按区域划分的园区融资笔数统计

资料来源：园易融，http：//yyr. sipac. gov. cn/，2021 - 5 - 18。

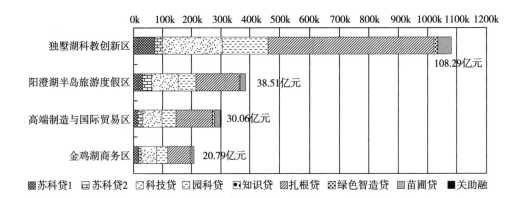

图 5 - 17 2011～2021 年按区域划分的园区融资金额统计

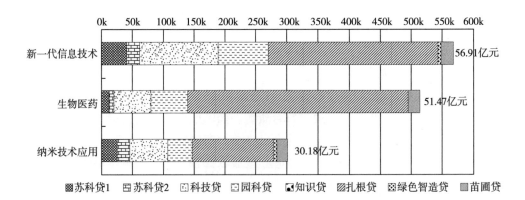

图 5 - 18 2011～2021 年按产业划分的园区融资金额统计

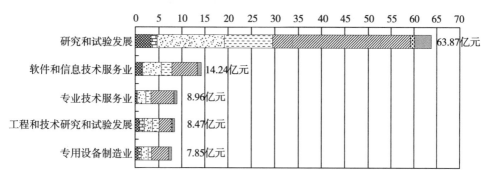

图 5 – 19 2011～2021 年按行业划分的园区融资金额统计

案例：关助融

通过提供海关信用加分、苏州小微企业数字征信实验区数据等信息，让商业银行敢贷，缓解进出口企业"融资难、融资贵"的问题，是金融支持园区建设、助推企业发展的制度创新典型案例。自 2019 年 6 月推出以来的一年多时间里，已有 25 家银行参与了自贸片区"关助融"项目试点，77 家企业发起"关助融"申请，累计获得授信金额近 30 亿元。

2. 较为完善的政策体系

园区自 2010 年正式启动了"金融产业翻番行动计划"，2013 年初，园区发布"新三年金融繁荣计划"，近年来通过出台《关于推进金融机构持续聚集的若干意见》《关于促进苏州工业园区股权投资产业发展的若干意见》等政策，大力实施金融繁荣计划。

园区在企业的各个阶段提供了不同的保障措施：一是为初创期企业制定统贷、创投引导基金、领军人才等管理办法，通过政策科贷、天使投资等方式加以支持；二是为成长期的企业制定风险补偿、债权融资相关补贴政策，依靠科技小贷、科技保险等方式提供资金保障；三是为成熟期企业制定"新三板"、上市奖励政策，利用资本市场帮助企业做大做强。

3. 多层集聚的金融资源

截至 2020 年，已有超千家的金融类机构在园区集聚，苏州市 90% 以上的银行、半数以上的保险机构和 3/4 以上的融资租赁机构都在园区注册，外资银行数量、外资金融机构集聚度在省内排名第一，已成为全市乃至全省金融机构最为齐全、数量最多、分布最为密集的地区之一。

三、张江科学城

(一) 园区概况

张江科学城（原名张江高科技园区）始建于 1992 年 7 月，投资主体是上海张江（集团）有限公司，由上海张江高科技园区开发股份有限公司（以下简称张江高科）开发建设，两家主体均由上海市浦东新区国资委管理。张江高科在 1996 年 4 月上市，股票代码 600895。

2020 年，张江科学城全年规上工业总产值首破三千亿元大关，达 3033.5 亿元，同比增长 8.9%；实现限额以上商品销售总额 1900.41 亿元，同比增长 5.1%；实现固定资产投资 600.79 亿元，同比增长 85.3%。

1. 发展历程

张江科学城的前身是张江高科技园区，张江高科技园区自 1992 年 7 月开始建设，是第一批国家级新区之一，初始面积 17 平方千米；1999 年，上海实施"聚焦张江"战略，园区进入了快速发展阶段，第二年园区规划面积扩张至 25.9 平方千米；2011～2012 年，张江核心园区范围逐步扩张至 79.7 平方千米；2014 年 12 月，中国（上海）自贸区扩区，其中包括张江高科技片区；2017 年 7 月，上海市政府批复了《张江科学城建设规划》，规划面积约 94 平方千米，考虑到与龙阳路枢纽、国际旅游度假区等周边地区的协调联动发展，外扩形成衔接范围，总面积约 191 平方千米（见图 5-20）。

2. 功能定位

《上海市城市总体规划（2017～2035 年)》提出，上海定位于国际经济、金融、贸易、航运、科技创新中心和文化大都市，将构建由"主城区—新城—新市镇—乡村"组成的城乡体系和"一主、两轴、四翼；多廊、多核、多圈"的空间结构。规划提出"以上海张江综合性国家科学中心为核心，向具有全球影响力的科技创新中心进军"。

《张江科学城建设规划》提出，张江要成为"以国内外高层次人才和青年创新人才为主，以科创为特色，集创业工作、生活学习和休闲娱乐为一体的现代新型宜居城区和市级公共中心"，成为"科研要素更集聚、创新创业更活跃、生活

服务更完善、交通出行更便捷、生态环境更优美、文化氛围更浓厚的世界一流科
学城。"

图 5 - 20 张江科学城鸟瞰图

资料来源：张江高科技园区官网。

3. 发展战略

围绕科技地产开发运营、产业投资、创新服务三大业务方向，逐渐向"股权
化、证券化、品牌化"模式转型。

"新三商"战略：2014 年，张江高科提出以科技投行为发展方向，着力打造
科技地产商（全产品线）、产业投资商（全创新链）和创新服务商（全生命周
期）的"新三商"战略。

"时间合伙人"战略：努力践行"时间合伙人"理念，逐渐向"股权化、证
券化、品牌化"模式转型。

"科技投行"战略：寻求科技地产与产业投资的有机融合、协同发展。

（二）体制机制

2000 年，上海市、浦东新区共同成立张江高科技园区领导小组和办公室。
2007 年，成立园区管理委员会，调整为区政府派出机构。2018 年，上海市张江
高科技园区管理委员会更名为上海市张江科学城建设管理办公室。

（三）开发模式

张江科学城施行"政策引导，企业建设，政府租用，创业者受益"的开发

模式。

1999 年，上海市浦东新区管理委员会授权浦东新区综合规划土地局，委托张江高科，用 3 年的时间在张江高科技园区内建设 1 平方千米的张江技术创新区（以下简称"张江技创区"）内的孵化用房、市政配套设施。2002 年，张江高科完成了开发任务，建成建筑、设施面积约 10 万平方米。

1999 年，上海市政府提出了要建设中国最大孵化器和技术创新示范区的战略目标。张江高科按照协议约定，在政府监管下，经营管理张江技创区，引进了中科院上海浦东科技园、科技部科技成果转化基地等多家创业孵化企业。

政府以支付约定租金的方式，合理保证张江高科的回报，张江高科除了通过直接经营和可经营的科技地产产权获取收入外，还可以获得政府年均约 5000 万元保底租金补贴支持。

（四）空间布局

根据张江科学城"十四五"规划，规划面积由 95 平方千米扩大至 220 平方千米（见图 5 - 21）。

"一心"：张江城市副中心。强化科技创新特色，布局高等级公共服务设施，打造国际化、高品质、活力开放的科创型城市副中心。

"两核"：张江科学城南北"一主一副"科技创新核。北部科技创新核聚焦国家实验室、未来科学中心等建设，南部科技创新核聚焦国际医学园区发展，共同提升张江科学城创新策源能力。

"多圈"：结合地铁站、产业节点等布局产业组团与生活组团，建设一批高端产业基地和产业社区，推动 15 分钟社区生活圈全覆盖，构建集约紧凑、功能混合的多组团式空间。

"多廊"：依托川杨河、北横河、咸塘港、浦东运河等城市生态廊道，纳入北蔡楔形绿地、黄楼生态湿地，形成"三横三纵、蓝绿交织"的生态空间格局。

（五）建筑设计

张江科学城设计旨在营造整体的建筑环境，平衡生活、工作和娱乐空间，以"反地标性建筑"精神规划园区。一系列地面和屋顶花园融合了建筑和景观，增加了人与自然的联系（见图 5 - 22）。

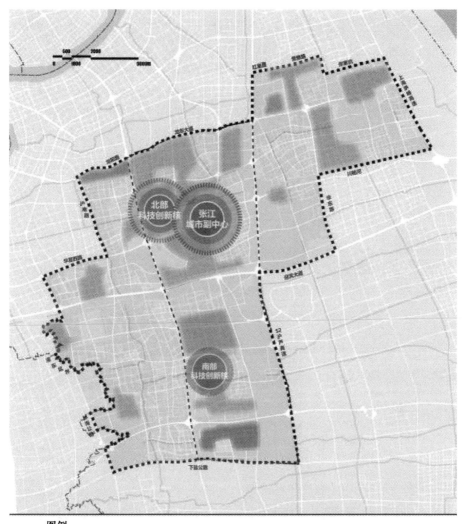

图例

::::: 原科学城范围线　●城市副中心　■产业社区　■特色园区
::::: 科学城扩区范围　●科技创新线　□居住地区　■生态片区

图 5 - 21　张江科学城空间布局概况

（六）产业发展

1. 产业发展历程

（1）探索期（1992～1999 年）。

园区的定位与产业处于摸索阶段，产业发展缓慢，产业方向逐渐清晰。

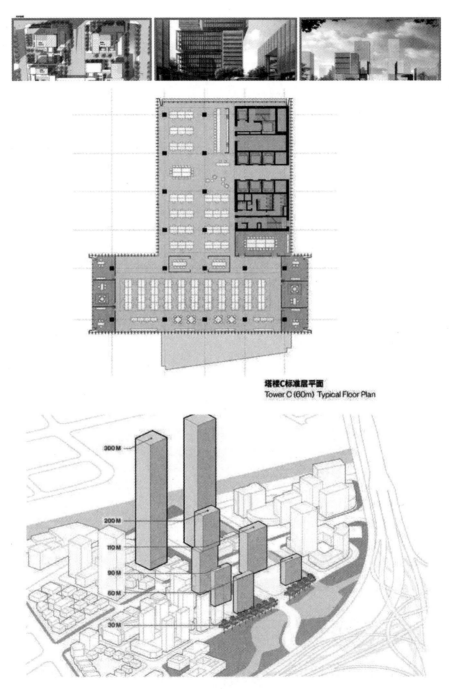

图 5 - 22　张江科学城建筑设计方案示意图

1992 年功能定位为集科技、产业、销售、培训和与之配套的生活服务设施于一体的综合性基地，各功能区相对独立，功能要素简单拼合，缺乏产业和功能协同。1995 年明确建设生物医药、生物工程、微电子、现代化通信、信息传输技术、光机电一体化为标志的国家级高新技术产业开发区，规划大幅增加商业用地，为产业开发区引入更多城市生活配套设施。1998 年开始形成生物医药基地、信息产业基地、科技创业基地三个特色基地。

（2）培育期（1999～2007 年）。

1999 年，依托上海首次提出的"聚焦张江"战略，张江进入快速发展期，以生物医药和集成电路为主。2000～2002 年，上海浦东软件园一期、二期园区先后建成运营。2004 年，张江文化科技创意产业基地开始建设。

（3）发展期（2007～2017 年）。

开始由"制造园区"向"智造园区"转型。园区空间不断南拓，并逐步形成产城融合发展态势。

以集成电路、软件、生物医药为三大产业方向，同时由制造业向现代化服务业转变，开始注重产学研一体化发展，科研教育功能有了较大发展。

（4）（2017 年至今）。

园区面积继续扩展至 94 平方千米，由"科技城"转变为"科学城"，对内部空间二次开发，布局再优化，更加宜居宜业，增加生活服务方面的功能，打造现代宜居城区和市级公共中心。

上海光源、国家蛋白质中心、上海超算中心等大科学设施开工建设，同时继续把世界一流的研发创新机构引进到张江科学城，关注内生的、原创的和向外辐射为主的科技创新。

2. 三大产业集群

在《上海市张江科学城发展"十四五"规划》中提出，聚焦构筑"3＋3＋X"的高端产业体系，其中"3＋3＋X"是指构建集成电路、生物医药和人工智能三大主导产业集群，大力发展数字经济、信息技术服务和机器人及智能装备三大优势产业，并围绕量子信息、类脑智能、基因技术、航空航天、前沿新材料、能源与环境等领域，前瞻布局一批未来产业。

（1）集成电路产业集群。

张江科学城的集成电路产业集群包括超过 200 家集成电路设计、芯片制造、封装测试、设备材料等企业，2020 年产业营收规模首超千亿元，同比增速超过 20%。得益于全球产业链复工复产比较优势，主要企业订单量大增，排名前十的企业规模占整个产业2/3，拉动产业增长14.8个百分点，产业规模效应进一步凸显。

（2）生物医药产业集群。

张江科学城的生物医药产业已经形成了完整的创新链条，国内15%的原创新药诞生于此，已有七家全球排名前十的制药企业在此设立了区域总部、研发中心。2020年，张江科学城生物医药产业全年实现营收849.05亿元，小幅增长0.4%，其中医药产业实现营收799.62亿元，全年总体降幅逐月收窄至0.2%，已基本恢复至上年同期水平；医疗器械产业因主要企业产品在疫情防控背景下需求增加，全年实现营收49.43亿元，同比增长12.3%。

2020年10月22日，上海市公布《关于推动生物医药产业园区特色化发展的实施方案》，提出以张江生物医药为轴心，构建"1+5+X"特色化布局（见图5-23）。张江科学城作为创新引领核心区，被赋予的产业定位是"发挥张江创新药产业基地的产业空间优势，联动张江医疗器械产业基地、张江总部园、张江国际医学园区、外高桥保税区等区域的研发和转化，坚持创新研发和高端制造并重，重点发展创新药物和高端医疗器械的研发转化制造产业链，建设具有全球影响力的生物医药产业创新高地。"

（3）人工智能产业集群。

张江的人工智能产业集群既有底层基础设施的投资者，又有数字、数据行业的驱动者，同时还有很多细分市场的领跑者、垂直生态的构建者，产业布局不断升级集聚。张江人工智能岛已集聚超百家企业，工作人员超过八千人，是上海人工智能发展的新势力、新地标。2020年，依托张江人工智能岛建设的张江机器人谷已集聚机器人头部企业、创新企业、创新机构80余家。2020年，张江有规模以上人工智能企业28家，全年实现营收278.61亿元。

（七）招商引资

张江科学城的招商引资模式经历了房东、"房东+股东"股东引房东（房客）的发展阶段（见图5-24）。

20世纪90年代，张江科学城像全国大部分高科技园区、产业园区一样，扮演了"房东"的角色，通过营造全产业链氛围打造知名产业园区，出租给企业获得盈利。

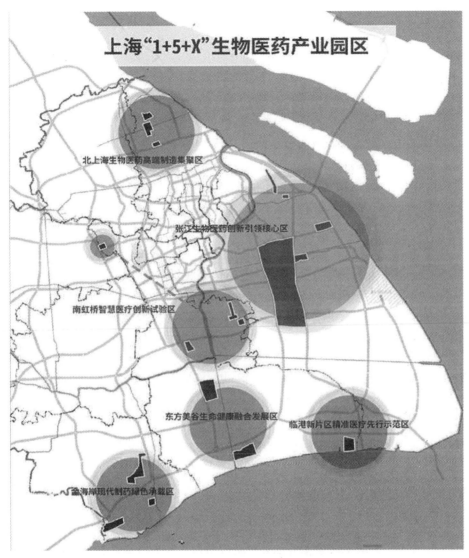

图 5 - 23 上海"1 + 5 + X"生物医药产业园区规划布局

资料来源: 上海经信委公众号。

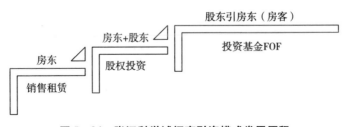

图 5 - 24 张江科学城招商引资模式发展历程

专栏："895"创业营

"895"创业营是张江高科作为创新创业服务集成商的特色项目，于2015年6月正式推出，每半年一期，每期3个月，当前正在开展第九季专业营——"共筑健康未来"（第九季）医疗健康专场。

项目包含创业营、成长营、上市直通车三大板块，覆盖种子期、成长期、IPO项目等在内的不同发展阶段，应用"投资+"的孵化理念，采用"虚拟+实体"的孵化形式，全方位对接创业资源，淡化传统孵化器房东和房客的关系，为入营的初创企业提供包括创业陪练、天使投资、投贷联动金融服务、人才服务、宣传推广、市场拓展在内的上下游专业服务。

截至2020年末，整体运营孵化面积达6.9万平方米，在孵企业234家，"895"创业营入营项目中，60%以上的项目获得融资，17家入营企业估值在10亿元以上，20家企业在未来三年内拟上市。"895"创业营开办至今，已经孵化出一大批如达观、傅里叶、钛米、智驾、鲲云等在内的潜力独角兽企业。

从2015年开始，张江科学城通过启动"895"创业营活动践行"房东+股东"模式，为园区初创企业提供创新创业生态圈，到2021年创业营已举行了十季，报名项目超过2000个，入营项目近300个。参与创业营的项目配有企业导师和投资人导师，超过六成的创业项目都能获得所需要的融资。

孵化案例：天天果园

上海天天鲜果电子商务有限公司是目前国内著名的水果生鲜电商，该公司经历了创业孵化、孵化成功后迁出、获投资迁回的这样一个发展历程。

起步创业入驻张江

2010年，天天果园在上海祖冲之路（属张江科技园）注册成立，创业阶段位于浦东软件园孵化器（属张江科技园）。

发展壮大迁出张江

企业壮大后从张江迁出，迁至周浦中天产业园。

> **获投资搬回张江**
>
> 2016 年获张江高科参股投资的枫逸股权投资基金管理公司 D + 轮融资 1 亿元人民币,张江高科成了天天果园的"房东 + 股东",也就是"时间合伙人"。天天果园通过张江高科下属的资产经营平台租赁了约 4000 平方米的办公物业,重新搬回张江园区。

(八) 平台运营

2020 年 3 月初,张江科学城搭建的"一张网、全覆盖、多层级""张江科学城企业服务平台"正式上线(见图 5 - 25)。平台通过运维多终端"PC 端、App、小程序",推出政策申报、行政审批、人才服务、资源地图、活动中心等模块,实现企业精准服务、入驻张江咨询、政策智能匹配、在线行政审批、人才集成服务、园区活动发布、房源查询等重点功能,达到政府和企业间的双向互动、直接连接。

首页　　政策申报　　行政审批　　人才服务　　资源地图　　活动中心

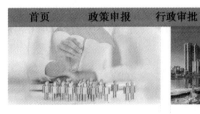

人才政策
张江科学城人才居转户年限缩短资格申请

人才公寓
天之骄子、高科苑、创业公寓、浦软人才公寓
汤臣三、四期公寓

人才培训
培训讲座信息,主题包括个人金融、医疗健康、外国人就业、外国人出入境、政策咨询

人才招聘
张江不定期举办的招聘会信息

上海国际科创人才服务中心
人才引进落户、留学生就业落户、夫妻分居申报落户、外国人来华工作许可、海外人才居住证

科学城人才服务专窗
外籍高层次人才申请永居、外籍人才申请口岸签证或变更为人才签证、外籍华人申请永居

图 5 - 25　张江科学城企业服务平台

（九）物业服务

张江科学城的物业服务公司为上海新张江物业管理有限公司。该公司成立于2002年6月7日，投资主体是上海张江（集团）有限公司和北京市均豪物业管理股份有限公司。管理面积约104万平方米，服务业态以商务办公、研发孵化、工业厂房、居住宿舍等类型为主。

（十）人才发展

1. 集聚创新创业人才资源

（1）为争取国家批准建设张江国家实验室，提出选址建议方案。

（2）对接清华大学、北京大学、中国科技大学、复旦大学、上海交通大学等高校在张江设立创新中心。

（3）集中梳理和支持20个园区研发公共服务平台建设和能级提升。

2. 提供创新创业人才服务

（1）园区孵化器有68家，占新区60%，全市近20%，孵化企业近1500家。

（2）推动建设中以创新中心、中新创新中心、中俄联合孵化器等国际创新资源对接承接载体，推动PLUG&PLAY、微软云、英特尔、阿里云等国内外创业服务机构落户张江。

（3）推动太库、雷哈韦、医汇谷、创智空间、维亚生物等在海外设立孵化基地，打造"跨国企业联合孵化器"。

（十一）金融模式

1. 产业投资

2014年，张江高科首次提出"科技投行"战略，商业模式不再依赖单一的物业载体销售和租赁，而转向产业地产和产业投资协同发展的模式（见图5-26）。

张江高科物业载体的销售收入从2014～2020年持续减少，主要是受到投资收益的支撑，2014～2019年的营业利润基本保持稳定，2020年受到投资收益大幅上升的推动，营业利润同比增长199.50%，投资收益是张江高科近年来贡献利润的最大来源（见表5-9）。

2. 创业投资

张江高科在创业投资方面的特色是"精准对接投融资""一对一创业陪练""全空间场景应用"。

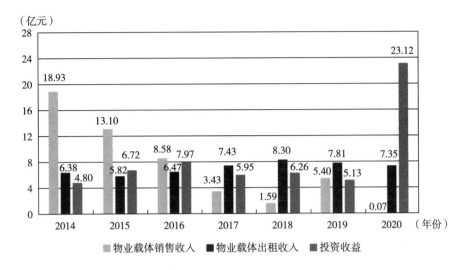

图 5-26　2014~2020 年张江高科收入构成

表 5-9　2014~2020 年张江高科投资收益占比　　　单位：亿元，%

年份	营业利润	投资收益	投资收益占比
2014	5.65	4.80	84.96
2015	5.99	6.72	112.19
2016	8.87	7.97	89.85
2017	5.76	5.95	103.30
2018	6.4	6.26	98.74
2019	8.54	5.13	60.10
2020	25.58	23.12	90.38

资料来源：根据张江高科 2014~2020 年年度报告整理。

通过母公司张江集团整合旗下小额信贷、孵化器、创业培训等资源，建立张江集团投贷孵学平台，同时利用"895"创业营项目为初创企业注入有效资源，提供资本对接。

案例：卓道医疗

位于张江科学城的上海卓道医疗科技有限公司成立于 2015 年，是一家专注于康复机器人与智能康复解决方案研发与应用的企业，是"895"创业营（第五季）明星项目。目前，卓道医疗已拥有数十项专利，并且研发了上下肢康复机器人等十余款产品。

卓道医疗成立之初，注册地在杨浦。卓道医疗在参加创业营的过程中，获得了张江高科的高度认可，受邀落户张江高科孵化器，于 2017 年正式迁入张江高科"895"创业基地。张江科学城汇聚了医疗领域各类顶尖人才，叠加"895"基地的创业氛围和产业生态，让卓道医疗如虎添翼。

工作场地已经从最初的小格子间扩展到了 4000 平方米，研发的上肢康复机器人一次报批通过，拿到了同类产品中的中国首个二类医疗器械注册证，目前已经在 200 多家医院落地使用。同时，借助"895"创业营平台，卓道医疗对接了数家知名基金，有力地助推了 PRE - A 轮融资。

（十二）优惠政策梳理

1. 进出口税收优惠政策

（1）在园区内经批准成立的市属科研开发机构所进口的如科学研究、科学实验用的分析、测量、检查、计量等所需的仪器、仪表及附件为科研提供必要的实验室设备（不包括中试设备），计算机工作站，化学、生化和医疗实验用材料，科学实验用的医疗仪器及其附件等均可免征关税和进口环节增值税。

（2）对园区内符合国家产业政策的外商投资和国内投资项目进口的生产设备（包括中试设备）、仪器仪表，环保装置、技术资料以及随设备进口技术及数量合理的配套件、备件等，除国家规定不予免税的商品外，免征关税和进口环节增值税。园区内的企业 2000 年底之前经国家有关部门批准成立的技术中心还可享受科研机构的各项关税优惠政策。

（3）对已设立的鼓励类和限制乙类外商投资企业、外商投资研究开发中心、先进技术型和产品出口型外商投资企业（以下简称五类企业），利用投资总额以外的自有资金，在院批准的生产经营范围内进口国内不能生产或性能不能满足需要的设备及其配套的技术、配件、备件的，免征关税和进口环节增值税。

（4）对外商投资设立的研究开发中心，在投资总额内进口国内不能生产和性能不能满足的自用设备及其配套的技术、配件、备件的，免征关税和进口环节增值税。

（5）对园区内的企业利用外国政府贷款及国际金融组织贷款进口的自用设备，除《外商投资项目不予免税的进口商品目录》所列商品外，免征关税和进口环节增值税。

（6）园区内中资企业可享受浦东新区自用进口物资税收先征后返优惠政策。

（7）区内高科技企业、研究机构如可同时使用几项优惠政策，海关以最优惠政策执行。

2. 海关配套优惠措施

（1）海关对园区内规模大、资信好的科研机构和高科技企业进口货物开设"绿色通道"，优先安排通关事宜。对科研、生产急需的特殊货物，视情凭保证函放行，进口后再办理销保手续。

（2）海关优先安排与园区内科研机构、高科技企业实行计算机联网，实行EDI保管。

（3）海关优先安排园区内科研机构、高科技企业的A类企业评审事宜。对认定的A类企业海关给予其进口货物"先放行、后征税"；加工贸易进口料件不实行保证金"实转"或银行保证金台账；特殊情况凭保证函放行一系列优惠措施。

四、中关村科技园

（一）园区概况

1985年5月，依托北京大学、清华大学、中国科学院等著名高校和研究机构，产生了"中关村一条街"，在此基础上规划了中国首个国家级高新技术产业开发区——"北京市新技术产业开发试验区"，这就是中关村科技园区的前身。1996年8月更名为"中关村科技园区"，从此"中关村"这一品牌开始崭露头角。2009年3月，中关村科技园成为首个国家自主创新示范区。2012年10月，中关村示范区扩展为488平方千米，通过对外拓展、品牌输出的方式，中关村拓展为"一区十六园"[1]（见图5-27）。

2020年，中关村科技园高新技术企业实现总收入7.2万亿元，增长9.1%；其中实现技术收入1.5万亿元，增长14.9%[2]。

2020年，园区共有185家A股上市公司，数量较国内排第二名的园区多出

---

[1] 十六园指海淀园、昌平园、顺义园、大兴—亦庄园、房山园、通州园、东城园、西城园、朝阳园、丰台园、石景山园、门头沟园、平谷园、怀柔园、密云园、延庆园。

[2] 《北京市2020年国民经济和社会发展统计公报》。

125 家，上市公司净利润总额 1024.82 亿元，区内所得税合计 268.12 亿元，上市公司市值合计高达 3.02 万亿元。

图 5-27　中关村空间范围示意图

（二）体制机制

中关村科技园区采用的双重领导机制，以区（县）政府为主、管委会辅助。中关村科技园区管委会对各分园整体发展规划、空间规划、产业布局、项目准入标准等重要业务统一领导。中关村管委会主要负责宏观管理、重大项目、重大决策的统筹管理。分园管委会负责具体实施。

区县政府对所属分园管委会全面领导。各区县政府分管园区工作的副区（县）长兼任分园管委会主任。

依托中关村发展集团股份有限公司狙击整合市区两级资源，促进科技成果转化和产业化。建立定期会议制度，统筹协调、联动推进的工作机制。强化市级统筹、重大决策、决策的督办落实。成立专家顾问委员会，发挥顾问成员高层次、多领域、跨行业的综合治理优势。

（三）开发模式

模式解读：以中关村品牌为依托，以政企深度合作、市场化运作、价值共创共享为基础，以开发运营统筹管理为核心，以统筹管理权为保障，以投入产出自平衡为特色，以实现高质量发展为目标的中关村科技新城合作模式。

核心理念：经营城市、做区域合伙人、资金自平衡、以人为本产城融合。

成立背景：中关村和天津市宝坻区携手贯彻落实京津冀协同发展战略，在2013年成立京津中关村科技城，创新提出了"统筹开发"的思路。

三个统筹：在整个开发建设过程中要统筹业务、统筹资源、统筹顶层设计（六位一体规划）。

具体方式：授权科技城公司作为统筹管理主体，按照市场化方式，统筹整体开发建设，包括项目规划设计、土地经营主导、开发建设、产业准入与园区运营管理等相关工作。

工作机制：为了更好地开展政企合作，建立了"高层联席会—科技城管委会—项目公司"三个层次的工作机制，高层联席会负责方向指引、战略统筹、难点协调，科技城管委会负责政策制定、先行先试，项目公司负责市场化运作、项目实施，并实行项目公司高管与管委会班子交叉挂职机制。

（四）空间布局

功能定位：全球科技创新网络的关键枢纽、国家科技创新中心和原始创新策源地、京津冀协同创新共同体的领航区、引领首都功能疏解和经济转型升级的核心引擎。

总体布局：强化创新功能极核的引领作用，完善多层级创新服务网络，加快形成一区多园、各具特色、"一核、两极、三带、多城"的空间格局（见图5-28）。

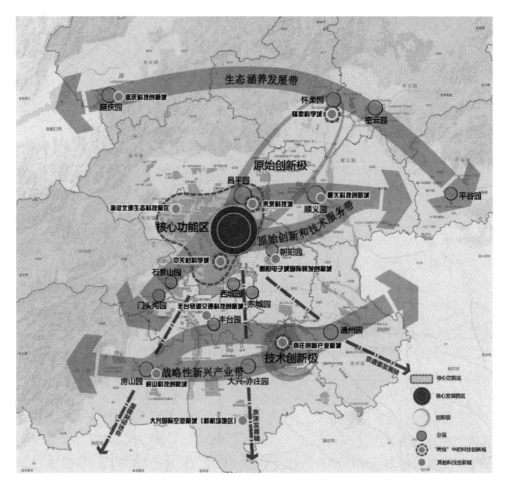

图 5 – 28   中关村科技园总体布局

（五）产业发展

中关村科技园运营及发展坚持以五个新（新理念、新要求、新标准、新内涵、新模式）作为发展的基础，按照立体化园区服务体系和统筹开发管理模式创新两个思路助力产业发展。

1. 立体化园区八大平台服务体系

搭建基础设施支撑平台、智能管控中心及多维度综合服务平台，构建包括"基础服务＋增值服务"的立体化园区八大服务平台体系。

（1）科研服务平台。

与高校或研究机构建立了科研转化与创新实验合作机制。例如，天津科技大学、国际超级计算机天津中心、天津国际生物医药联合研究院等。

（2）交流合作平台。

建立了创新行、创新汇、创新讲堂、8min 路演等交流平台。

（3）展览展示平台。

建设了天津滨海—中关村协同创新展示中心。接待了习近平总书记等重要领导的视察指导。

（4）行政服务平台。

服务园区企业工商税务和知识产权工作开展。包括天津滨海—中关村科技园行政审批中心、中国（滨海新区）知识产权保护中心等。

（5）创新创业服务平台。

引进中关村雨林空间、百度创新中心、北创百联、京东云空间等孵化器，成立京津冀协同创新发展联盟，聘任 58 位双创导师，与德国、硅谷、芬兰等国建立国际创新孵化合作。

（6）人才服务平台。

建立人才离岸创新基地、大学生实践育人基地，与众多人才机构建立人才培育—人才导入—人才服务等闭环式人才流动体系。

（7）金融服务平台。

服务于企业发展的资本需求，落地中关村科技租赁服务工作站，中关村科技融资担保服务工作站，与中国银行、渤海农商行等金融机构建立战略合作关系。

（8）市场服务平台。

通过展示平台、活动路演、一对一项目对接等积极协助企业开拓市场。

2. 统筹开发管理模式创新——京津中关村科技城

2015 年 9 月，经北京市委市政府批准由中关村发展集团、招商局集团和中国交建集团三家联合成立了中关村协同发展公司，目的是代表中关村开展区域合作，作为中关村区域合作的一个平台企业，是中关村发展集团在北京以外唯一一个重资产投资的园区。

中关村管委会、中关村发展集团、地方政府共同组成联席会，制定京津中关村科技城的战略规划、决策重大事项。

科技园区成立科技城管委会，人员由中关村发展集团和政府共同委任，编制科技园区的招商政策，负责园区日常政务服务。中关村示范区开发管理模式如图 5-29 所示。

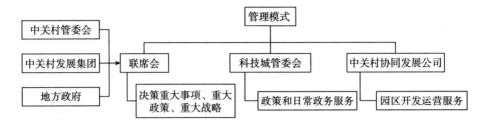

图5－29　中关村示范区开发管理模式

中关村协同发展公司，作为科技园区的实际运营公司，负责园区的招商引资和开发运营工作。

（六）平台运营

1. 中关村创新平台

在2009年中关村国家自主创新示范区的基础上，2010年底成立了"中关村科技创新和产业化促进中心"（简称中关村创新平台）。中关村创新平台由国家有关部门和北京市共同组建，整合高等院校、科研院所、央企、高科技企业等创新资源，采取特事特办、跨层级联合审批模式，落实国务院同意的各项先行先试改革政策。平台下设8个工作机构（见图5－30），19个国家部委相关司局和31个北市相关部门派驻人员到平台办公，重点聚焦重大科技成果转化和产业化项目、先行先试政策扶持等方面开展工作。

2. "科技惠民"线上带货平台

新冠肺炎疫情导致中关村科技园区一些科技类企业的产品销量受到影响。为了提升园区科技企业产品的市场业务，降低疫情对企业的影响，中关村科学城北区海淀人工智能园区中关村壹号借力2020年"618"电商购物节，联合云丁、华米、声智、易见纹语等近10家园区内企业，以及智米、科大讯飞、华为荣耀等多家园区伙伴企业，推出了"科技惠民"线上促销活动，推出了手机、电脑、手表、手环、AI音箱灯、跑步机、智能门锁、翻译机、教育机器人等100多款受消费者追捧的科技产品。不仅产品种类丰富，消费者还能享受到全网最低价格。在疫情防控较为严峻期间，创新"园区带货"形式搭建线上带货平台，有效帮助园区企业提升了企业科技产品的营业额，把被疫情冻结的消费潜力转换为企业发展的新动能，一定程度上也实现了让科技真正服务于生活。

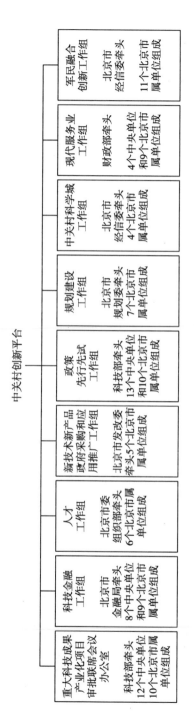

图 5 - 30　中关村创新平台组织架构

（七）物业服务

中关村科技园旗下的物业管理平台作为中关村科技园旗下重要平台，与戴德梁行、世邦魏理仕等全球知名的房地产顾问公司合作。

作为区域协同创新的核心承载区，中关村科技园建立了由"园区办公室、楼宇产权单位、物业管理公司"组成的"三级防控"体系，与街道、派出所形成联防联控机制。新冠肺炎疫情期间，针对园区内初创企业多、外来产业人口多等特点，实行"一对一"的跟踪帮扶，提供的服务包括协助企业开拓市场、采购防疫物资到为入住公寓职工提供代买代送服务等，让企业和员工在园区内复工有支持、生活有保障（见图 5-31）。

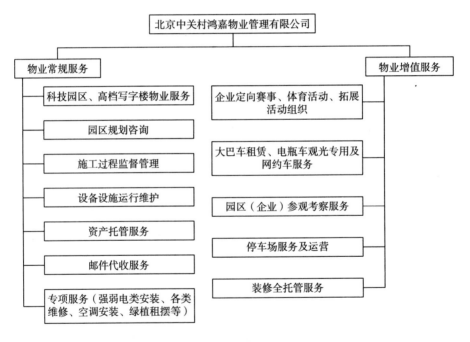

图 5-31　北京中关村鸿嘉物业管理有限公司物业服务内容

园区针对企业融资、社保政策、用工指导等问题开展线上直播课程，形成科技和金融服务的"政策包""产品包"，帮助中小企业渡过难关。开展线上和实体"同步走"的产业服务举措，梳理产业链、价值链，储备产业发展资源。同时，抢抓数字经济、精准医疗、智慧出行等行业发展新机遇，推动落地一批行业领先企业、引进一批未来之星项目。目前，华为数字经济、北京迪安捷精准医疗、大众出行、北京蓝星清洗总部、信通安融、兴宇新材料等项目已经落户，园区创新创业生态系统进一步完善。

（八）人才发展

中关村科技园区对人才发展提出过具体目标，要抢占世界高新技术产业人才工作制高点的前沿阵地，提升园区的自主创新能力水平，支撑园区落实四位一体的战略定位，为中关村作为首都经济结构调整和经济增长方式转变的强大引擎提供源源不断的支持，建设我国高素质创业创新人才的基地。

1. 制定发布多种政策支持

针对创业人才，中关村发布了多项政策，如《〈中关村国家自主创新示范区优化创业服务促进人才发展支持资金管理办法〉实施细则（试行）》。细则分两部分：

对中关村创业服务机构的支持：通过扶持园区内的创业服务机构、支持培育高成长企业、开展创业创新大赛等各类活动、开展支持科技领域军民融合挑战赛类活动。

对中关村人才建设的支持：支持中关村海外人才创业园建设、支持中关村高端人才创业基地建设、支持中关村雏鹰人才。

2. 多渠道挖掘多层次人才

以"中关村国际人才服务平台"项目为依托，委托中关村人才协会，通过园区企业调研、高校留学生实习岗位招聘、国际高端人才就业岗位猎聘等形式，对中关村国际高端人才就业及创业形式、中关村产业、企业需求等方面展开各种形式的深度对接。

3. 支持高端领军人才发展

根据人才支持办法，出台人才发展支持资金管理办法，支持中关村高端领军人才发展。在 2015 年发布的《中关村高端领军人才聚集工程实施细则》中，符合条件的领军人才可以领取 100 万元的一次性资金支持。

4. 完善人才发展体系

推进"创新合伙人"机会，组建合伙网络；加大个性支持；强化联系服务；建设海淀国际人才社区，改建和新建一批国际人才公寓项目；建设研究院、研究中心等引才平台；建设包括国际学校、创业会客厅等 120 余个创业服务产品在内的全方位全流程全链条服务体系；开展政策集成办理试点；建立一站式外籍人才创新创业服务平台；打造人才工作品牌，树立"聚才"项目品牌、深化"助才"

服务品牌、筑牢"尚才"宣传品牌。

（九）金融服务

为打造良好的创业投资环境，发挥政府财政资金的杠杆作用，撬动更多的社会资金投资中关村的科创企业，促进产业发展，中关村科技园制定了一整套的金融服务体系，包括科技担保、专营化科技银行、银证合作、银保银证合作、设立创投引导基金、产业技术联盟、代办股份系统试点等。通过汇聚各类社会资本，为打造"产业—金融—科技"的供应链金融创造了可复制推广的新模式。

1. 科技担保

科技园管委会组建担保公司，成立专项服务机构，通过与各类金融机构合作，为纳入园区扶持计划的小微科技企业提供微型融资服务。

2. 专营化科技银行

成立专营化科技银行，根据市场的需求制定多种金融服务产品，再造银行信贷流程。

3. 银证合作

银证合作包括三种类型：一是银行向获得创业投资的机构提供开户和基金托管服务；二是银行直接将信贷资源投放于创业投资机构；三是银行向获得创投的科技企业提供融资服务。

4. 银证银保合作

银行与保险公司合作：开发新型的保险模式以及科技保险的险种。

银行与证券公司合作：客户互鉴机制、共同开展行业研究。

5. 设立创业引导基金

2001年，依托中关村创业投资发展中心，设立了"中关村科技园区创业投资引导资金"，通过投资创投机构间接投资新兴企业。该基金运作模式：委托已认定的创投机构投资；委托有限合伙制的创投机构进行投资。

6. 产业技术联盟

设立50多家产业技术创新战略联盟，参与联盟的企业数量超2000家。

7. 股份系统试点

2006年，中关村高科技企业设立非上市股份有限公司进入代办股份系统试点，推动新三板建设，完善资本市场体系。

（十）中关村信用模式

发挥政府引导作用，针对高科技企业不同发展阶段的融资需求特征，以企业信用建设为基础，通过多方合作，构建局部投融资环境，引导优质资源流向优势企业，通过市场机制满足企业的多元化融资需求。通过促进创业投资、推动企业上市、促进私募机构发行高新技术企业集合信托和企业债券等多种方式增加直接投资，通过担保贷款、信用贷款，增加间接融资，拓宽不同发展阶段企业的投融资体系。

1. 一个基础，九条渠道

2007 年起，针对科技型企业轻资产的特征，中关村做了大量探索性的工作，形成了"一个基础，九条渠道"① 的投融资体系，促进科技金融创新。

2. 解读"中关村信用模式"

自 2003 年中关村信用促进会成立以来，就开始搭建中关村信用体系，中关村是国内最早提出信用体系建设的区域。"中关村信用模式"以企业信用自律为基础，政府出台一系列信用激励政策，加上专业机构的配套服务，鼓励企业使用园区信用产品，搭建企业信用信息数据库，并将信息在平台共享，加强企业的信用监督和管理，建立企业与金融、担保机构三方的绿色通道，从而缓解企业难的问题。

2016 年向"2.0 模式"升级，引入大数据、区块链等新技术，信用产品不断丰富，跨业态、跨区域协同创新入统企业 2.2 万家，收入规模 5.9 万亿元。

2016~2018 年，企业信用能力稳步提升，企业信用结构分布不断优化，得分 70 分以上的优质企业占比从 45.02% 增长至 50.54%。

2018 年 AAA 级发债企业数量明显上升，发债只数、发债金额较 2017 年均有大幅提升。

2018 年短期融资券的占比有所下降，公司债占比略有上升，中期票据的占比大幅提升（见图 5-32）。

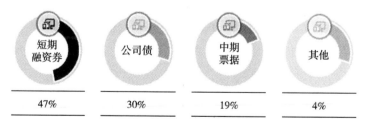

图 5-32　2018 年中关村园区企业各融资渠道占比

---

① 一个基础指：以企业信用体系建设为基础；九条渠道分别是：创业投资、天使投资、境内外上市、股份转让、并购重组、技术产权交易、担保贷款、信用贷款、企业债券和信托计划。

五、新加坡裕廊工业区

（一）园区概况

裕廊工业区位于新加坡西南部，距市中心 10 千米，占地规模超 60 平方千米。1961 年，裕廊工业区开始建设。至 1968 年，工业区的各种基础设施基本建设完成，新加坡政府成立裕廊管理局（JTC），负责管理运营包括裕廊工业区在内的各工业区。2001 年，JTC 改组成为裕廊集团。

经过 60 年发展，裕廊工业区已搭建了完整的石油和化学工业体系，主导产业包括石油化工、船舶制造、机械工程、现代物流等，是全球第三大石油炼制中心和全球十大乙烯生产中心之一。裕廊工业园的工业总产值占全国的 2/3 以上，引进了 8000 多家企业，从初期的出口加工制造向通信技术、生命科学等高新科技产业发展。

裕廊工业区形成了一整套的现代化经济管理经验，俗称裕廊模式，强力推动新加坡国民经济建设和发展，并为其他工业园区发展提供可参考的经验借鉴。

（二）管理体制

裕廊工业区本质上是由政府主导及控制的国家级工业区，由新加坡贸工部组建裕廊管理局（JTC）完成整体园区的开发与运营，后期 JTC 改组后成为裕廊集团，主要管理体制如图 5 – 33 所示。

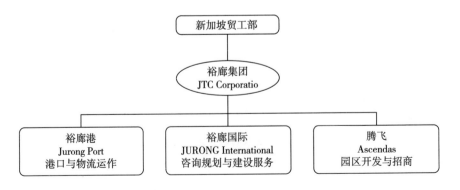

图 5 – 33　裕廊集团管理架构

20 世纪 90 年代后，新加坡整体经济开始转型，开始优先发展高科技企业和高附加值企业，裕廊管理局开始在园区内设立科技工业园区和国际商务区，并开启工业园外拓海外的步伐，苏州工业园区就是这一阶段的优秀案例。

随着 20 世纪末亚洲金融危机和全球经济的不景气，新加坡的经济和产业转型由技术密集转为知识创新密集。裕廊管理局将管理中心由管理业务转变到提供服务上，将改善服务作为公司的发展重点，措施包括降低土地成本、改善交通运输、为外来人员提供住房租金优惠等，通过一系列服务提高园区的竞争力（见图5 – 34）。

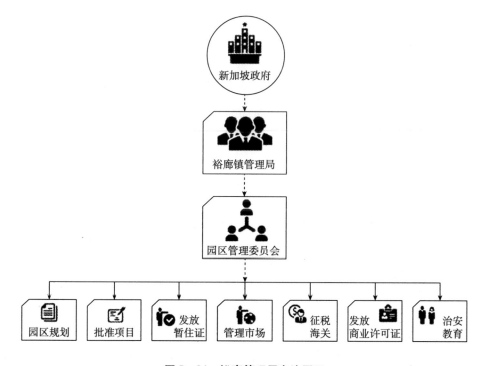

图 5 – 34　裕廊管理局自治图示

为了实现公司与投资者之间良好的沟通，满足投资者对信息传递速度的要求，裕廊管理局在裕廊化工园区实行了"21 世纪的客户服务计划"，该计划通过设立一站式服务中心以及能够由计算机处理且迅速做出回复的电话服务中心，为客户与裕廊管理局提供便捷的交流，减少客户交流的成本，降低繁冗的文件处理工作，更好地践行以客户为中心的服务理念。

（三）开发阶段

1. 实施起步期（1961～1968 年）

（1）起步阶段先开发土地 14.5 平方千米；

（2）政府重点建设基础设施，包括港口、码头、铁路、公路、电力、供水等；

（3）为投资者提供低息贷款及享受统一的税收优惠政策；

（4）兴建了一批标准化厂房；

（5）由于当时施行进口替代战略，加之政局不稳定，起步期仅有 150 多家企业入驻，且多为本国资本。

2. 初具规模期（1968～1990 年）

（1）1968 年 6 月设立裕廊管理局，专门负责园区的开发管理；

（2）从进口替代策略全面转向出口加工策略；

（3）裕廊工业区基本实现了整体布局，营造了良好的投资环境；

（4）海外资本涌入工业区，在此布局生产制造业。

3. 产业转型期（1990～1997 年）

（1）由于经济发展，新加坡的生产成本快速上升，裕廊工业园作为海外制造基地的优势逐步减弱；

（2）伴随着新加坡经济的转型，开始优先发展高科技企业和高附加值企业；

（3）园区为科技工业和国际商务设立专门的区域；

（4）裕廊集团开始向海外拓展，苏州工业园区就是这一阶段的代表案例。

4. 管理转型期（1997～2001 年）

（1）管理重心从对业务的拓展转变为服务的挖掘，把改善客户的服务品质放在首要地位；

（2）强调与投资者共同应对世界经济下行的趋势，提出降低土地租金、减租减息等政策手段；

（3）提升交通运输效率，提供租金较低的公寓住宅，通过一系列配套服务提升园区竞争力。

5. 创新发展期（2001 年至今）

（1）园区由制造业、服务业向创新产业转变，提升园区创新氛围；

（2）在开发时强调适度超前，并增加了可持续运营的理念。

（四）运作模式及特色

裕廊工业区的运作模式和特色主要概括为如下六点：

1. 科学规划造就产城融合

裕廊集团的规划从整体考虑，重视工业用地的合理布局，在考虑产业发展的基础上，兼顾了人文生活的各类需求，进行了适度超前的基础设施建设。在科学规划统筹下，裕廊工业区兼具完善的工业体系和宜居的居住环境。伴随着裕廊工业区的工业化进程，城市化不断发展。工业区内发展出了各个类型和阶段的工业区，并设立了风景宜人的旅游区，园区合理地配置了工业基础设施和生活基础设施，合理地搭配了轻、重工业，与自贸区、公园等共同组成了产城融合的良好环境。

2. 政府主导，市场运作

新加坡政府是园区建设与产业发展的主导力量，在裕廊工业园开发运营的早期阶段，新加坡采取政府垄断开发的模式，具有很强的执行力。1961 年设立的国家经济发展局负责包括投资、建设、招商、服务、政策、运营等在内的全过程内容，为早期迅速开发创造了条件。1968 年，经济发展局的工业园区部分独立，成立为裕廊镇管理局，主要职责包括开发、建设、管理园区内的土地、不动产，并为工商业发展创造便利条件。

这一阶段的政府垄断开发机制，让政府可以统一调度资金、土地、招商引资等内容，并可以快速地以较低成本获取私人土地，保证园区项目快速启动并达到一定规模，从而有效地吸引外资。同时，政府统筹可以避免产生国内各园区之间的竞争。因此，政府垄断开发的模式被亚洲其他发展中国家学习效仿。

但是裕廊镇管理局并不是单纯意义上的政府机构，在发展过程中，裕廊镇管理局通过调整管理体制，调整法定机构，使其更加市场化。裕廊镇管理局采用公司模式，通过投资土地和设施并销售产品和服务来获得收入，实质上更符合房地产开发商和地产运营服务商的定义。

为了应对新加坡经济调整，2001 年，裕廊管理局改组为裕廊集团，集团下设三个全资子公司，其中腾飞公司负责包括科学园、商业园、工业园等在内的商务空间的开发和管理，裕廊国际负责咨询、园区规划及项目建设和运营，裕廊港主要负责与其他国家与港口保持贸易运输关系。经过改组，裕廊集团的运作更加市场化，应对变化更加灵活，并在吸引、留住、激励人才方面更具操作自由。

3. 全球范围内招商

工业区采取统一招商策略，在全国各地设立分支机构，建立专业招商队伍，负责统一招商。通过统一招商，园区拥有高度的营销自主权，可以为跨国公司提供优质的一站式服务，有效地吸引了海外投资。工业区的招商客群主要针对三类：第一类是战略型公司，重点吸引其财务、市场等重要部门；第二类是技术创新型公司，重点吸引其核心产品及研发部门；第三类是公司重要部门，包括复杂的生产工序和最先进的生产技术部门。

4. 软、硬环境共同发展

"硬环境"指园区发展的基础设施硬件，"软环境"指保障园区运营的政策环境、提供的配套服务等。裕廊工业园通过硬件设施先行，软件环境建设并重的发展战略，具有较强的招商吸引力。

新加坡政府为裕廊工业园的硬环境建设投入了大量的资金，包括现代化公路、裕廊电厂、裕廊港码头、自来水厂、标准化厂房等，为工业区的未来发展打下了良好的基础。同时，裕廊工业园区还兴建了以邻里中心为代表的一系列生活服务配套设施，有效地促进了生产、生活、商务、娱乐、休闲融为一体，充分满足园区内的多种需求。

在建设软环境方面，裕廊工业园种种管理体制和职能创新，打造透明、高效的营商环境，为企业提供一站式服务，提高企业办理许可、执照、税收、进出口报关等政府相关事项的办事效率，降低企业的办事成本。

在优化服务方面，为了更深入地了解企业需求，裕廊集团通过定期拜访、年度聚会、客户讨论会等方式，对企业进行调研，并根据企业的意见，修改调整管理架构，为入园企业提供更高质量的服务。

5. 注重产业链条搭建

裕廊工业园根据自身区位及资源禀赋，顺应国内外产业发展趋势，不断调整产业结构和发展方向。20世纪60年代，工业化刚起步，这一阶段为了解决工业基础薄弱、殖民统治时期遗留的严重失业问题，主要发展劳动密集型制造业。20世纪80年代，随着经济的发展，裕廊工业园将劳动力密集产业向资本、技术密集型产业方向转化，并积极发展服务业。20世纪90年代至今，重点发展以信息产业为中心的知识密集型经济，包括高新技术、研发、工程设计、电脑软件服务业等。

裕廊工业园会围绕重点产业进行研究，合理延伸产业链，增强产业链上下游各环节，增强企业的竞争力，形成产业功能明确、产业集聚的主题园区，增强园区的硬实力。

6. 重视自主研发能力

裕廊工业园重视企业的自主研发能力，由政府主导，通过企业、科技机构高效的合作，设立了多个产学研结合的产业研发机构，并加强研发机构与裕廊集团之间的研究合作。园区重视引进各领域的精英，使园区能够紧紧跟随世界产业发展趋势。

（五）规划与建筑设计

裕廊工业区在50多年的不断发展中，园区规划与建筑设计也与时俱进，工业区内的纬壹科学城就是新时代园区的代表之一（见图5-35）。

图5-35　纬壹科学城外观图

资料来源：TOP创新区研究院。

纬壹科学城原名波那维斯达科学园（Buona Vista Science Hub），由于位于北纬1°，后改名为纬壹科学城，谐音"唯一"。园区由裕廊集团负责总体开发建设及运营，于2000年完成规划，2001年开始建设，计划总投资150亿新元，占地面积200公顷。纬壹科学城以"产城一体化"为规划理念，综合集成了传统工业园区特有的集中生产与城市的生活服务功能，通过多种功能用地的混合使用，实现了工作、学习、生活、休闲"一体化"（见图5-36）。

纬壹科学城的楼宇建设有极高标准，是工业区内绿色建筑的示范区，其屋顶花园的设计受到国际国内的一致好评。纬壹科学城绿色建筑技术及特点如表5-10所示。

核心功能区
科技城的窗口及商
务中心，由写字楼、
商业、酒店、商务
中心、市民中心组
成

启奥生命科学城
由写字楼、商业、酒
店、商务中心、市民
中心组成

生活区
公寓及低密度住宅产
品组成的生态居住区

启汇电讯科技城
绿地广场及儿童活
动区，区域内室外
公共活动空间

媒体城
以信息通信、传媒产
业为主的办公设施及
商业配套

图 5-36　纬壹科学城园区空间布局图示

表 5-10　纬壹科学城绿色建筑技术及特点

技术类型	具体技术	主要特点
水资源利用技术	二代电解离子水系统	无污染纯水、多元化供水
能源利用技术	外墙百叶窗隔热	减少热吸收、减少阳光对租户的照射，减少能源消耗
	自然采光运用系统	节约能源消耗、提供舒适的办公环境
	区域冷却系统	价格更节省、节约能源消耗、无单体建筑制冷设备空间需求、减少噪声污染
	光伏技术	可再生能源运用、较少备电需求、无特殊维护需求、光伏材料同时也是美观的外墙材料
	太阳能热水系统	通过太阳能产生热水，减少环境污染、减少电消费、无特殊维护需求
废弃物处理与卫生技术	空气动力垃圾回收处理系统	减少运输垃圾的繁重劳作、腾出地面空间、提升健康品质
	节水小便池	无须触摸更卫生、无异味、较少维修重置成本、更低的安装成本
	自我清洁坐便器	更干净卫生，保护使用者无细菌感染、保障建筑形象
	便于清洁的街道设计	逐步弯曲的设计便于机器操作、道路排水系统防止积水、排水上盖防止碎物进入水系统

技术类型	具体技术	主要特点
环境绿化技术	空中花园/绿色露台	为建筑提供防热层、提供绿色放松的工作环境、二氧化碳转化为氧气、节约能源
	植物移植	保持生物的多样性。提供绿色放松的工作环境，降低环境温度，将二氧化碳转化为氧气
	运用有机合成物	促进移栽植物的生产，增强重黏土的排水性，防虫，园艺垃圾的循环利用
	智能建筑系统	实时控制、跟踪预调参数与使用习惯、找出故障设备、节能优化

（六）产业发展

裕廊工业区经过一系列的产业转型与高新技术产业导入，不仅兼具传统的石油化工产业，并依托产业关联性、未来市场需求和新加坡产业基础三方面因素，确立了信息科技、生物医药、资讯传媒等新兴产业的发展与投研（见图 5 - 37）。

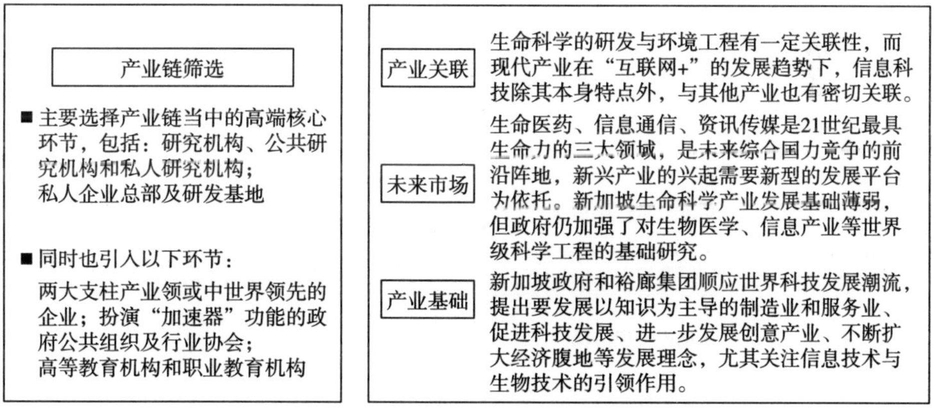

产业链筛选

■ 主要选择产业链当中的高端核心环节，包括：研究机构、公共研究机构和私人研究机构；私人企业总部及研发基地

■ 同时也引入以下环节：两大支柱产业领或中世界领先的企业；扮演"加速器"功能的政府公共组织及行业协会；高等教育机构和职业教育机构

产业关联：生命科学的研发与环境工程有一定关联性，而现代产业在"互联网+"的发展趋势下，信息科技除其本身特点外，与其他产业也有密切关联。

未来市场：生命医药、信息通信、资讯传媒是21世纪最具生命力的三大领域，是未来综合国力竞争的前沿阵地，新兴产业的兴起需要新型的发展平台为依托。新加坡生命科学产业发展基础薄弱，但政府仍加强了对生物医学、信息产业等世界级科学工程的基础研究。

产业基础：新加坡政府和裕廊集团顺应世界科技发展潮流，提出要发展以知识为主导的制造业和服务业、促进科技发展、进一步发展创意产业、不断扩大经济腹地等发展理念，尤其关注信息技术与生物技术的引领作用。

图 5 - 37 纬壹科学城产业发展研判

（七）物业服务

裕廊工业区的物业服务主要由裕廊集团旗下腾飞公司负责提供，为国际国内客户提供全方位商务空间解决方案。裕廊工业区物业服务及产品内容如表 5 - 11 所示。

表 5 – 11　裕廊工业区物业服务及产品内容

服务内容			产品内容
全方位商务空间解决方案	三大空间产品	实体空间	科学、商业及高科技园、工业园区、办公与商业空间、后勤与配送空间、定制设施
		实体空间	一站式电子化基础设施服务：系统集成、信息技术外包、管理化服务、办公室应用
		虚拟空间	海外科学园的协同合作、与大学教育机构的协同合作、商务网络计划
		人际网络空间	市场开拓计划（主要计划）：为客户提供计费的市场开拓服务，包括市场研究、业务开发、市场进入策略、市场与财务规划、寻找合作伙伴、资金筹措、竞争对手评估分析、法律规范、规范符合性及顾问咨询服务
			客户推广计划（重要增值服务）：用一份电子简报将客户的产品、技术、应用与服务推广至腾飞的客户公司及企业伙伴
			企业配对计划：在广大联盟网络中为企业寻找合适的商业或技术伙伴
			腾飞全球流通卡计划：让客户在全球的多个城市享有业务支援服务
			人才招揽计划：协助客户招揽人才及物色重要职员的人选
			实习计划：提供跨业界的学生实习机会
	房地产管理服务		房地产管理系统（AR-EMS）：包括产业管理、租赁管理、资产管理、客户服务及营销咨询
	房地产管理服务		开发与项目管理：包括可行性研究、总体规划、项目成本分析及项目管理
			房地产与产业管理：租赁管理、营运管理、质量控制、预算编制、财务管理、政府联系及培训
			国际营销：用适当的房产策略为客户规划、定位及推销房产项目
			房地产管理培训：培训课程包括工业园、商业园及信息科技园的设计、开发与管理
			装修服务：增值的一站式服务

（八）人才发展

　　裕廊工业区极其重视程度人才的发展与选育，采用多元化渠道引进人力资源和保障人才培养。由经济发展局和人力部共同成立"联系新加坡"——国家猎头公司，在亚洲、欧洲和北美设办事处，旨在吸引国际人才；人力部专设国际人才局，负责全球人才招聘，每年更新关键技能列表，拥有以上行业技能的外国人在申请时优先考虑；针对大学生培养设立奖学金 SM（Senior Middle）专项计划，享受奖学金计划的毕业生需在新加坡服务六年，保障人才的延续与持续发展；同时将人才发展融入国家政策，设立公民与人口办公室与"社会融合基金"，协助新移民融入本地社会等多种举措。

（九）金融模式

腾飞房产投资信托（A－REIT）是在新加坡登记注册的首家也是最大的商务空间和产业地产投资信托，由腾飞集团全资子公司——腾飞基金管理（新加坡）有限公司进行管理。腾飞集团由淡马锡控股和裕廊集团以 51∶49 持股比例成立，专业从事市镇、综合体以及商务园和产业园等城市化项目的开发建设。腾飞房产投资信托基金（A－REIT）2002 年 11 月上市，募集资金约 150 亿元人民币。

A－REIT 已经在新加坡建立了一个多元化地产组合，涵盖商务园和科学员、综合开发项目、便利设施及零售物业、高规格产业地产、轻工业地产以及物流和配送中心。A－REIT 在中国的地产组合主要由北京和上海的商务园和物流设施组成。A－REIT 为 1400 多家国内外公司客户提供高品质的商务和产业空间。

A－REIT 已被纳入多个指数，包括：新加坡富时海峡时报指数、摩根士丹利资本国际（MSCI）指数、欧洲公共市场房地产协会、全美房地产投资信托协会（EPRA/NAREIT）、全球房地产指数以及全美房地产研究院（GPR）亚洲 250。

除腾飞房地产信托（A－REIT）之外，腾飞集团旗下还设有腾飞印度信托、腾飞酒店信托，目前一共三只上市信托 REITS；另外腾飞集团还在东南业、印度、中国、韩国等国家和地区拥有 12 只 REITS，最大限度地实现了持有不动产的流动化，并实现物业的较快增值。

六、北京经济技术开发区

（一）园区概况

北京经济技术开发区（以下简称经开区）位于北京东南部，是京津冀协同发展带的枢纽，是北京市唯一兼具国家级经济技术开发区和国家高新技术产业园的开发区，2020 年在全国国家级开发区中综合排名第四。

1992 年 4 月经开区开始建设；2007 年 1 月，《亦庄新城规划（2005～2020年）》指出经开区为核心功能区的亦庄新城是北京东部发展带的重要节点和重点发展的新城之一；2019 年 11 月，北京市政府批复《亦庄新城规划（国土空间规划）（2017～2035 年）》，由经开区管委会统一规划和开发建设亦庄新城 225 平方千米（上版规划为 60 平方千米）。

经开区更加强调高精尖产业的发展和打造宜业的工作环境，扩充的 165 平方千米，侧重于围绕经开区进行配套，做到产城融合，以区带城实现高质量发展（见图 5 - 38）。

图 5 - 38　经开区与亦庄新城扩充区的发展侧重点

升级版经开区立足于"四区一阵地"[①] 的战略定位，围绕承接三城（中关村科学城、怀柔科学城、未来科学城）的创新成果，促进科技创新成果的产业化，推动北京打造成为具有全球影响力的科技创新中心。

在城市环境建设上，2011 年经济开发区成功通过国家生态工业示范园区验收，2018 年成为北京市首个国家级绿色工业示范园区，2019 年 9 月作为首个参与无废弃物城市建设的国家级经开区，积极实行固体废弃物精细化管理，推动生活垃圾分类，建立智慧垃圾分类试点。

（二）体制机制

为了适应经济发展和环境的变化，经开区的管理体制不断进行改革与调整。

1992 年，经开区设立初期，开发公司同步成立，起步区 3.83 平方千米，工委管委会与开发公司实行合署办公机制。2010 年，北京市委、市政府做出决策，

---

① 打造具有全球影响力的科技成果转化承载区、技术创新示范区、深化改革先行区、宜业宜居绿色城区和高精尖产业主阵地。

整合大兴区、开发区行政资源，并授权经开区统一开发和管理亦庄新城范围内的12平方千米大兴区产业及配套用地，辖区面积达到58平方千米。

2019年底，市委市政府进一步赋予经开区更大的改革自主权①，实现"经开区的事在经开区办"，在亦庄新城区域内行使2509项职权和17项公共服务事项。明确由经开区管委会行政职权，全面管理核心区（60平方千米）经济和社会事务，实行"统一领导和管理"；承担165平方千米经济发展、城市建设管理职能以及与营商环境有关的公共服务职能。

（三）土地开发模式

在经开区成立初期，多次通过扩区、资源整合的方式进行土地扩张。为了改善土地资源紧缺问题，提高工业用地的利用效率，创新土地开发利用模式，探索差异化供应产业用地和弹性土地出让。

2012年，《关于进一步加快推进开发区发展的意见》中，提出"积极推动土地管理制度创新，探索土地租赁、代建厂房、统一回购等方式，不断提高土地集约利用水平。"

根据市场规律，企业生命周期一般不超过20年，因此2013年7月，在《北京经济技术开发区关于进一步加强工业用地管理，提高土地节约集约利用水平的实施意见》中明确提出，缩短土地出让年限，原用地供应方式为年限50年，调整为"一般不高于20年"。率先打破了工业用地出让年限，一方面加快了工业用地流转速度，另一方面降低了土地用地的价格水平。

2020年1月，《亦庄新城工业用地先租后让实施方案（试行）》指出，亦庄新城工业用地将采取"先租后让，达产出让"的方式供应，即采取首期租赁，租赁期最长不超过5年，达产后再予以出让的供地方式。这种供应土地方式更加集约土地资源，为高精尖产业重点项目留足空间。

（四）空间布局

经过近30年的发展，经开区经历了从单一功能区、卫星城到综合性新城的发展阶段，逐渐发展为北京重要的产业新城。

1. 空间结构

构建"一廊一带三中心"的空间发展格局：

---

① 《北京市人民政府关于加快推进北京经济技术开发区和亦庄新城高质量发展的实施意见》和《北京市人民政府关于由北京经济技术开发区管理委员会行使部分行政权力和办理部分公共服务事项的决定》。

"一廊"指京津发展走廊，以京津发展轴为依托，建设具有国际影响力的高精尖产业发展走廊，形成"立足京南、服务京津、辐射全国、面向全球"的优势产业聚集区。

"一带"指区域协同发展带，重点推动区域协同发展，加强统筹区域内基础设施、生态环境、产业布局等重点领域，充分发挥开发区的辐射带动作用，促进人才、产业、基础设施等要素覆盖亦庄新城全域，进一步优化产业发展、城市建设的共建共享机制，实现经济社会协调发展。

"三中心"指综合商务服务中心、生态文化休闲中心、科技金融创新中心。综合商务服务中心在现阶段开发区的发展基础上，进一步完善商务、商业、管理平台等功能，形成亦庄新城的发展聚核，打造综合配套功能完善的地区服务中心。生态文化休闲中心依托南海子公园及周边地区，形成以绿色生态、历史文化、生活服务为一体的地区休闲中心。科技金融创新中心依托台湖高端总部基地，提供科技服务、金融服务，建设有利于技术创新、产业集聚的地区创新中心。

2. 功能分区

坚持产城融合、均衡发展的原则，围绕四大主导产业①，充分发挥核心地区的产业发展引领作用，统筹带动周边产业功能提质升级，形成核心地区与多个产业组团相协同的产业发展格局。

新城核心地区：开发区是新城高精尖产业发展的核心地区，是科技研发与设施配套的重点地区，是带动区域产业发展的龙头。

产业发展配套区：包括综合配套服务区和台湖高端总部基地。综合配套服务区依托良好的生态环境条件，积极发展高品质生活性服务业，提供完善的教育、文化、医疗、公共绿地等优质资源。台湖高端总部基地重点发展科技创新服务产业，推动文化、金融与科技深度融合，形成支撑技术创新和产业发展的聚集区。

产业发展组团：包括光机电一体化基地、金桥科技产业基地、物流基地和青云店产业园、长子营产业园、采育产业园，主要承载新一代信息技术、新能源汽车、生物技术和大健康、智能装备、军民融合等格局特色的产业集群。

（五）产业发展

经开区作为高精尖产业的主阵地，围绕四大主导产业②打造前沿技术创新中

---

① 新一代信息技术、新能源智能汽车、生物技术和大健康、机器人和智能制造。
② 汽车及交通设备产业、电子信息产业、装备制造产业、生物工程和医药产业。

心。2019 年规模以上工业产值 4125.2 亿元,远高于北京其他各区(见图 5 - 39、表 5 - 12)。

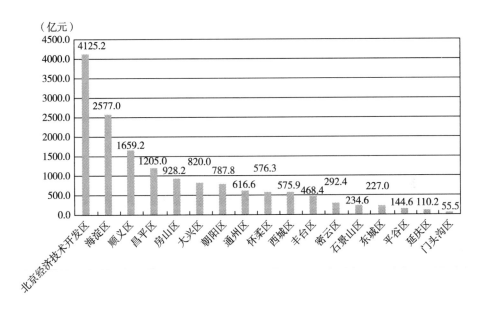

图 5 - 39 2019 年北京各区规模以上工业总产值

资料来源:《北京区域统计年鉴 2020》。

表 5 - 12 2020 年北京经济技术开发区四大主导产业工业总产值及利润总额

指标	工业总产值		利润总额	
	绝对数(亿元)	比上年增长(%)	绝对数(亿元)	比上年增长(%)
四大主导产业	4070.4	5.7	481.6	1.5
其中汽车及交通设备产业	2139.8	6.8	301.5	- 2.3
电子信息产业	845.3	7.1	66.1	77.2
装备制造产业	568.7	4.7	62.7	15.7
生物工程和医药产业	516.6	0.6	51.3	- 31.0

资料来源:北京经济技术开发区 2020 年国民经济和社会发展统计公报。

1. 科技成果转化承载

经开区作为北京"三城一区"中的一区,重点承接三个科学城的科技成果转化,努力构建"高精尖"产业结构中的前沿阵地和主平台。

经开区建设了中关村前沿技术创新中心，努力搭建"南北协同、产研互补"的发展格局，鼓励区内企业与高校院所建立"产学研用"相结合的科研机构。2019年，117个"三城"科技成果项目在经开区实现了成功转化。截至2020年，经开区共挂牌成立"企业院士专家工作站"28家，引进院士38名，联合企业突破了一批关键技术，推动了产学研合作，为经开区的创新发展提供了科技、人才支撑。

目前，经开区正在建立一批以企业为主体、以市场为导向的创新体系，通过梳理现有的空间资源，引导孵化器、特色产业园与"三城"对接，推动科技成果转化。积极布局核心产业的上下游产业链短板领域，建设公共技术服务平台，增强园区的核心竞争力。

2. 技术创新示范

经开区围绕"白菜心"，聚焦"硬技术"，持续围绕产业链上下游的关键核心技术攻关，打造技术创新示范区。2020年，经开区企业共申请专利14734件，同比增长40.02%。截至2020年12月底，北京经开区企业拥有有效发明专利达9301件。[①]

（六）招商引资

2020年以来，经开区积极推进招商模式创新，构建了由招商部门、头部企业、专业机构组成的"7+1"大招商格局[②]，统筹调度区内外招商资源积极性，加快聚集高精尖制造业、企业总部、"白菜心"工程、高成长性项目、产业生态项目、上市项目等高精尖项目，打造全场景招商、全方位招商的发展合力。

2020年8月，为了调动各方参与招商引资的积极性，增加符合产业定位的项目引进，提高经开区产业竞争力和创新活力，经开区发布了《北京经济技术开发区招商引资平台奖励办法（试行）》。通过奖励办法，符合奖励申报条件的各类招商平台[③]，可以在经开区政策兑现综合服务平台上申报，通过审议及公示后即可获得奖励。

---

① 经开区有效发明专利三年将破万［N］. 亦城时报，2021-2-4.
② 北京经济技术开发区官网新闻，http://kfqgw.beijing.gov.cn/。
③ 各类招商平台：指特色园区或孵化器运营商、协会商会、产业联盟、龙头企业或专业招商代理机构及个人。

专栏：经开区招商平台引进项目要求

招商平台引进的项目是指"在经开区投产或运营的新设法人项目，项目须满足现有经开区高精尖产业发展方向，符合经开区项目入区最新标准，需经经开区主管部门认定，工商、税收和统计关系落户经开区，并承诺在经开区实际经营期限不低于10年。"

高精尖产业项目具体是指"高精尖制造业项目、企业总部项目、白菜心工程、高成长性项目、产业生态项目、上市项目等几大类项目。"不同类别项目的奖励标准也不同，"租房类制造业项目固定资产投资达5亿元及以上人民币的，购地类制造业项目固定资产投资达10亿元及以上人民币的高精尖制造业项目，可给予招商平台奖励；引进从事白菜心核心技术攻关的研发型企业，企业落户后自筹资金完成年研发投入在5000万元及以上的，给予招商平台一次性奖励；对于经开区龙头企业带动上下游产业链，每促进新形成50亿元工业产值的，且新增企业贡献产值占带动集群产值比例50%及以上的，可给予龙头企业生态带动奖励，并可在《北京经济技术开发区招商引资平台奖励办法（试行）》有效期内逐年申请。"

此外，经开区还通过广泛参加北京服贸会、上海进博会，成功举办"通明湖信创论坛""京台科技论坛""IC WORLD大会""工业互联网大会""动漫游戏产业论坛"等会展向企业推介经开区。

自2020年9月"两区"建设启动到年底，北京经开区新增市场主体2512家，签约项目数量同比增长超过25%，累计签约落地重点项目40余个，总投资额达1600亿元以上，在疫情冲击下招商工作成效突出。

（七）平台运营

1. 党建引领，延伸企业服务触角

2019年，经开区借深入践行北京市委推行"街乡吹哨、部门报到"改革机制契机，打造了党建引领为企业服务的专属平台——亦企服务港，切实解决企业发展过程中需要协调、搭桥和引导的问题，打通服务企业的"最后一公里"。

按照行政区划、企业分布情况，将经开区划分为11个片区，在每个区块建设"亦企服务港"，通过统一标识和标牌，配备专门的人员，让"企业吹哨、部门报到"工作日常化，让亦企服务港成为企业第一求助对象。围绕为企业服务，

亦企服务港明确了"打造党建指导基地，打造'接诉即办'企业专席，打造政府服务绿色通道，打造'七促'数据中心，打造亦城文明中心"五大主要任务，实现服务港党务、政务、服务"三务合一"功能定位（见图5－40）。

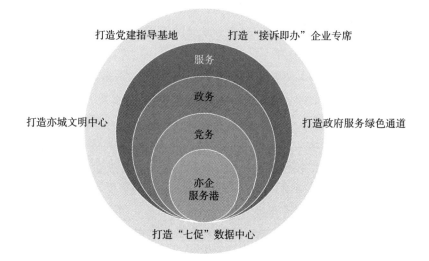

图5－40 亦企服务港"五大主要任务"

通过各部门横向协同，亦企服务港打破了部门间的行政壁垒，以服务港接收的"服务事项"为单位进行服务，针对每一个事项，相关责任单位和配合单位及时响应，各部门横向协同推进，可有效避免因某个环节或某个部门的问题影响处理进度和结果，促进行政资源整合和利用效率最大化。

2. 发挥优势，打造国企创新平台

国有企业一方面代表着我国重要的物质基础，另一方面通过市场化的运营，可联结各类资源，吸引民企、院校、科研院所等广泛参与，通过"国企＋"创新平台，推进国有企业与其他主体的多元协同和融合。

北京亦庄投资控股有限公司成立于1992年，是经北京市委、市政府批准成立的市属国有企业，已形成"科技产业投资促进、科技创新成果转化、产业新城开发建设、智慧城市运营服务、城市公共服务保障"五大业务板块。作为北京国际科技创新中心的平台载体，在开发建设、平台运营、技术支撑、政企联动、服务体系方面优势明显，已形成从投资、开发、建设、招商、运营到城市生活全覆盖的产业新城全产业链运营平台（见图5－41）。

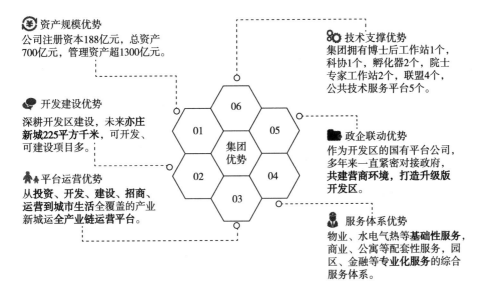

资产规模优势
公司注册资本188亿元，总资产700亿元，管理资产超1300亿元。

技术支撑优势
集团拥有博士后工作站1个，科协1个，孵化器2个，院士专家工作站2个，联盟4个，公共技术服务平台5个。

开发建设优势
深耕开发区建设，未来**亦庄新城225平方千米**，可开发、可建设项目多。

平台运营优势
从**投资、开发、建设、招商、运营到城市生活全覆盖**的产业新城运**全产业链运营平台**。

政企联动优势
作为开发区的国有平台公司，多年来一直紧密对接政府，**共建营商环境，打造升级版开发区**。

服务体系优势
物业、水电气热等**基础性服务**，商业、公寓等配套性服务，园区、金融等**专业化服务**的综合服务体系。

（06 / 01 / 05 / 02 / 04 / 03 集团优势）

图 5-41　北京亦庄投资控股有限公司优势

　　北京亦庄国际投资发展有限公司成立于 2009 年 2 月，是一家以服务于经开区科技创新与产业转型升级为使命的国有投资平台。公司以周期战略投资为主，以促进实体经济发展为导向，重点投资了中芯国际、京东方、北汽股份、耐世特汽车等，并搭建了母基金体系，覆盖集成电路、智能制造、生物医药等产业领域，不断构建多元化产业投资平台、全方位金融服务平台与创智型产业集聚基地。

（八）人才发展

　　2020 年 8 月，为了优化人才发展环境、聚集国内外各类人才、促进科技创新和高精尖产业发展，经开区发布了《北京经济技术开发区支持高精尖产业人才创新创业实施办法》（以下简称"人才十条"），从设立人才奖励、项目专项扶持、建设人才服务专项平台、提供人才住房教育医疗落户居留出行保障等多层次打造全方位人才政策体系。

专栏：经开区设立人才专项奖励

设立亦城人才专项奖励资金

　　符合亦城顶尖人才目录条件，全职在经开区工作或创业，承担项目符合经开区重点产业发展方向的，按照"一事一议"的原则，根据顶尖人才及团

队需要给予专项奖励资金。符合亦城杰出人才目录条件，全职在经开区工作或创业的，分三年给予总额100万元奖励资金。经经开区评审认定的亦城领军人才，分三年给予总额50万元奖励资金。

设立博大贡献专项奖励资金

设立"博大特别贡献奖""博大突出贡献奖""博大创新贡献奖"，每年经经开区评审认定后，分别对在产值、经济贡献、固定资产投资、研发投入、科技成果转化等方面做出综合性重大贡献的企业中的人才，在重大项目/工程、人均/地均经济贡献、产值增长、科技成果转化等方面做出突出贡献的企业中的人才，在科技创新一线做出杰出贡献的青年创新创业人才、高技能人才，一次性给予100万元、50万元、30万元奖励。此项奖励可与其他人才专项奖励同时享受。

设立个人经济贡献专项奖励资金

每年按照企业员工个人薪资收入产生区域经济贡献中经开区地方财政可支配部分的一定比例给予全员奖励。亦城杰出人才、亦城领军人才按照50%至100%的比例给予奖励，此项奖励与亦城人才专项奖励可自主选择其一兑现，不得同时享受。符合亦城优秀人才目录条件的按照15%的比例给予奖励。企业其他员工按照8%的比例给予奖励。该项资金由企业统筹安排，只能用于员工个人奖励或培训，不得挪作他用。

设立科技成果专项奖励资金

设立科技成果专项奖励资金。对于获得国家科学技术奖一等奖、二等奖的分别给予100万元、50万元的奖励，对于获得北京市技术发明奖，科学技术进步奖特等奖、一等奖、二等奖的分别给予100万元、50万元、30万元的奖励。此项奖励可与其他人才专项奖励同时享受，由企业统筹安排，用于获奖团队奖励，不得挪作他用。

资料来源："人才十条"。

截至2021年2月底，经开区人才总量已超过27万人，高层次人才达9000余人，海外留学人才3700余人，院士37人，享受国务院政府特殊津贴20人。将人才发展与优化营商环境结合起来，以良好营商环境促进人才发展，以人才助力推动营商环境持续优化，才能为经开区经济高质量发展提供强大动能。

（九）物业服务

截至 2021 年初，纳入经开区管委会管理的物业项目超过 370 个，涉及了经开区、大兴区旧宫镇、瀛海镇、亦庄镇，通州区台湖镇、马驹桥，管理建筑面积达到 4738.96 万平方米。管理项目体量不断增大（见表 5－13）。

表 5－13　北京经济技术开发区管理项目及面积

行政区域	行政区域细分	项目（个）	面积（万平方米）	面积合计（万平方米）
经开区	核心区	183	953.64	2163.83
	路东区		493.03	
	河西区		717.16	
大兴区	旧宫镇	52	589.44	1137.23
	瀛海镇	18	258.52	
	亦庄镇	30	289.26	
通州区	台湖镇	56	904.40	1437.90
	马驹桥	33	533.50	
合计		372	4738.96	4738.96

其中，北京亦庄城市服务集团有限公司作为经开区管理面积最大的物业企业，成立于 2005 年，公司具有物业服务一级资质，为北京市安全标准化二级达标企业，其物业服务项目：生物医药园荣获国家首个工业物业标准化示范项目，亦城国际中心获得北京市物业管理示范项目四星级认证。截至 2022 年 6 月中旬，公司共有物业项目 58 个，物业服务面积达 950 万平方米，为两千余家企业提供服务，客户群体达 6 万人。

参考文献

［1］中国指数研究院．中国产业新城运营理论与实践［M］．北京：中国发展出版社，2018．

［2］陈建明．特色小镇全程操盘及案例解析［M］．北京：新华出版社，2018．

［3］阎立忠．产业园区/产业地产规划、招商、运营实战［M］．北京：中华工商联合出版社，2015．

［4］曾肇河，赵永辉．产业新城发展模式及经营管理［M］．北京：中国建筑工业出版社，2016．

［5］上海艾瑞市场咨询有限公司．中国人工智能产业研究报告（Ⅲ）公开版2020年［C］//上海艾瑞市场咨询有限公司．艾瑞咨询系列研究报告（2020年第12期）．上海艾瑞市场咨询有限公司，2020：103．

［6］胡泽萍．电子商务环境下用户画像对精准营销的影响研究［J］．现代营销（下旬刊），2020（11）：72－73．

［7］赛迪顾问．"十四五"期间我国人工智能产业发展趋势特征分析［N］．中国计算机报，2021－05－10（15）．

［8］唐燚．高新技术开发区功能评价与优化研究［D］．武汉：武汉理工大学博士学位论文，2008．

［9］12个国家综合配套改革试验区重点改革任务发布［J］．城市道桥与防洪，2019（6）：32．

［10］国务院关于促进综合保税区高水平开放高质量发展的若干意见［J］．中华人民共和国国务院公报，2019（5）：20－22．

［11］孔亚暐，于童，张晓峰．产业园创新设计：创新共享圈概念解读与实践应用［M］．北京：中国建筑工业出版社，2018．

［12］马丽．要素聚集、产业聚集和园区经济发展研究［D］．西安：西北大学博士学位论文，2016.

［13］温娟，冯真真，孙蕊等．产业园区绿色循环体系构建技术［M］．北京：化学工业出版社，2020.

［14］王文利．智慧园区实践［M］．北京：人民邮电出版社，2020.

［15］胡腾宇．城市设计与城市风貌——安徽广播电视中心与苏州"东方之门"建筑设计的比较研究［J］．城市建筑，2021，18（5）：47－49.

［16］田晶晶．浅探城市夜景设计的人文回归——金鸡湖灯光提升改造概念设计［J］．城市建设理论研究（电子版），2019（3）：24－25.

［17］高翔，张会萌．产业地产定位解码［M］．北京：北京联合出版公司，2017.

［18］杨保军．关于开放街区的讨论［J］．城市规划，2016，40（12）：113－117.

［19］卓健，吴卓烨，徐逸菁．路权共享导向的开放街区规划设计策略［J］．规划师，2017，33（7）：19－25.

［20］刘斌．重庆市创新创业人才培养及创业激励机制构建研究［J］．现代经济信息，2020（2）：190＋192.

［21］黄荔梅．创新创业人才激励机制探析［J］．知识经济，2020（1）：80－81.

［22］徐晨嘉．苏州工业园区人才激励政策研究［D］．西安：西安电子科技大学硕士，2018.

［23］李志红．面向2035年完善我国青年科技人才激励机制［J］．科技中国，2020（12）：72－74.

［24］广州开发区投资促进局．招商4.0：新时代区域招商的战略思维［M］．广东：广东高等教育出版社，2018.

［25］杨保军．关于开放街区的讨论［J］．城市规划，2016，40（12）：113－117.

［26］王晏清．浅析"苏州工业园区中央商贸区公共空间环境设计导则"［J］．城市建筑，2019，16（6）：157－161.

［27］文献．试论新时期国家经济技术开发区如何培育发展战略性新兴产业——以北京经济技术开发区为案例［J］．经济研究参考，2012（68）：44－48.

［28］陈妤凡，王开泳．北京经济技术开发区产城空间的演化及其影响因素［J］．城市问题，2019（5）：46－54.

［29］冯冬．北京经济技术开发区管理体制改革研究［D］．北京：首都经济贸易大学硕士学位论文，2014.